思辨的力量

价值投资在A股市场的认知进化与实战突破

梁宇峰　应有为　吴美林 / 著

中信出版集团 | 北京

图书在版编目（CIP）数据

思辨的力量 / 梁宇峰，应有为，吴美林著 . -- 北京：
中信出版社，2025.7. -- ISBN 978-7-5217-7856-4
Ⅰ.F830.59
中国国家版本馆 CIP 数据核字第 2025Q7X217 号

思辨的力量

著者：梁宇峰　应有为　吴美林
出版发行：中信出版集团股份有限公司
（北京市朝阳区东三环北路 27 号嘉铭中心　邮编　100020）

承印者：北京通州皇家印刷厂

开本：787mm×1092mm 1/16　　印张：23.5　　字数：286 千字
版次：2025 年 7 月第 1 版　　印次：2025 年 7 月第 1 次印刷
书号：ISBN 978-7-5217-7856-4
定价：88.00 元

版权所有·侵权必究
如有印刷、装订问题，本公司负责调换。
服务热线：400-600-8099
投稿邮箱：author@citicpub.com

前言

"思辨"是价值投资需要的核心能力之一。

"思辨",代表着对价值投资的基本理念、基本方法进行提炼和概括,但更重要的是它还代表着要辩证地看待价值投资,因为价值投资既是简单的,又是不简单的;价值投资既要遵循基本常识,也要与时俱进不断迭代;价值投资既是乏味的,又是丰富多彩的;价值投资之所以长期有效,就是因为它经常短期无效……

我来举两个价值投资需要"思辨"的例子。

例一,在A股市场搞价值投资行不行?

有人说A股市场是一个投机市场,所以巴菲特、芒格的那套价值投资的逻辑体系不适合A股市场。那么究竟是不是这样呢?

我认为价值投资有效的前提其实是以下两点:

第一是要有好的宏观经济背景。在长期稳定增长的经济体里才能诞生伟大的企业,在连年战乱或者经济崩溃、恶性通胀的国家,是没办法做价值投资的。巴菲特曾经说过一句话:"我很庆幸生在现代的美国,而非古代或现代的非洲,我称之为'卵巢彩票'。"

第二就是价值投资必须在弱有效市场才有意义。在完全有效的市场，价格完全反映内在价值，基本上没有定价错误，投资者无法获得超额收益；在完全无效的市场，价格跟内在价值没有任何关联，同样难以获得超额收益。恰恰是在弱有效市场，经常存在定价错误（存在价值被低估的可能性）且能修正，所以在这样的市场里价值投资才有效。A股市场经常会发生定价错误，包括局部的定价错误、某些时期整体的定价错误，关键是投资者能不能找到这种定价错误。

从这两个前提来说，A股市场是适合做价值投资的，换句话说，价值投资在A股市场是非常有用武之地的，因为第一我们有稳定增长的经济，有一大批优秀的企业家和优秀的企业，第二A股市场在某些方面可称得上是一个弱有效市场。

但现在在A股市场说某人搞价值投资，往往是嘲笑他大幅亏钱了。这背后的原因是2021年以来，很多大家耳熟能详的好公司，股价都出现超过70%的下跌，与此同时，许多被贴上"价值投资派"标签的基金经理业绩都不理想，甚至可以说遭遇了业绩滑铁卢，这和2017—2020年"言必称价值投资"的局面形成鲜明对比。是价值投资不适合中国了，还是我们对价值投资有误解？

实际上，2021年以来核心资产的下跌，是价值规律的回归，而非价值投资的失效。

2021年至今，很多"好公司"跌了很多，是因为这些股票在2021年初已经严重泡沫化，如某些公司在股价高点时对应的市盈率已经达到100倍。不可否认，其中很多公司都属于A股中的优秀公司，但这些公司的成长性其实很难支撑这么高的估值。

很多人对价值投资的理解还停留在"买好公司、不投垃圾股"的阶段，这显然误解了价值投资的内涵。另外，从2021年以来，有一批传统股票（如煤炭、银行、公用事业等）大幅上涨，但这些股票却长期被市场忽视。总而言之，2021年以来的A股市场表现，非但不是价值投资理论的失效，反而是彰显。

例二，价值投资如果有效，那为什么坚持的人少之又少？

价值投资是有效的、可复制的，但据我观察，这个世界上真正实践价值投资的人不超过1%。为什么会这样？因为价值投资经常无效，甚至无效的时间可能会很长，而且可以这样说，价值投资之所以长期有效，就是因为经常无效。如果价值投资时时刻刻有效，或者经常有效，那么一定会有无数投资者去实践它，那么价值投资获得超额收益的能力就会消失。而正因为它经常无效，所以能坚持的人很少。

正因为价值投资的经常无效，而且无效的时间可能很长，所以价值投资往往意味着逆人性决策、逆向投资。在别人都在追逐风口行业的时候，价值投资者要坚守冷门公司；在众人都疯狂、贪婪的时候，价值投资者要看到风险，敢于放弃看似唾手可得的利润；在全市场跌入低谷、谈"股"色变的时候，价值投资者要看到机会勇敢布局，不惧股价继续下跌的可能性。

能做到这样的人少之又少，是因为人性的弱点。有人问巴菲特："你的投资理念非常简单，为什么大家不直接复制你的做法呢？"巴菲特回答说："因为没有人愿意慢慢变富。"

有句话我特别喜欢——价值投资的康庄大道上人烟稀少。我的理解是：价值投资是康庄大道，但人烟稀少；可价值投资之所以是康庄大道，就是因为它人烟稀少。

从以上两个例子我们可以看出，"思辨"是价值投资必须具备的能力和方法，这也正是本书书名"思辨的力量"的缘起。

本书缘起于2020年下半年，那时候我所在的公司益盟股份和第一财经开始启动业务上的战略合作。两家机构在价值观上高度一致，在资源上优势互补，经过几年的相互了解、反复地深入探讨，达成战略合作的模式。

第一财经的负责人问我，有没有兴趣来第一财经的电视节目上做嘉宾，聊聊价值投资。我想了想，说自己这么多年很少上电视节目，因为很多节目大多是聊行情、预测市场，而这并非我所长，也非我所愿；但如果让我来主导一档节目，我自己选主题、选嘉宾，并且自己做主持人和嘉宾对话，专门聊价值投资，我倒是很感兴趣。没想到第一财经的负责人居然同意了！就这样，我开始了我的电视节目"玩票"之旅。

首先我找来了好朋友饶钢（江湖人称"饶教授"）商量，问他有没有兴趣来一起做一档聊价值投资的节目。饶钢在董秘圈和财务总监圈也是人气颇高，写过很多有料且有趣的财经文章，且口才好，善于把专业内容讲成精彩的故事。饶教授一听就答应了。接着我找来了老朋友陈杰老师，陈杰有着丰富的实战经验，曾经是私募业绩冠军，对价值投资有深入理解，而且更难得的是，他的总结归纳能力特别强，能把复杂的道理讲得清清楚楚、明明白白。确定了这两位主要搭档，我们就开干了，给栏目起了个名字——价值三人行，每周聊一个关于价值投资的话题。

没想到，这一"玩"，就是将近5年，做了200期节目。这些节目虽然都会结合市场热点话题，但内核都是传播和宣导价值投资的。这些节目播出之后，经常会有朋友给我转发视频链接，说又在电视上看到你了。其中有些节目，还引发了相关上市公司的关注。例如有一期节目，我们聊了某家电销售企业的辉煌历史和惨淡现状，也分析了它并不乐观的未来前景。当时这家公司处于转型阶段，正在和资本市场沟通自己的新战略。事实证明，当时我们对其未来的判断是基本正确的，它最终没有摆脱失败的命运。

在做了这么多期节目之后，我有一个强烈的愿望，希望把其中的精华内容挑出来，整理成文字出版。于是在2022年底开始启动这项工作。

把电视节目内容整合成一本书，挑战在于书需要一个框架和逻辑，但节目内容却是分散的。如何解决这个问题？思考良久，我把相关内容归为三类：

第一类，关于价值投资的基本理念和方法。这部分内容为"简单的价值投资"，因为价值投资的基本方法论确实很简单——选择好公司，以合理价格买入，组合投资，长期持有。在这部分中，我们正本清源地介绍了什么是真正的价值投资，如何选择好赛道、如何选择好公司、如何评判好价格等基本方法，以及价值投资到底适不适合散户等这样很容易被误解但很有意义的内容。

第二类，关于价值投资的难点和挑战。这部分内容为"不简单的价值投资"，因为价值投资看上去不难，但很少有人能实践并长期坚持。在这部分中，我们讨论了很多现象和案例：曾经非常优秀的公司也会遭遇严重挑战，基本面会逆转恶化；有很多看上去很美的公司，基本面却是乏善可陈；很多基本面不错的公司，也会遭遇估值泡沫，给高位买入的投资者带来大幅亏损；特别是，价值投资虽然长期有效，但经常短期无效，这对很多人来说会是种煎熬，难以坚持。

第三类，关于各种投资机会。这部分内容为"多彩的价值投资"，因为价值投资并不是大家所理解的只买消费品公司、传统公司（巴菲特一辈子不买科技股的故事，对于人们理解价值投资理念造成很多困扰和误解），价值投资的内涵是丰富多彩的，也是需要不断进化的。在这部分内容中，我们介绍了传统的价值投资机会，同时介绍了新兴和未来的价值投资机会。

这三部分内容，和"思辨"的主题很契合，本身也是一种思辨。

本书最终能面世，首先要感谢第一财经的负责人，能有这么大的勇气和包容度，给了我这样一个非媒体人士如此大的自由发挥空间。没有他们的支持，就没有《价值三人行》节目，也就没有这本书。

其次要感谢饶钢、陈杰等嘉宾，没有他们的全情投入，节目就很难保证质量，也很难坚持这么久。

还要感谢《价值三人行》节目的制片人、本书作者之一应有为先生，以及《价值三人行》的制作团队。他们是幕后支持者，没有他们的默默付出，就不会有这200期节目和《思辨的力量》这本书。最后要感谢本书的作者之一吴美林，她既是节目嘉宾，更是承担了把这么多期节目整理成书稿的重任，没有她的努力付出，本书的出版将遥遥无期。

梁宇峰

目录

第一篇
简单的价值投资

第一章　什么是价值投资? ... 5

什么是真正的价值投资? ... 7

为什么基金能取得好业绩? ... 15

散户适不适合价值投资? ... 25

价值投资需要长期主义、信念和勇气 ... 31

第二章　好股票＝好赛道＋好公司＋好价格 ... 36

价值投资如何选择好赛道? ... 38

价值投资如何选择好公司? ... 45

价值投资如何选择好价格? ... 52

第三章　价值投资是一个动态过程 ... 60

价值投资者如何应对股价波动? ... 62

你为什么需要组合投资? ... 70

会卖股票才是老师傅？ ... 76

躲不开的"黑天鹅" ... 80

第二篇
不简单的价值投资　　　87

第四章　好公司也会遭遇挑战 ... 91
苏宁的坎坷转型之路 ... 93

集采风暴下，恒瑞的长期逻辑变了吗？ ... 100

互联网巨头能否续写高增长神话？ ... 105

第五章　那些看上去很美的公司 ... 110
"吊牌之王"南极电商的是是非非 ... 112

"考公第一股"中公教育的迷雾 ... 118

利润增长 10 倍的京东方，真的那么美吗？ ... 125

《哪吒 2》大热，影视股可以买吗？ ... 135

盲盒经济，昙花一现的潮流消费？ ... 140

第六章　估值是价值投资的核心 ... 149
从讲故事到讲估值 ... 151

基金为什么"抱团"投资？ ... 159

核心资产为何重蹈"漂亮 50"覆辙？ ... 167

几百倍的牙科赛道股，值得买吗？ ... 173

1500元一股的茅台股票，可以抄底吗？ ... 180
　　持续亏损的寒武纪为何能享受千亿元市值？ ... 187
　　估值体系可以有中国特色吗？ ... 192

第七章　价值投资为何知易行难？ ... 201
　　克服恐惧和贪婪，容易吗？ ... 203
　　从暴跌到大涨，你学到了什么？ ... 209
　　如何应对大分化的行情？ ... 213
　　投资大师如何度过至暗时刻？ ... 218
　　靠运气赚来的钱，迟早靠能力输回去？ ... 223

第三篇
多彩的价值投资　231

第八章　从生活中发现机会 ... 235
　　精致露营大火，如何从生活中发现投资机会？ ... 237
　　从"关灯吃面"到"王者归来"，重庆啤酒发生了啥？ ... 242
　　瑞幸咖啡的浴火重生 ... 251
　　国潮兴起，投资该如何布局？ ... 260
　　一个欣欣向荣的千亿级赛道——宠物食品 ... 265

第九章　大象能否再次起舞？ ... 273
　　微软为何能重登全球市值巅峰？ ... 275

　　　　医药股否极泰来了吗？　... 282

　　　　银行股为何走出逆天行情？　... 288

　　　　万科能否涅槃重生？　... 293

　　　　大落大起的猪茅，能否再次走上康庄大道？　... 298

　　　　巴菲特狂买石油股，背后是什么逻辑？　... 304

第十章　未来的机会在哪里？　... 310

　　　　科创板 ETF 来了，投资者该如何面对？　... 312

　　　　碳中和带来的长期投资机会　... 317

　　　　智驾平权带来什么影响？　... 324

　　　　"人形机器人"到了"iPhone"时刻吗？　... 328

　　　　DeepSeek 给资本市场带来什么深远影响？　... 334

　　　　英伟达何以成为 AI 热潮的最大受益者？　... 339

第十一章　条条大路通罗马　... 347

　　　　木头姐和巴菲特，你投谁？　... 349

　　　　价值投资的变与不变　... 354

第一篇
简单的价值投资

本篇主要和大家探讨的是价值投资里的基本理念和方法。在我过往的职业生涯中，总听到有投资者抱怨，价值投资过于复杂，不同行业、不同公司基本面差异太大，普通散户很难搞清楚，不如看K线来得简单直接。实际上，投资既可以是复杂的，也可以是简单的。

"价值投资"一词最早出现在本杰明·格雷厄姆的代表作《证券分析》中，这本书诞生于美国大萧条时期（1929—1933）的次年。在那场惊心动魄的金融危机中，格雷厄姆损失了70%左右的资产，不知道当时这位"价值投资之父"是不是因此而痛定思痛，开始认真反思总结自己的投资体系，并与助手多德合力完成了这本被后世誉为"华尔街圣经"的经典之作。

书中提出了三个非常重要的价值投资理念，至今仍被无数价值投资者奉为圭臬，分别是：内在价值、市场先生和安全边际。而后，格雷厄姆的得意门生沃伦·巴菲特又经过自己50多年的实践经验增加了一条新的投资理念——能力圈。

至此，价值投资的四大核心理念诞生了：内在价值、市场先生、安全边际和能力圈。这15个字看似非常简单，却触及价值投资的内核与本质。这些理念并不会随着时间的流逝而淡化,相反,在历史的冲刷与检验下,它们会越发清晰、锃亮。

虽然我们所处的经济周期和所接触的投资环境日新月异、难以预测,各种新概念、新技术、新业务、新模式层出不穷,但价值投资的本质和规律并没有发生改变。用合理甚至低估的价格,买入具有核心竞争力的公司,然后长期持有,用组合去对冲风险,享受复利,这就是价值投资,可能真的没有你想象中的那么难。

第一章 什么是价值投资？

价值投资的四大核心理念，分别是内在价值、市场先生、安全边际和能力圈。这四个理念并非独立存在，毫无关联，而是相互作用，共同贯穿我们从买入、持有（跟踪）到卖出的全部投资决策过程。

所谓内在价值，其核心理念是"买股票就是买公司"，而公司是有价值的，公司的价值取决于它现在和未来给投资者创造财富的能力，这是事实。股票的实质，就是公司的所有权。持有股票，就等于持有公司的一部分，这意味着你应该关注的是公司经营，而非股价。这个简单的事实并不需要多么高深的智慧才能明白，但在实操中却经常被人遗忘，因为很多时候，我们会发现股价与其内在价值之间存在背离。比如，公司年报表示盈利，但是股价却下跌了；或者公司年报表示亏损了，但股价却是上涨的。

这是因为股价短期内是由市场先生报价的，市场先生每天阴晴不定，报出来的价格一会儿特别乐观，一会儿又特别悲观。但请记住，拉长时间看，股价终会向内在价值靠拢。市场先生的存在，是为我们服务的，要学会利用市场先生，而不是被市场先生利用。当市场先生情绪低落、报价很低时，我们可以趁机拥有更多获得好公司筹码的机会；当市场先生情绪亢奋、不理性的时候，我们可以利用市场的高亢趁机兑现。巴菲特成功的秘诀之一，就是很好地利用了市场先生的不理性，而很多散户之所以亏钱，恰恰是因为被市场先生牵着鼻子走。

  当然，市场先生也不总是错的。很多时候，它不仅是对的，而且还会提前揭露即将发生的事实。我们经常看到这样的现象，某只绩优白马股的股价突然出现连续下跌，令大家都很困惑，甚至很多人会按照价值投资的原则冲进市场去抄底；但过了一段时间，这家公司的经营或业绩却出现了爆雷。这就是股市的复杂之处，也是股市的迷人之处，股价大跌，到底是市场先生的疯狂行为，还是少数有预测能力的投资者的先见之明？要正确判断市场先生是"疯了"，还是"一切正常"，抑或是"预言家"，这需要我们真正搞懂手中持有的股票，需要我们了解自己能力圈的边界。在能力圈内操作，理性和科学会占据上风；而在能力圈外，则可能风声鹤唳、草木皆兵。

  不过，即便是坚守自己的能力圈，我们也无法做到对每一家公司都精确研究，判断错误是难免的，这时就需要预留出一些安全边际。安全边际就好比给自己和家人买的一份保险，如果一切平安，这份保险的确没用；一旦出现我们无法预测的意外事故，这份保险就会显得弥足珍贵。

  接下来，我们会通过四小节内容，为大家详细介绍价值投资的经典之道。

什么是真正的价值投资？

问：价值投资就是买入低估值的好公司，然后长期持有吗？

答：对，就是这样，但又不仅仅是这样。

我们先来看两只股票，四川长虹和泸州老窖。

1998年，沪深两市不过900余只股票，其中就有昔日彩电大王——四川长虹，还有独霸一方的浓香鼻祖——泸州老窖。这两家公司在当时都是各自领域的翘楚，一个代表科技创新，另一个代表消费升级，似乎好公司该有的特征它们身上都有。不仅如此，两家公司在那个时点的估值都很便宜，四川长虹的市盈率在当时900余只股票中的估值（市盈率）是最低的，泸州老窖也是当时最便宜的食品饮料大白马。

好公司+低估值，这不就是巴菲特口中的好股票吗？若再加上长期持有，这不就是经典的价值投资成功之道吗？

让我们来看看实际结果如何。1998—2024年，20余年间四川长虹的股价可谓起起伏伏，几经波折（见图1-1）。先是因为押错了"科技树"，从1998年的高点10元左右（前复权）跌到2012年的不到2元（前复权），昔日彩电大王没落，成了老股民心中的一根刺。谁承想，后面又凭借国企改革、智能家居等概念"起死回生"，借着2015年互联网大牛市一路暴涨，重回了历史高点。不过，没有业绩支撑，怎么涨上去就会怎么跌回来，随着股市下行戳穿高估值泡沫，长虹的股价第二次回落到了 2 元（前复权）左右的前期低点。富有戏剧性的是，2024 年公司再次凭借概念翻身，靠着给华为服务器代工，这家卖电视机的老牌国企摇身一变加入了"国产算力产业链"，公司市值又一次创新高。只是，即便经历了两次风口"加持"，长虹的股价也只是从 1998 年的 10 元左右（前复权），涨到了 2024 年创下的最高点 18 元左右（前复权），最大涨幅 80%。

反观泸州老窖，虽不如长虹身披那么多亮眼的概念，但一心一意做白酒，靠着不断增厚的业绩，股价硬是从 3 元左右涨到了最高 300 元（前复权），成了家喻户晓的高端白酒品牌，缔造了百倍的投资神话（见图 1-2）。虽然之后遭遇了核心资产泡沫破裂，导致股价被腰斩，但 1998—2024 年，其涨幅也超过了 40 倍。

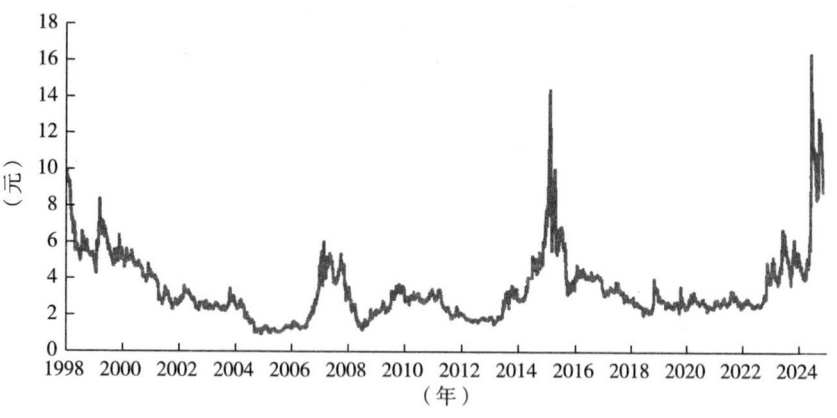

图 1-1　四川长虹股价走势

资料来源：同花顺 iFinD。

都是好公司+低估值+长期持有，为何结果却是大相径庭？问题就出在我们如何判断和定义好公司、低估值，还有长期持有上。

什么是好公司？回到前面的小故事，四川长虹在 1998 年的盈利是

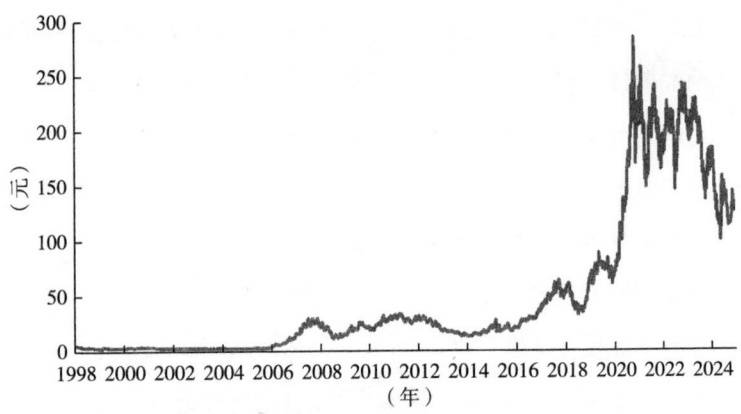

图1-2 泸州老窖股价走势

资料来源：同花顺 iFinD。

20亿元左右。而截至2023年末，公司净利润为6亿多元（见图1-3）。20年间，净利润腰斩，股价曾两度从10元跌到3元。诚然长虹在20年前的确是份额第一的彩电龙头，但我们忽略了后续彩电行业以及公司的变化。首先，20世纪90年代末期，彩电渗透率已基本达到上限，行业需求放缓，存量竞争开始加剧，价格战一触即发。其次，彩

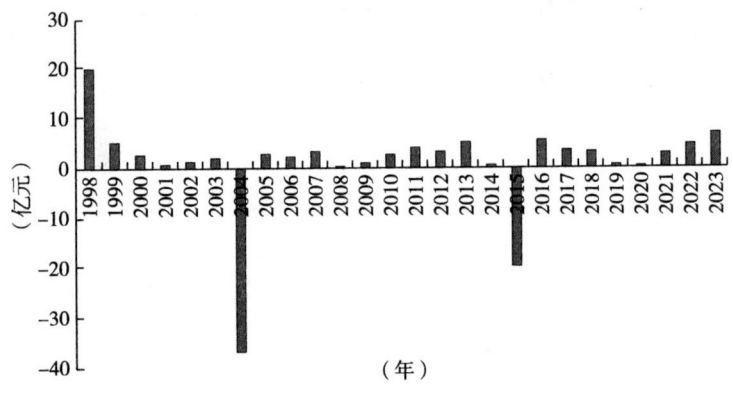

图1-3 四川长虹净利润（1998—2023）

资料来源：同花顺 iFinD。

第一章 什么是价值投资？

电行业的更新换代马上就要开始了，从CRT（阴极射线管显示器）进入液晶电视时代，技术迭代中长虹"赌错"了方向，押注等离子电视，结果沦落为孤独的留守者。纵然现在有华为概念傍身，但其核心主业依旧是电视机，靠讲故事抬高的市值并不牢固，若长虹的估值和盈利始终背离，那股价重演"过山车"只是时间问题。

与之相反，泸州老窖在过去20年却是大放异彩。其在1998年的盈利不到2亿元，而截至2023年末，公司的净利润已经突破了百亿元大关（见图1-4），其间年化净利润复合增速接近20%。资本市场是长期称重机，泸州老窖高质量的业绩增长也换来了股价的正反馈。

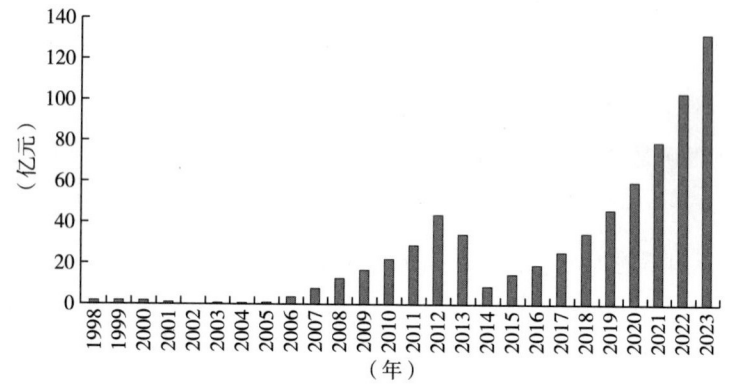

图1-4 泸州老窖净利润（1998—2023）
资料来源：同花顺iFinD。

所以，投资好公司里的这个"好"，不是现在，更不是过去，而是未来。寻找未来盈利能力不断变大的公司，才是真正的投资好公司。当然了，这些"好公司"既有可能是爆发力强的科技公司，也有可能是发展稳定的消费公司。

科技公司所处行业未来空间很大、增速很快，就好比现在的新能源、人工智能等。但需要警惕的是，这类行业通常都伴随着难以预测的技术迭代。例如前面所说的彩电行业，群雄混战，技术不断升级，从一开始笨重的"黑箱子"变成轻薄的液晶屏，而后又往激光、OLED（有机发光二极管）方向发展，甚至到如今，整个彩电行业有可能被手机所取代，说明变化始终存在。

现在回想一下，即便是深耕彩电行业数十年，一度占据国内彩电半壁江山的四川长虹，也步履维艰，那么，作为"门外汉"的我们，想要押对科技行业的每一次变化，在正确的时间恰好选择正确的股票，谈何容易？

正因科技行业的变化日新月异，投资界又出现了一类"长牛稳行"的蓝筹股。这些股票所在的行业变化非常缓慢，竞争格局相对稳定，例如泸州老窖所在的白酒行业。白酒行业源远流长，虽说酿造技术没有发生明显变化，多年来仍旧是一把粮食一把水地发酵，但是靠着原来行业以及公司竞争力的惯性，仍可以维持很多年，这就使其盈利能力越来越大。

说完好公司，再谈谈低估值。巴菲特的老师格雷厄姆先生最广为人知的投资方法是"捡烟蒂投资法"，说白了就是"捡便宜货"。那么价值投资是不是就是买低估值的股票呢？

不一定。衡量估值的高低，并非简单看一下行情软件上的市盈率指标，这些指标反映的是当前会计记账下的盈利，或者说是过去的盈利。例如建设银行 10 多年前的市盈率就只有 6~7 倍，这算便宜吗？如果你觉得算，那我告诉你，10 年前买入拿到今天，其间年复合收益率为 10% 左右。爱尔眼科 10 多年前的市盈率为 50~60 倍，这算贵吗？如果你觉得算，那我遗憾地告诉你，你错过了一只 10 年翻 50 倍的超级大牛股！因此，估值的高低从不是由过去或者当前的财务指标决定的，而是未来盈利能力的加总贴现，需要你具备研究和预测公司未来成长空间的能力。

接下来,我们说说长期持有这件事。巴菲特有句名言:如果你不想持有一只股票10年,那就1分钟都不要持有它。那么,价值投资是否就是像巴菲特说的一样,买完股票就卸载软件,等10年后再打开呢?

首先我们需要明确一点,巴菲特说的那些长期持有的公司,大多是由他控股,成为伯克希尔-哈撒韦集团旗下的子公司,例如喜诗糖果。巴菲特将这些公司作为永久持有的经营组合,是战略投资,而非单纯的财务投资。事实上,他本人的财务投资组合也经常变化,比如卖出比亚迪、台积电等。

准确来说,对于价值投资而言,长期持股既非充分条件也非必要条件。前文提到,投资一家公司,就是要获得未来盈利能力的提升,而这种能力的提升,并非一朝一夕,小树苗成长为参天大树需要时间。例如一家好公司,每年的业绩有20%~30%的增长,那也得给它3~5年时间,净利润才能翻1~2倍。只有内在价值上了一个大台阶,才会倒逼股价上涨,给投资者带来复利的回报。因此,我们必须选择盈利能力不断提升的公司股票长期持有。

不过,并非所有公司都能由小树苗成长为参天大树,就像我们前面提到的小故事,泸州老窖长成参天大树了,四川长虹目前看还没有。因此,长期持股并非盲目持有,而是选择优秀公司,陪伴它成长。作为一名财务投资者,我们要充分认识到:企业是有生命周期的,发展是有阶段性的。我们需要不断检查持有的股票情况,综合比较,增减调整。从这个角度上讲,我们应该长期投资股票,而非长期投资一只股票。总结一下,选择股票长期持有,就要选择长坡厚雪的公司,对好公司长期持有,才是有价值、有意义的。

反过来，如果一家企业的内在股票价值大约10元/股，我们在10元以下买入，且买入之后运气特别好，市场开始疯狂炒作这家公司，股价在几个月内炒到了20多元，这时候我们完全可以卖出股票获利了结，选择更有性价比的公司买入，没必要因为"价值投资"而机械式地长期持股。

说了那么多，那到底什么才是真正的价值投资呢？我们认为有以下4点：

1. 买股票就是买公司。 股票背后的公司才是关键所在，因为公司具有内在价值，而内在价值最终决定了长期的股价。

2. 安全边际。 虽说股票的价格长期围绕着公司的内在价值波动，但短期却不完全由公司的基本面决定。市场先生情绪暴躁、阴晴不定，因此我们在投资判断中要给自己留出足够的余量。因为股价每天都可以看到，但内在价值却不容易观察，我们在判断内在价值时可能会存在不准确的地方，所以只有市场价格大幅低于我们判断的内在价值时，才具备安全边际和可投资性。

3. 能力圈。 既然长期来看内在价值决定价格，而内在价值又是不可直接观测、难以简单估算的，那投资者就需要对自己的能力圈做一个判断。例如巴菲特的老搭档芒格就将研究的公司分为三类：好公司、烂公司和看不懂的公司，其中看不懂的公司占大多数，不做能力圈之外的事。

4. 股价短期是投票器，长期是称重机。 短期来说，市场情绪、资金流向都会影响股价涨跌。但是拉长时间至5年、10年，一家公司有多少盈利能力，就能承载多少内在价值，因此我们要精挑细选长坡厚雪的公司来获得复利。

到这里，我想问问大家，有多少人真正做到了价值投资？这一小节不过几千字，而那些投资大师对价值投资的定义更是言简意赅，但为何我们总能听到"价值投资的康庄大道上人烟稀少"，抑或"价值投资往往知易行难"的论调？

前文我们提到，买股票就是买公司。而要把好公司挑选出来，需要系统性的认知思维，需要对行业的判断、对竞争格局的分析、对公司竞争力的研究，最终才能选出长坡厚雪的公司。并且，即便选择出来，也要小心翼翼地呵护、跟踪，看它是否在一点点地变大。这就已经把大部分的投资者拒在壁垒之外。

此外，价值投资本质上还是非常理性的活动，要留有足够的安全边际；要管住自己的手，不做能力圈外的事情；更要耐住性子，不惧行情波动。而人是有情绪的、非理性的，人人都想赚快钱，看到热点就想追，看到下跌就心慌。所以从某种程度上说价值投资是反人性的，需要克服贪婪、恐惧、妒忌、冲动、侥幸等人性的弱点。做一个理性的人绝非易事，而长期做一个理性的人就更是难上加难了。

现在回到我们开头的问题，价值投资确实就是买入低估值的好公司，然后长期持有这么简单。然而判断什么是好公司，判断什么是低估值，是不是真能做到长期持有，却是很有学问的。

为什么基金能取得好业绩？

问：基金真能战胜市场吗？

答：是的，在中国，长期来看基金的超额收益是非常显著的。

问：那基金为什么能战胜市场？

答：因为大部分基金或多或少都是基本面投资者。

一个完全不懂投资的小白，如何才能获得较好的投资收益？答案是：买基金。

这话可不是凭空想象的，有事实为证。2005—2024 年，股票型+偏股型基金年化收益率在 12.5% 左右，而同期沪深 300 只有 6.6%，上证 50 是 7.9%（见表 1-1）。不错，看来基民们的管理费没有白交。

一些散户有可能会不服，不过抱歉，散户没有强制性的信息披露，所以市面上并没有精确的数据。不过，我们可以参考前些年上交所资本市场研究所所长施东辉撰写的一篇论文，里面统计了 2016 年 1 月至 2019 年 6 月，散户以及机构的收益率情况。其中，账户市值 10 万元以下的散户亏损最多，平均亏 20.53%；账户市值 1000 万元以上的散户亏损最少，平均亏 1.62%；与此同时，机构投资者平均收益率为 11.22%，妥妥跑赢了散户（见表 1-2）。

第一章　什么是价值投资？

表1-1 股票型+偏股型基金收益率中位数与上证50、沪深300对比 （%）

年度	股票型+偏股型基金收益率中位数	上证50指数涨跌幅	沪深300指数涨跌幅
2005	3.47	-5.5	-7.65
2006	121.86	126.69	121.02
2007	119.34	134.13	161.55
2008	-50.78	-67.23	-65.95
2009	67.75	84.40	96.71
2010	2.65	-22.57	-12.45
2011	-24.1	-18.19	-25.01
2012	4.56	14.84	7.55
2013	14.23	-15.23	-7.65
2014	23.89	63.93	51.66
2015	46.27	-6.23	5.58
2016	-13.46	-5.53	-11.28
2017	15.11	25.08	21.78
2018	-23.98	-19.83	-25.31
2019	45.27	33.58	36.07
2020	59.08	18.85	27.21
2021	5.98	-10.06	-5.2
2022	-27.44	-19.52	-21.63
2023	-14.36	-11.73	-11.38
2024	3.29	15.42	14.68
年化收益率	12.55	6.64	7.91

资料来源：同花顺iFinD。

表1-2　2016年1月至2019年6月单个账户的年化收益水平　（元）

账户	总收益	择时收益	选股收益	交易成本
散户10万元以下	2 457	774	-1 532	151
散户10万~50万元	-6 601	-3 018	-2 443	1 140
散户50万~300万元	-30 443	-15 558	-10 171	4 714
散户300万~1000万元	-164 503	80 767	65 269	18 466
散户1000万元以上	89 890	411 584	402 271	80 577
机构投资者	13 447 655	4 176 872	18 074 792	450 265
公司法人投资者	23 440 904	-14 766 355	38 744 620	37 361

资料来源：上海证券交易所。

基金与散户对决，基金完胜！

其实道理也很简单，指数就是全体投资者的平均收益，既然机构显著跑赢指数，那么散户肯定跑输指数，所以机构肯定大幅度战胜散户。

正如前文的数据所呈现的，基金从长期来看都能战胜指数，而且年化收益率高达12%以上。但基民赚钱了吗？答案是否定的，大部分基民没有赚那么多，甚至很多人没有赚钱。原因是基民也和股民一样，往往在市场估值最高的时候冲进去买基金，在市场低迷时"割肉"离场。这个现象很普遍。

有记者曾经采访了富国基金的朱少醒博士，朱博士管理的富国天惠曾创下16年20倍的投资神话，年复合收益率比肩巴菲特，却也无奈表示：持有人中一大半是赚钱的，还有一小半是不赚钱的，但是赚大钱的比例不高。短短数语道出了"基金赚大钱，基民不赚钱"的尴尬现实。

究其原因，我们认为，追涨杀跌和频繁交易，是导致基民收益大幅减少的原因。简单来说就是绝大部分基民仍然带着炒短线的思维去买基金，净值高位时涌入，净值低位时撤出。有数据统计显示，2019—2021年，富国天惠的持有人户数从34万户飙升至249万户，其中大多是看到朱少醒过去的亮眼业绩后慕名而来的个人投资者。这批在2021年净值高位涌入的基民，转眼就遭遇了之后的回撤。根据蚂蚁基金数据，持有朱少醒所管理的基金1~3年，85.5%的基民亏损比例超过5%。也就是说，大部分基民没有享受到"10年10倍"的收益，反而被套在了高位。而从2005年朱博士首次公开募集就一直跟随，在2008年产品回撤超40%依旧坚守的那批投资者，却收获了超"10年10倍"的时间玫瑰。长期持有，知易行难，市场往往高估短期的收益，但低估长期的力量，这就是人性。

　　这个现象在全球资本市场都普遍存在。耶鲁基金会的大卫·史文森举过一个例子：他观察到1997—2002年表现最好的10只互联网基金，5年的平均年化收益率是1.5%，考虑到这些基金都经历了互联网泡沫的破灭，1.5%的年化收益率勉强能接受。但这10只基金在这5年里从投资者那里一共吸收了133亿美元本金，到2002年底的时候，这133亿美元只剩下了38亿美元，亏掉了95亿美元，也就是亏掉了71%！为什么基金自己算的平均年化收益率是1.5%，而同期投资者却亏掉了71%？答案在于，大部分基金投资者都是在市场最疯狂的时候来申购基金的。基金在算产品收益率的时候，用的是每个阶段收益率的加总，例如2000年赚了100%，2001年亏了50%，那么这两年的收益率为零。2000年初的时候基金规模只有1亿美元，1亿美元赚了100%也就是变成2亿美元；但到了2001年初因为基金业绩好，投资者蜂拥而入新申购了8亿美元，基金规模变成了10亿美元，10亿美元亏了50%就是亏了5亿美元。所以，对基金业绩来说没有亏损，但投资者却亏了4亿美元，对应9亿美元本金来说，亏了44%。

前面说了，大部分基民会"追涨杀跌"，但可能有些人会想：我才不会呢，我知道"追涨杀跌"肯定要亏钱，我想在基金上做波段，"高抛低吸"，这样我就不会"坐电梯"，甚至可能取得更高的收益，这可行不可行呢？

如果有做波段的能力，这当然可行。可惜大部分投资者是不具备择时能力的（绝大部分机构也没有）。如果你能预测市场涨跌，那么巴菲特、索罗斯、林奇都不是你的对手。

为什么？因为择时涉及的变量太多，全球经济、中国经济、政府政策、市场情绪，你根本无法应付。所以我经常跟大家说，如果你有能力择时，那么根本就不需要研究股票，直接去做股指期货更好，那里能做多、能做空、能加杠杆，赚钱比股票市场快多了。但据我所知，股指期货市场中根本就没有常胜将军。我认识这么多股票投资大佬，几乎没人声称自己擅长择时。

对股票、基金来说，大多数时间都是很平淡、不涨不跌的，大部分指数和净值的上涨往往是在少数时间段里取得的。我们做一个统计，沪深300指数过去20多年（2012—2024）从2522点涨到3935点，涨幅为56%，年化收益率在4%左右，算上每年2%的分红，累计年化收益率在6%左右，这算一个勉勉强强还行的收益。但如果剔除涨幅最大的10天，沪深300的收益就变成了负数。

所以，尽管持有基金，会经历净值"上上下下的波动"，但忍受回撤的目的，就是为了在股市大涨的时候，你还待在市场里，而不是成为旁观者。

另外，普通公募基金的交易成本很高，比股票高多了。频繁交易，损耗的交易成本也是非常惊人的。

前面我们说了，长期来看，基金能显著战胜市场，取得好业绩。

为啥散户的收益率比不过基金？我们这里也简单分析一下原因。

第一个原因是，基金买股票注重基本面。基金一般只买基本面良好的公司。尽管细分来看，基金之间的投资策略、投资风格差异很大，但在注重基本面、只买基本面良好的股票这一点上，是相同的。反观很多散户，买股票完全不看或者不懂基本面，这是最根本的差异。

第二个原因是基金所掌握的投研资源更加丰富。要买到基本面良好，特别是基本面优秀的股票，而且能够对股票基本面保持紧密跟踪、预判预测基本面的变化趋势，就需要一定的投研力量和投研体系。基金公司一般都会花重金构建投研团队和投研体系，还有很多券商研究所为他们提供研究服务，同时基金也更容易和上市公司取得联系和进行调研，这些都是散户投资者不具备的。所以说，并不是散户不知道基本面重要，而是没有能力像基金那样全面深入研究，只好看看技术指标、听听消息就决定买哪些股票。

第三个原因我认为同等重要，就是基金相对长期持股，换手率较低。A 股散户平均持仓时间只有 40 来天，这意味着散户每年的换手率平均在 800% 左右。而公募基金的年换手率为 200%～400%，远低于个人投资者。

当然，换手率高低只是表象，背后是投资理念或者投资策略的差异，代表的是"不同的投资者，期望在股票上赚到哪种钱"。高换手率，意味着更频繁的交易，赚的是择时带来的短期价差；低换手率，代表着更长的持股周期，赚的是股票背后公司业绩增长的回报。

这两种赚钱方式，孰难孰易？我们前面也说了，择时的能力（预测股票短期涨跌的能力）绝大多数人是不具备的，即便偶尔有人靠运气赚到钱，也很难复制。

对于相对长期持股的基金而言，买股票就是买公司，赚的是公司业绩的钱。何为优秀的公司，何为合理的价格，都有相应标准去衡量，这和前面我们提到的猜股价、做择时交易有本质不同。这种盈利方法，难度远远小于择时交易，且确定性更高，可持续。

再进一步看，在基金内部，换手率差异也很大，换手率和业绩之间是什么关系呢？万得数据统计显示，大部分时期，较低换手率基金业绩表现好于高换手率的基金业绩（见图1-5）。

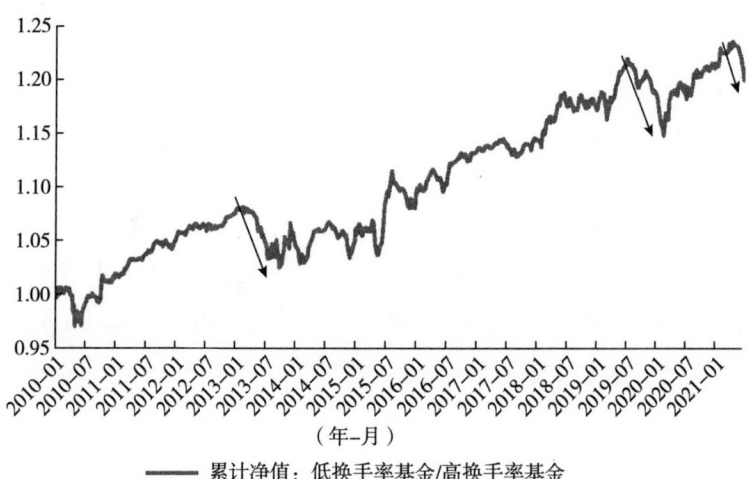

图1-5　低换手率基金相对于高换手率基金的表现

资料来源：国金证券研究所，万得资讯。

进而梳理过去10倍收益优秀基金的操作共性，我们发现其中极少是做短线交易的，普遍都保持了长期较低的换手率，倾向于择股，而非择时（见表1-3）。

这一点，在更加成熟的美国资本市场，表现得尤为明显。美国大部分股票型基金的换手率在30%~40%，国内公募基金换手率近几年虽有下降，但整体仍是美国的7~10倍。

表 1-3　部分 10 倍收益优秀基金年化收益率以及换手率情况　　（%）

基金	基金经理	年化回报	2020年换手率	2021年换手率	2022年换手率（截至6月30日）
富国天惠成长	朱少醒	21.20	99.55	109.77	68.38
容远成长价值	傅鹏博	31.00	169.02	122.07	42.88
景顺长城鼎益	刘彦春	24.40	42.43	52.09	6.16
广发制造业精选	李巍	20.30	130.17	76.26	62.95
鹏华中国50	王宗合	20.98	49.96	39.77	26.16
国富潜力组合混合A	徐荔蓉	18.05	123.79	92.45	84.06
建信积极配置混合	姚锦	18.81	178.46	137.01	124.60

资料来源：天天基金网。

　　背后原因有二。其一是美国资本市场参与者中，机构占比更高。自美国养老金等机构投资者入市后，美国主要指数的波动性减弱，稳定性增强，美国基金持有人的周期也在拉长，与市场形成正反馈。而国内交易仍以散户为主，散户投机心理强，容易追涨杀跌，造成指数波动较大，基金持有人买卖基金过于频繁，巨额申赎带来被动调仓，加剧负反馈。

　　其二是美国基金业绩考核时间更长。美国对于公募基金经理的平均考核周期是 3~4 年，而国内基金公司在早期通常仅设 1 年的考核周期，这导致基金经理过于看重年度收益排名，盲目跟随热点，主动频繁调仓追逐短期收益。甚至部分基金产品人为制造高换手率，满足合作券商的佣金要求，损害投资者利益。

　　不过，随着国内个人养老金投资公募基金政策的落地，未来更多的长线资金有望进入资本市场。另外，随着价值投资理念的普及，以及监管不断强化长期激励约束，基金经理短期业绩考核压力降低，投资行为更加理性，追求企业长期业绩和基本面的投资风格逐渐成为主流。而头部基金规模不断扩大，更是加速了这一进程，基金公司的换手率还在不断下降（见图1-6）。

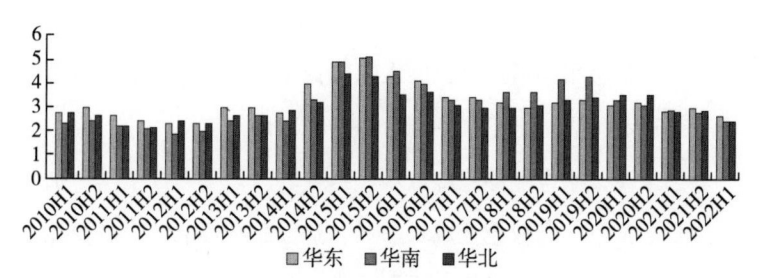

图1-6 不同区域公募基金换手率情况
注：H1指上半年，H2指下半年。
资料来源：万得资讯，中信证券研究所。

我们在前文中说过了，机构投资者很难预测市场，也很难择时，但股市波动是常态，特别是中国股市，波动幅度还很大，那么基金是如何应对股市下跌和"黑天鹅"事件的呢？

基金是不是预测股价要下跌了或者"黑天鹅"要降临了，就能降低仓位甚至空仓？显然不是，因为我们一再说基金业没有择时的能力。那么它们是如何应对的呢？

大部分基金都是这样做的：

第一，组合投资。分散的持仓，可以避免个股爆雷给净值带来的剧烈波动，也能降低市场风格变化带来的大幅回调。

第二，通过优化组合来应对可能的股市下跌。基金经理会结合宏观经济、市场情绪、估值等情况，对市场做一定的判断和预测。做出判断和预测之后，如果偏向看空，可能会做一定幅度的减仓（但公募基金一般不会大幅度减仓或空仓），与此同时会调整组合的配置，会把受市场影响更小或者更有安全边际的股票纳入组合，来应对可能的市场下跌。

第三，寻找高性价比公司做替换。市场如果真大幅下跌了，就如 2018 年和 2022 年，基金会积极寻找更具性价比的股票，用它们替换原来的股票。

总之，基金很少通过仓位的大幅度变化来做波段，以应对市场的回调，但这不代表基金不去预测市场，不做任何应对。

总结来说，基金能够跑赢市场、跑赢散户，关键在于基本面投资和相对长期持股，赚取企业成长的钱。基金面对可能的市场下跌，并不是波段操作，而是通过组合投资、优化配置来应对。

购买优秀基金并长期持有，是个人投资者在股市赚钱的最合理的方法。

通过以上内容的讨论，我们想说明价值投资的有效性。不能说所有的基金经理都是价值投资者，但几乎所有基金经理都会把基本面作为自己的核心考量因素。基金的显著超额收益，说明价值投资在中国市场也是完全有效的。

散户适不适合价值投资？

问：A股投机属性非常强，价值投资有用吗？

答：正因为A股投机属性很强，所以经常会出现定价错误，出现好公司被市场低估的现象，所以价值投资更有用武之地。

问：那么散户能搞价值投资吗？

答：当然可以，但需要一定的前提。

很多人说，A股的特征是投机性强，价值投资没有用武之地。尤其经历过2021年核心资产暴跌后，更是有人将其作为价值投资失效、过时的证据。那么究竟什么是"价值投资"？价值投资是否就是"长期投资"？下面我们就详细地阐释这些问题。

价值投资的本质是获得价值的增长，它既可以在短期完成，也可以在长期完成，时间长短不是它的充分必要条件。举个例子，当你投资一只股票，正好遇到大牛市，抑或赶上了莫名其妙的热点和风口，股价在几个星期或者一两个月内就达到了3年、5年的预期收益率。这时，从价值投资的角度看，它的使命已经完成了。

可能有投资者对此感到疑惑，感觉价值投资和高抛低吸没啥区别，从股价的角度看都是低买高卖。其实不然，价值投资锚定的是上市公司自身的盈利和质地，而高抛低吸则停留于股价表面。我们并没有统一的标尺去衡量股价的高低程度以及合理性，但股票背后的价值，即上市公司的盈利能力，是可以通过客观的视角去研究和评估的。这也意味着价值投资并不等于单纯地长期持有，我们需要不断跟踪基本面的变化，尤其是跟踪内在价值和股价之间的关系。例如2007年买入中石油时，觉得它的质地不错，但当公司基本面不断往下走后，就应该及时卖出。不过，需要强调的是，这种操作并非对股价止损，而是对基本面止损，这才是买卖逻辑自洽。在日常交流中，我们经常碰到一些现象：有投资者买了某只股票，因为行业很好，公司很有竞争力，但过了三五天却因为股价跌停、技术形态破坏就卖出了。这就是典型的买卖逻辑不自洽，买的时候似乎是依照基本面，看好公司的价值；但股价一跌，先不去探究公司基本面有没有出现变化，风险信号一出现就马上止损，这样是做不好价值投资的。

那么，价值投资适不适合A股市场呢？在回答这个问题之前，先让我们看两个例子。中国石油在2007年上市那会儿大概是44元/股，如果你一路持有到现在，很遗憾，股价跌得只剩零头，当时投了100万元一度最低跌到只剩下10万元。而如果在相同的时间买了贵州茅台，你会发现100万元变成了2000万元，收益颇丰。这两笔收益率截然相反的投资背后，所体现的是选择好公司的重要性，陪伴好公司成长，会创造巨大的价值，而对差公司不离不弃，最终只能接受价值毁灭的残局。

因此，价值投资里的长期持有是有前提的，这个前提就是如何定义"好公司"。回到前面的例子，中国石油的产品，受国际大宗商品原油价格波动影响，但很多大宗商品，比如原油、外汇的可预测性非常差。在这种情况下，预测中国石油未来的盈利能力会很困难，风险也会很大，超出了绝大多数投资者的能力圈范围。

再来看茅台。茅台的产品长期处在一种供不应求的状态，而且公司的护城河非常深。何为护城河呢？其实很好理解：设想一下，假如你的生意很赚钱，别人能不能轻易模仿，抢你的份额？如果不能，那你就具备较深的护城河。茅台所在的赤水河和茅台镇是得天独厚的，土壤及气候条件不可复制，所以护城河极深。

此外，对于消费品行业而言，品牌一旦形成，垄断消费者心智的能力就会不断自我强化。2001年，茅台的出厂价不到200元，但这些年零售价最高涨到3000多元，逐年提价使茅台的盈利能力持续上升。虽说我们很难精准预测出茅台未来的出厂价具体是多少，但我们知道茅台具备某种定价的能力，在大趋势下它是能够保持价格稳中有升的，那么在合理的价格下长期持有茅台的股票，就能为我们创造丰厚的回报。

对比中石油和茅台，我们发现，只有当你能够看懂一家公司和价值投资相关的要素时，你才能对公司未来的价值增长建立预判和信心，才能做到理性不盲从地"长期持有"。

当然，好公司还要加上估值，才是好股票，估值水平也是重要的考量因素。中国石油2007年的净利润是1400亿元，但当时市值已经接近8万亿元了，对应60倍市盈率。从价值投资角度看，这完全没有安全边际。安全边际决定了当公司发展不及预期时我们的投资会遭受多少损失。如果你选择介入时公司的估值非常高，那么一旦业绩不及预期，就会出现戴维斯双杀。而安全边际能够帮助我们降低风险。正如巴菲特所说：一座桥梁正常能够通行100吨的重量，如果只在上面运行50吨的重量，安全性就非常高。这一点，对于阅历尚浅的初级投资者尤为重要，因为这些投资者选股票的眼光和能力还不够，但只要他买得足够便宜，即便最后没有赚大钱，也不会造成太大的损失。

同样的道理，2021年那些被贴上"价值投资"标签的核心资产大跌，并不能说明价值投资失效。恰恰相反，这些"好公司"的股价大幅回撤证明了价值规律的回归。因为这些公司在2021年初估值严重泡沫化，所以此后遭遇杀估值也是必然的。

解释完这两个案例，我们回到"价值投资适不适合A股市场"这个问题。这个问题在A股市场尚处萌芽阶段时，的确很有争议，但现在其实没有太多疑虑了，因为已经有很多从事价值投资的个人或者机构在A股市场做得非常成功。再者，监管层经常提醒市场要坚持价值投资，倡导价值投资。如果价值投资不适合A股市场，监管层怎么会如此苦口婆心呢？最后，从价值投资的发展历史来看，它也是适合A股市场的。价值投资最早诞生于《证券分析》这本格雷厄姆的经典之作，它代表美股市场从纯投机时代进入理性的价值投资时代。格雷厄姆定义的价值投资是：当一家公司股票的市值低于账面价值时，就是买入的机会。举个例子，我要买一辆二手车，我不知道整车价值是多少，有人说值5万元，有人说值8万元。但我可以把这辆车每个零部件的市场价都找到，如果总价值超过我收购二手车的价格，那这笔买卖肯定是赚钱的。总之，价值就应该是可以被客观衡量的，这是价值投资的基本原理。

不过，如果没有那么多便宜的股票，我们应该如何做投资呢？

这个时候，我们需要对我们的投资方法进行升级迭代。事实上，格雷厄姆提出的"捡烟蒂投资法"只适用于1929—1933年全球经济大萧条时期，当时市场非常恐慌，出现了大量公司被"错杀"的情况。但是，在20世纪四五十年代之后，这种价值洼地就慢慢被填平了，这种情况下，价值投资就迭代到2.0版本了。

价值投资2.0的核心就在于查理·芒格对巴菲特说的那句话：以

合理价格去购买伟大的公司，要好过以便宜价格购买平庸的公司。从这个角度上看，价值投资2.0的本质是看未来，你要去评估公司未来的利润能有多少成长空间。当然也不排除有一天，市场再度陷入极度恐慌，比如金融海啸发生了，价值投资1.0的机会又会重新出现。

前面我们回答了A股市场适不适合价值投资，那问题又来了，A股的散户适不适合做价值投资呢？实际上，这个答案是因人而异的。因为价值投资非常考验投资者的能力，作为合格的价值投资者，至少需要具备以下4种能力。

第一，系统的知识储备。要做成功的价值投资，不是靠智商，也不是靠小道消息，而是靠系统的知识储备。因为价值投资需要你对公司未来的盈利能力做预测，那么企业的情况、行业的情况，你需要了解；基本的财务知识和估值技巧，你也得有。

第二，一些必备的个人素质。彼得·林奇曾表示：股票投资成功所必需的个人素质包括耐心、自立、常识、对于痛苦的忍耐力、心胸开阔、超然、坚持不懈、谦虚、灵活、愿意独立研究、能够主动承认错误，以及能够在市场普遍性恐慌中不受影响，保持冷静的能力。不过这些品质都是逆人性的。

第三，在不全面的信息状况下进行决策的能力。要预测未来没有发生的事情，你掌握的信息肯定是有限的，因为我们毕竟是局外人，这就要求你具有在有限的信息状况下决策的能力。

第四，控制情绪。这是包括巴菲特在内所有价值投资大师都强调的一个能力。大家以前觉得控制情绪好像不怎么重要，这是因为我们在思考问题时肯定都是理性的。但关键在于，当你遇到股价长期不涨甚至长期下跌的情况，还能不能继续保持理性，这是非常关键的。

总体来说，做价值投资是需要具备一些基本条件的。这个条件大概分成两类：一类是硬件层面的条件，比如对财报的分析能力、逻辑推演的能力，这些都属于可以通过后天学习获得的；另一类是软件层面的条件，比如定力、魄力、果敢、冷静等，这些也可以通过后天慢慢地修炼所获得。软件和硬件加起来，就具备了做价值投资的基本素养和条件，可以做价值投资了。

当然，还是鼓励大家大胆去尝试，勇敢地迈出第一步。价值投资适不适合散户这个问题就好像"创业适不适合普通人"一样。创业当然会有人成功，也会有人失败，但你不能在一开始就对创业的人说"创业不适合你"，他得去试了才知道是否适合。而且价值投资并不由任何先天条件决定投资者是否适合，因为价值投资的能力是可以通过后天学习和努力获得的。大家不妨大胆去尝试，如果这条路走通了，那就继续走下去。如果发现自己有不可逾越、不可克服的障碍，也可以去选择并尝试别的投资方法，毕竟 A 股市场也是一个非常多元的市场。

价值投资需要长期主义、信念和勇气

问：价值投资有哪些关键词？

答：穿越周期的"长期主义"，对公司价值的"信念"，以及面对危机时接飞刀的"勇气"。

2020年9月，高瓴资本的创始人兼首席执行官张磊所著的《价值》一书出版上市，其中所提倡的"长期主义"理念引起投资市场热议。

你不一定熟悉张磊，但你一定认识这些公司：腾讯、百度、京东、格力、美的、滴滴、美团、蔚来、中通、德邦、爱彼迎、去哪儿、优信拍、马蜂窝、信达生物、百济神州、有赞、蓝月亮、忆小白、麦进斗。

这些与我们生活息息相关的消费品牌背后，有一个共同的名字——高瓴资本。这家如今管理着600多亿美元资产，投资范围横跨一级、二级市场的亚洲最大私募股权基金，正是张磊一手创办的。

凭借着腾讯、京东等经典投资案例，张磊在圈内声名大噪。但很少有人系统介绍他的投资哲学和投资方法，直到由张磊本人撰写的《价值》一书出版。此书详细描述了张磊对投资和商业的全方位思考，剖析了高瓴资本的投资体系和创新框架。接下来，我们就来聊聊《价值》这本书中的若干经典语录及其背后的核心理念。

语录一：价值的核心是创造价值，而长期主义最终是支撑价值的核心理念

在《价值》这本书中，张磊多次提及"长期主义"，并给予高度评价，他认为"长期主义"是穿越周期的终极答案。但是，到底多久才算是真正的"长期"，此书并未告诉我们一个准确的数字。事实上，在张磊眼中，长期并非一个简单的时间概念。

长期，是一种确定性，一种规律。

在世界杯的足球比赛中，即便是一支实力被公众认可的球队，也不能100%保证在下一场比赛中一定赢。但如果放在100场、1000场比赛中，时间拉长了，球队综合实力的强弱，就一定会决定胜率的高低。

投资也是一样，股票市场是一个随机性与确定性、混乱与秩序共存的市场。一家基本面糟糕的公司和一家基本面优秀的公司，在短期内受市场先生影响，两家公司的股价会随机游走，方向难以把握。但拉长时间，基本面糟糕的公司会因为盈利的不断下降，最终被市场用脚投票，股价一落千丈。而基本面优秀的公司，最终则会因为盈利的不断增长，不断创造价值，被市场争相追捧，股价水涨船高。所以，股价并非完全难以预测，价格必然会向内在价值靠拢，只是这种规律只有在长期才能体现出确定性。

长期，可以是1年，也可以是永远。

任何公司都存在生命周期，从萌芽，到爆发，到盛年，再到最终衰落。我们在萌芽阶段发现价值，耐心等待公司创造价值，直到看到成长的天花板，或者某个重大事件改变了当初的投资逻辑，就选择退出，这个过程被称为长期。

不同公司的护城河有深浅之差，生命周期也有长短之别。因此，我们不能以一个统一的尺度来衡量所有，要根据公司自身价值成长的周期规律来判断。对于有的公司而言，10年是一个成长周期，那么对于这家公司来说，10年就是长期。所以，长期可以是1年，可以是10年，也可以是永远。

长期，需要坚守，更需要复盘。

查理·芒格曾说：如果一家公司的成长动力不衰，我希望持有的时间是永远。对于一家持续优秀的公司来说，长期主义是创造复利的价值，但这并非意味着我们可以偷懒，不再跟踪，不再思考。

世界上唯一不变的就是变化，如果不去复盘和迭代，长期主义就成了思维和行动懒惰的借口，变得毫无意义。我们要拒绝僵化的长期主义，只有通过不断复盘、不断检验时间带来的结果，投资人才能在高速动态的变化中，实时判断这家公司究竟是不是时间的朋友。

语录二：投资腾讯，并不是赌，而是做了调研以后的一种信念

投资腾讯，是张磊引以为豪的成名之举。在接受央视采访时，张磊曾表示起步之时对腾讯的投资，多少具有一些"赌"的成分，赌腾讯可以从小公司做成大公司。但张磊随后又补充说，投资腾讯，实际上是在对公司做了充分调研后的一种信念，这并不是"赌"。

那么，价值投资，到底赌不赌呢？

首先，我们必须认清一点，所有的投资决策都是概率决策，我们无法判断投资结果是否一定正确，从这一点上看，投资决策的确有"赌"的成分。但是，又不完全是"赌"，因为我们会通过各种深度研究、各种调研学习提升胜率。而拉长时间看，胜率高的东西不断重复，胜率就转变成了胜利。

当然，即便是再高胜率的投资，也会有风险存在。例如贵州茅台，虽然是众人公认的好赛道、好公司，但万一茅台所在地发生天灾或人祸呢？万一这场灾难令茅台永远不可能再生产出优质的茅台酒呢？虽然这种概率在常人看来很少发生，但既然是概率，就一定有发生的可能。所以，我们需要适度分散投资，减少这种系统性风险对收益水平的影响。

回到张磊当初孤注一掷重仓腾讯的往事，这笔后来看令人拍案叫绝的投资操作，在高瓴此后的投资生涯里再也没有出现过。虽然张磊继续在投资圈成为点金胜手，但我们再也没有听到他重仓某家公司的消息。相反，高瓴资本的持仓开始从重压互联网，向医药生物、消费、TMT（数字新媒体产业）不断扩展，不断分散。我们有理由相信，这是张磊在经历时间洗礼后，投资理念逐步深化过程中的改变。

一家公司当然代表不了中国经济，张磊经常挂在嘴边的重仓中国，理应以组合的形式存在。

语录三：我们相信，每一次重大危机都是一次难得的际遇和机会，尤其需要珍惜

张磊在《价值》一书中描述了在遭遇 2008 年金融危机时，高瓴资本的应对态度。张磊相信：每一次重大危机都是一次难得的际遇和机会，尤其需要珍惜。其实不仅是张磊，许多投资大师都对"接飞刀"持有肯定态度。

比如霍华德·马克斯在《投资最重要的事》一书中就提出：投资人的工作就是接飞刀，不接飞刀就是不作为。当然，他本人也的确是这样实践的。在金融海啸爆发，全球恐慌之时，霍华德·马克斯却反其道而行之，在雷曼兄弟倒闭后毅然进场，此后每个星期买入 5 亿

美元的债券，在连续 13 周的逆向投资后，市场终于迎来反转，这位深谙周期之道的投资大师也大赚一笔。

虽说大师们通过不少实操向我们证实了"永远不要浪费每一场危机"的必要性，但扪心自问，当我们深陷对危机的恐慌情绪时，能否真的勇敢地接飞刀？古人云：君子不立于危墙之下。股市中更是有句俗话叫"三根阴线改变信仰"，人性的弱点就在于不能有效控制自己的情绪。

对此，张磊在《价值》一书中为我们提供了解决办法：弱水三千，只取一瓢饮。这个理念实际上就是指巴菲特的能力圈原则，对于能力圈外的诱惑，我们要克制；对于能力圈内的选择，我们要抓住、抓牢。接飞刀，绝不仅仅是简单的勇气，没有正确判断作为支撑的匹夫之勇，只会造成灾难。

第二章　好股票=好赛道+好公司+好价格

巴菲特曾用"滚雪球"来比喻投资：价值投资首先需要一个长坡，其次要有足够厚的雪。"长坡"就是公司所处的行业要有足够大的天花板，抑或足够好的竞争格局。"厚雪"则意味着公司自身的盈利能力要足够强，护城河要足够深。

在一个幸运的行业里去找好公司，然后以一个合理的价格买入，这就构成了组成好股票的"三好"准则：好股票=好赛道+好公司+好价格。

俗话说"男怕入错行，女怕嫁错郎"，找到好赛道，是挖掘好股票的起点。资本市场通常把好赛道定义为"行业空间看不到天花板""行业复合增速非常快"的高科技行业。诚然行业空间非常重要，但竞争格局也不容忽视，巴菲特一生都钟情于消费品的投资，这意味着好赛道绝非只限于新能源或是人工智能等新兴行业。那么，究竟如何定义好赛道，不同投资者应该如何选择好赛道？我们将在"价值投资如何选择好赛道？"这一小节中为大家解答。

除了行业幸运不幸运，选择股票还有一个重要的维度，就是挑选一家伟大的公司。回顾历史上那些顶级的优秀公司，无外乎都具备两点：深厚稳固的护城河和容易赚钱的商业模式。所谓护城河，就是公司具备的独特优势，这个优势可以长期存在，且别人很难复制取代。商业模式则是公司的赚钱方式，好的生意自然会带来可观的盈利和不错的现金流。在"价值投资如何选择好公司？"这一小节中，我们详细介绍了护城河的种类，以及好商业模式的标准，例如客户转换成本的高低、能否取得显著的规模效应等。

"三好"准则的最后一条，是选择好价格。选择一个好价格，能享受更大回报，也会提供更大的安全边际。但是，好价格的评判标准，并非简单的市盈率高低。估值大师达摩达兰曾说：相对估值不是估值，而是定价。市场先生的报价并不总是理性的，锚定市场价格，最终可能陷入高估泡沫或是低估陷阱。公司的长期价格由内在价值决定，这意味着长期视角的好价格评判必须用到绝对估值。

当然，在实操中要找到同时满足好赛道、好公司、好价格的股票，几乎是不可能的。如果这三个标准不可兼得，投资者应该如何做出选择？我们将会在"价值投资如何选择好价格？"中为大家介绍具体的解决办法。

价值投资如何选择好赛道？

问：空间大、成长性好的赛道，是否就是价值投资的好赛道？
答：是，但不绝对是。好赛道的标准是多维的，而且因人而异。

好股票＝好赛道＋好公司＋好价格。一笔成功的投资，"三好"准则缺一不可。一个"好"赛道里的公司，只要质地不差，大概率就能"躺赢"。而在一个"差"赛道中，即便是龙头，也会活得很累。因此，寻找好赛道，是价值投资的起点。

赛道，抑或称之为"行业"，或者"生意"，无外乎有两种分析维度：行业空间和竞争格局。而好赛道，自然是行业空间越大越好，竞争格局越稳越好。

行业空间由需求决定。个人投资者普遍喜欢投资科技股，原因是科技股所在的行业往往渗透率较低。未来随着渗透率的提升，行业需求增速很快，空间也会不断扩大，这个过程非常美妙，理论上的确能诞生很多10年10倍的大牛股。但事实是，这些行业看似非常"丰满"，实则却很"骨感"。科技行业技术迭代非常快，而较高的行业需求增速也会吸引源源不断的竞争者加入。这对投资者的要求非常高，你需要时刻保持对世界前沿科技变化的敏感度，具备较强的演绎能力，能够提前预测未来可能出现的行业趋势变化，以及在茫茫红海中找到最后胜出的那一批选手。因此，不仅是投资者，有时就连专业选手，也会错判趋势。

曾有媒体拿着苹果手机采访当时手机行业的绝对龙头——诺基亚的负责人，这位 CEO（首席执行官）自信地认为如此大的屏幕定然容易摔碎，这种产品注定没有前景，不会被消费者接受。但他做梦也没想到，短短数年后，退出智能手机历史舞台的不是苹果，而是诺基亚自己。

当诺基亚还停留在"抗造王"的光环之下时，苹果已经开始研究各类人机交互应用，打造生态平台了。作为一个归纳主义者，在当时可能会选择相信诺基亚，因为过去数十年，消费者重视的的确是抗摔性。但演绎主义者会意识到，屏幕作为人与人交流的窗口，在手可持范围内尽可能地扩大，就能为消费者提供更丰富的信息。此外，屏幕背后的智能运算系统，从原来的模拟机到开放式平台，可以安装各种各样的 App（应用程序），如此，这场比赛的结果在这一刻就注定了，未来将会发生的变革是巨大的、颠覆性的。而没有演绎思维的人，感觉不到世界即将发生的变化，这就会带来投资上的灾难。

可惜的是，虽然大部分人具备一定的归纳能力，但是拥有演绎能力的只占很小一部分。不过这并不意味着这部分人就无法寻到好赛道，行业空间除了关注成长性，更要看稳定性。

彼得·林奇曾强调：从生活中发现投资机会。无论是中国股市还是美国股市，回顾历史，有一个行业虽然增速平平，但经常容易跑出大牛股，这个行业就是消费业。我们虽然处在一个科技迅速发展的时代，科学技术可能每隔 3~5 年就会出现巨大变化，但有些东西的变化却非常缓慢，甚至数千年没有任何改变。比如，几千年前喝的白酒现在依旧是饭桌上的"常客"；又比如，酱油的历史也有 3000 多年了，但如今仍是厨房中必不可少的调味品。这些行业技术进步和渠道变革较为缓慢，难以被颠覆，可预见性强，便为行业内的优秀公司提供了可积累的竞争优势，令它们在岁月的洗礼下强者恒强。这对于大部分不具备演绎能力的投资者来说是福音，因为预测在决策环节中的占比会减少，意味着胜率会提升。

前面我们分析了好赛道中的行业空间，接下来，我们来看另一个决定赛道好坏的关键维度——竞争格局。区别于行业空间由需求决定，竞争格局则是由供给决定。在一个只有个位数增长，甚至未来需求可能出现下滑的行业中，我们发现，仍然有那么一批公司，凭借良好的竞争格局，为投资者带来超额收益。

比如，水泥过去好多年的销量增速只有2%~3%，这个行业的成长性比不过高科技行业，稳定性也比不过大消费行业。但就这么一个不起眼的周期性行业，却诞生了一只名为海螺水泥的大牛股，在本轮地产股出现系统性风险之前，净利润率远超所谓的高科技行业，高达25%~30%（剔除贸易业务），被资本市场戴上"泥中茅台"的桂冠。

水泥行业的空间并无亮点，但竞争格局在过去几年却是一等一的**优秀**。由于行业天生的"短腿"属性，200千米的陆运、500千米的水运运输半径，挡住了外来者的干扰。这导致水泥行业格局区域化非**常明显**，区域集中度远高于同属地产产业链但运输半径较长的钢铁、**玻璃**等。除水泥行业外，还有诸如造纸、钛白粉、化工材料等也诞生了一批大牛股，比如万华化学。这些行业的共性是：需求并不会出现类似科技行业的爆发式增长，但胜在供给端的竞争格局往往非常优秀，龙头公司凭借成本优势获得了更多的市场份额，也为股东带来可观的收益。

行业空间和竞争格局，是我们评判一个赛道优良与否的标尺。但在实际投资中我们会发现，同时符合这两把标尺的行业可以说是凤毛麟角。因为经济学原理告诉我们，如果某个行业需求增长很快，那么竞争格局也必然会很激烈。当两个维度出现矛盾时，不同投资者会做出不同的选择。一个预测能力强、风格激进的投资者，会更看重行业空间；反之，一个预测能力弱、风格保守的投资者，会优先选择竞争格局。

前面我们分析了评判一个好赛道的两个维度——行业空间和竞争格局，接下来，我们从实操角度来总结一下判断赛道好坏过程中可能遇到的问题。

不同子行业的空间和格局可能相差巨大。

医药是市场公认的好赛道，但在"长坡厚雪"这个标签之下，并非每一只医药股都能创造价值。例如生产原料药的海普瑞，这家公司曾经也是一只大牛股，上市之初市值一度达到700亿元，但此后就开启了长达10年的熊市，即便是在医药股最为辉煌的2020—2021年，也没能为投资者带来超额收益。

海普瑞的主营业务是肝素原料药。肝素是一种抗凝血剂，产业链上游是肝素粗品，也就是将猪小肠加工提纯；中游将肝素粗品再加工制成肝素原料药，然后卖给下游制剂厂商，这部分就是海普瑞的业务范围；下游将原料药制成制剂，卖给终端医院。很明显，原料药处于产业链中游，虽归属生物医药，但实际技术壁垒并不高，这导致行业的竞争格局并不会太稳固。

果不其然，2013—2014年，规模仅次于海普瑞的行业第二健友股份，通过在原材料低迷期大量囤猪小肠、肝素原料药，在2016年取代了海普瑞，成为市场第一。这充分说明，在一个附加值较低、进入壁垒较低的环节，即便在某一时刻成为行业龙头，也会因为其他原因被对手超越。原料药作为中间环节，产品同质化较高，对上下游均无议价能力，被市场当作大宗商品。尤其在一致性评价和带量采购政策实施后，行业定价越发向着周期行业靠拢。

这是资本市场对"原料药"区别对待的原因之一。与之相反，创新药则获得国内外资本市场的争相追捧。原因是一款创新药一旦获批上市，就会在专利保护期内享受独占市场的利润，为投资者带来丰厚的回报。但同时，成功研发出一款新药的难度是极大的，行业内平均研发周期需要耗费10年时间，耗资10亿美元，并且成功率极低。行业的高门槛、高回报，让资本市场愿意给创新药企业较高的溢价。

有些行业看似优秀，实则却在毁灭股东价值。

在研究和总结了大量不同行业的公司后，我们发现，部分行业外表看似很光鲜，但投了却总是不赚钱，这些就是毁灭股东价值的行业。一般来说，这些行业具有以下5点特征：

1. 高额资本支出，为了做这门生意需要不断地投钱。

2. 高额运营支出，生产线要跑起来需要支出高昂的运营成本。

3. 产品同质化严重，产品要在竞争中取胜必须依靠价格战，而不像消费品行业，产品能否取胜看品牌而非价格。

4. 容易受经济形势波动影响，经济形势好的时候，利润大增；经济一旦低迷，利润就随之下降。

5. 容易受技术变革和商业模式变革的影响。

航空业就是完全符合这5个特点的行业。航空公司需要定期购买飞机，需要持续高额的资本支出。飞机飞行需要燃料成本，需要支出固定燃油费。而消费者对航空公司的选择并不追求品牌，所以产品同质化较为严重。另外，航空公司的燃油成本会非常容易受经济或者地缘政治的影响而出现大幅波动，导致航空股的利润也会显现出较强的周期性。最后，高铁的普及，也给航空公司带来巨大的竞争压力。事实上，除了航空业，很多面向机构端的制造行业都有类似的特征，我们在投资决策时需要有所警惕。

当然，对于这些行业我们也不能完全用静态的眼光去看待。比如面板行业，其过去的现金流都很糟糕，其中的企业因为技术迭代，需要持续地资本支出。而在竞争格局尚不稳定的阶段，我们难以分辨哪些公司能成为最后的赢家。但反过来，等到这个行业技术迭代放缓，行业竞争格局稳固后，过去一些高额的资本投入反而形成了壁垒。

有些行业天然具备好赛道的基因。

第一类是平台型公司，典型代表是国内外的互联网巨头，阿里巴巴、腾讯、脸书（Facebook）、谷歌、亚马逊等，它们有着万亿美元的市值，利润达百亿、千亿美元，增长速度却仍然不慢。因为平台公司会产生明显的马太效应，能不断积累客户优势并不断自我强化。以购物网站为例，消费者会被一个呈现丰富商品的网站吸引，而随着浏览量的增长，其他商家也会选择入驻这个网站，进一步提升网站的商品丰富度，吸引更多人来浏览。由此不断循环往复，最后发现，这个行业变成了赢家通吃的局面。

第二类是耗材型公司，典型代表是食品饮料。例如茅台喝完了还得买，酱油用完了还得买，消费者购买频次较高且属刚性需求，为这些行业带来稳定的空间和增长。与之相对的是设备型公司，这些产品使用周期较长，往往需要 10~20 年，而且设备容易出现更新换代，那么成本就会更加高昂。

最后，我们做一个总结，评判赛道好坏，可以从以下几个维度分析。其一是从需求的维度，需求就是行业空间，行业空间越大越好，因为空间越大意味着企业有更广阔的发展前景。其二是从供给的维度，供给就是参与这个行业的竞争者有多少，竞争者越少，竞争格局就越好，龙头公司也就越容易赚到钱。当两个维度发生矛盾时，不同投资者会做出不同的选择。如果是预测能力强的投资者，偏成长股投资的，那么就在需求大的赛道里挑选能够胜出的公司；反之，预测能力弱、偏保守投资的投资者，就可以优先选择那些竞争格局稳定的龙头公司。另外，判断赛道优良与否，不能只看标签，比如贴上高科技的标签并不一定好，因为行业内各个子行业差别很大。最后，赛道本身也在不断迭代，应该辩证地去看待。比如高额资本支出从某种程度上来说，可能会毁灭股东的价值，而一旦进入行业竞争格局稳固阶段，高额资本支出就构成了壁垒，所以我们要辩证地、动态地分析。

价值投资如何选择好公司？

问：什么样的公司是好公司？

答：好公司的外在共性是优秀的财务数据，内在表现则是好的商业模式和深厚的护城河。此外，好公司要符合可理解、可展望、可跟踪的标准，这也决定了适合每位投资者的好公司是不一样的。

在本章导读中，我们提到选择好股票的三个维度分别是好赛道、好公司、好价格。接下来，我们来聊聊如何选择好公司。

除了行业幸运不幸运，选择股票还有一个重要的维度，就是公司能不能干。什么样的公司是能干的公司，什么样的公司又是不能干的公司呢？

芒格把公司分成三类：yes 类（可以投资的好公司）、no 类（不可以投资的差公司），还有 too hard 类（太难的、不好理解的、看不懂的公司）。在实际投资当中，yes 类公司很少，no 类公司稍微多一些，too hard 类公司占据绝大部分。

从行业研究的角度看公司，好公司的评判标准主要有两点：第一是需求端的逻辑，公司提供了什么产品和服务，这个产品或这个服务在未来是否为社会持续创造价值，是否被社会需要；第二是供给端的逻辑，公司在提供相同业务的行业竞争者中处于什么地位。

一个公司要被认为是好公司需要具备三个条件：可理解、可展望、可跟踪。不满足这三条，也许客观上确实是一个好公司，但对于投资者来说不太容易把握。

以贵州茅台、宁德时代、国盾量子为例，从可理解的角度看，广大投资者都能看明白的是贵州茅台——高端白酒，而要弄清楚做动力锂电池的宁德时代，就需要去研究锂电池的技术路线，比如磷酸铁锂电和三元锂电的优劣对比，这个门槛就过滤掉许多投资者了。最难搞懂的是国盾量子，其背后的基本原理是量子力学里的量子纠缠效应，能理解的人就更少了。因此，从可理解的角度来看，三家公司完全不一样。未来这三家公司可能都是好公司，都能创造很大的价值增长，但大部分人能认识茅台，少部分人会认识宁德时代，而认识国盾量子的人寥寥无几。

从可展望、可跟踪的角度看，投资者可以展望茅台未来提价的数据、量的逻辑，因为这些都有公开资料；也可以通过中国2025年新能源汽车中长期发展规划，来判断宁德时代未来5年增长的趋势和速度，虽不如茅台精准，但也能估计个大概；而对于量子通信行业的国盾量子，就非常难预测其未来会如何发展了。

对于每个投资者来说，可理解、可展望、可跟踪的程度是不一样的。最有利于投资者理解、展望、跟踪的公司才是好公司。好公司不仅是客观存在的，还得和你主观的能力圈相匹配。

当然，如果是好的行业、好的公司，一定会在财务数据上得到验证。巴菲特在做价值投资时，会特别关注两个指标：净资产收益率和现金流。其中，净资产收益率代表一家公司钱生钱的能力，而现金流则代表公司能够自由运用的钱。有些公司利润不错，但缺少现金流，这样的公司也未必是好公司。

除了净资产收益率和现金流，还有诸如收入、利润、规模、增长速度等财务指标都可以帮助我们判断公司的好坏。但这些都只是外在表现，从底层的商业模式和护城河出发，好公司还有哪些内在的特质呢？

好公司的第一个特质就是专注主业。以牧原股份和雏鹰农牧这两家养猪的公司为例：牧原股份始终踏踏实实地养猪，在几轮猪周期中逐渐做大，最高时市值接近两千亿元，利润过百亿元；而雏鹰农牧业务多元且复杂，包括互联网、连锁店、沙县小吃等，后来被深交所退市摘牌。通常，好公司专注于主业的比例相对更高，就算要做多元化，也会选择那些与主业产生协同效应，可以优势共享，产生1+1>2的效果的业务。因为如果跨界步子迈得太大，往往风险大于机会。

其实细究起来，多元化能不能成功，取决于做多元化的目的是什么。到底是因为主业做不好被迫去寻找新的增长点，还是主业已经做得很好了，为了巩固主业，扩大市场，主动进行上下游扩展。例如雏鹰农牧，看起来开零售店是向下游扩张，但其实公司主业并不稳固，不具备产业链延伸的能力，这种扩张就没有价值。所以，要做多元化，一个首要前提是主业经营已经很强了，再拓展相关的业务。而不是主业做不好，就去其他领域"碰碰运气"，搞这种多元化是很危险的。

有些人会反驳：A股市场里也存在把多元化做成功的公司，它们打开了业绩增长的天花板。对此，我们认为，用结果倒推整个逻辑，抑或用个案倒推普遍性规律是不客观的。大部分情况下，好公司都是专注主业的，比如A股市场这些年众多的牛股——招行、茅台、海天、格力、美的等，哪怕这些公司要做多元化，也是先做强主业，然后在相关的领域或者上下游来布局。

好公司的另一个特质是业务扩大不需要大规模资本支出，或者运营资本投入。有些公司做到一定规模后，再扩大生产的效率会大幅提升，即边际投入低，产出高。但有些公司则正好相反，如果要扩张，就必须有更大的投入，去购买各种机器设备、原材料，这种公司的营收体量虽然在增长，但利润率不见得有提升。

还有一类公司，扩大业务需要运营资本的不断投入。例如某家"互联网+"公司，拥有1万名员工，营收30亿元，净利率不足10%。虽然号称"互联网+"，但其实就是一家软件定制开发公司，想要扩大业务就要不断加人，利润的增加很快就被人工成本蚕食。与之相对的是产品驱动型公司，这类公司的特点是：每增加一个客户在产品投入上的新增成本为零。因此，随着业务规模扩大，利润率也会水涨船高。

接下来，我们再聊聊好公司的商业模式。

第一种优秀的商业模式是平台型公司。这类公司获客带来的边际成本基本为零，例如阿里巴巴的电商平台搭建好后，后续边际投入很少，且流量的聚集会产生马太效应，赢家通吃。再比如金山办公，一旦软件开发完成，有多少用户就有多少现金流入。

第二种是耗材类的公司。生产类的消耗品，客户会反复购买，例如化工新材料、食品饮料行业，所以容易出现好公司。只要商业模式搭建好，在这个赛道中持续保持品牌优势，就能持续盈利。与之相对的是设备类公司，设备的折旧期限比较长，长期不容易更换且单价特别高，除非是体量超级大的行业，才可能出现比较好的投资机会。而如果是某个细分领域，本来体量就小，客户购买一次后很多年才会再次更换，那么公司的生存就比较艰难。

最后，我们聊聊公司的竞争力。《巴菲特的护城河》一书中提到好公司都有护城河。为什么需要护城河？因为如果缺少护城河，那么各路资本都会杀进来抢生意，分一杯羹，而深厚的护城河会把这些竞争者挡在外面。

消费品行业的护城河是品牌，品牌价值是吸引消费者的核心要素。分析那些拥有强大品牌护城河的消费"白马"，我们发现很多品牌的兴起源于其自身的独特禀赋。比如白酒行业的龙头贵州茅台，其优越的地理纬度、百年窖池、得天独厚的气候条件形成的菌群，都是先天的基因，再加上后天的努力——做好品质与工艺，形成了一个优秀的品牌。再比如涪陵榨菜，涪陵的青菜头多肉少茎，令消费者持续地基于口感而选择了涪陵榨菜这一品牌。这些优秀的产品都是先天禀赋基因使然，品牌本身是后验的，体验后才知道。因此，品牌和产品是相互促进的。

除了品牌，渠道也是非常重要的护城河。消费品行业有这么一句话，得渠道者得天下。海天味业靠卖酱油市值做到几千亿元，有赖于其遍布全国的商超渠道；公牛集团拥有70多万个网络终端，渠道渗透到农村地区的小卖部，国外的飞利浦根本争不过它；金龙鱼在全国有110万个网络终端，通过这些渠道把粮食和油卖出去，从而达到绝对龙头的市占率；晨光文具同样也是凭借足够多、足够深的销售渠道，把文具这种低单价的商品卖出相当大的体量。

消费品行业最重要的护城河是品牌和渠道，而对于制造业或其他实业来说，筛选公司是否有竞争力的标准则是成本。一家成熟且优秀的企业，长期来看成本效益呈递减趋势。比如微软的Office办公软件，每新增一个用户几乎没有成本的提升，新增用户的收入基本全是毛利。反之，定制型的公司扩张就比较慢，例如设计院，工程师不可能不休不眠无限制地按照客户需求设计图稿，每年画图的数量依赖于工程师的数量和能力，存在上限，这样其扩张的边际曲线就不够好。

再来看平台型公司，这类公司刚开始时没有现金流，甚至很多还是处于亏损的状态。但是，一旦迈过盈亏平衡点，会出现规模的陡然上升，例如阿里巴巴和京东。所以，投资平台型公司，开始时会比较艰难，可一旦成功就会收获颇丰，胜而后赚就是这个道理。与之相对的是项目制公司，尽管挣得少，但它容易存活下去，接到订单就有现金流了，哪怕这个现金流并不高。

我们简单总结一下，对于消费品公司来说，最重要的护城河是品牌、渠道；对于制造业、工业品公司来说，最重要的护城河可能是成本优势；对于一些转化成本高的行业企业来说，客户一旦使用就很难换，黏性较强，这是它们的护城河；而对于互联网公司来说，双边网络效应就是它们的护城河。

看到这里你是否会有疑问，在上述这些护城河的介绍中，似乎没有提到科技，那么，科技是护城河吗？

A股市场有两个现象很有趣。第一个是很多投资者都对投资科技股情有独钟，但回顾过去十多年，真正能穿越周期的大牛股往往集中在消费行业，抑或传统制造业中。究其原因，我们认为很多高科技公司看似空间巨大，但商业模式和技术迭代快，未来能不能持续存在充满不确定性，就算行业真能步入正常的发展轨道，但由于初期竞争格局不稳定，最终收益能不能花落你选的股票也是未知数。

举例来说，2015年新能源行业已经兴起放量了，投资者在选股时，如果只冲着新型电池，不小心选中沃特玛、科力远这类在技术选择中走错路线的公司，那就很难翻身了。直至今日，我们可以有较大把握地认为，磷酸铁锂电和三元锂电这两种技术路线占据了主流市场，比亚迪和宁德时代笑到了最后。但在5年前人们很难看出最终的格局走向。很多做科技股的投资者会被行业远景所吸引，但从远景落实到具体的商业模式，每家公司还有很长一段距离要走，缺少确定性。反而是并不科技的传统行业，商业模式成熟，能够持续不断地创造利润、创造价值，走成了大牛股。

总之，只有把科技和产品力、销售能力结合在一起，变成赚钱的能力，赚了钱再在科技上持续投入，保持领先，这样的公司才是好公司。

还有一个有趣的现象是 A 股投资者很喜欢跨界并购题材。例如有家传统制造业公司尚纬股份，业绩平庸且正在下滑，但有传言这家公司将会收购罗永浩的直播带货平台，并购预期下股价马上应声涨停。这种现象很普遍，那么这类经常玩概念、玩跨界并购的是不是好公司呢？事实上，商业的本质是为社会创造价值，而资本市场只是企业的辅助工具，诚然高股价可以激励高管、员工，从而实现扩张，但做企业的目的是服务用户，而不是借助资本市场推高股价，不应该本末倒置。

最后，我们做一个总结。好公司的外在共性是优秀的财务数据，内在表现则是好的商业模式和深厚的护城河。对于资本市场热衷的"高科技公司"以及"跨界并购题材公司"，我们要保持警惕，只有将"科技""并购"转化为持续赚钱能力的公司，才是好公司。

价值投资如何选择好价格？

问：好价格就是市盈率低吗？

答：不一定。很多成长性高的优秀公司，在其高成长阶段，市盈率都很高，觉得市盈率太高而不敢下手的投资者，很容易错失超级大牛股。但市盈率太高，确实会导致安全边际不够宽，成长性一旦不达预期，很容易导致股价大跌。

前文我们讨论了好赛道和好公司，接下来我们重点聊聊好价格。

在二级市场的投资中，公司的价格被分为3种：交易价格、合理价格、入手价格。交易价格就是交易时间内，盘面上不停变化的数字；而合理价格是指基于自己的判断、评估，给出公司的实际价值；最后，投资者对比交易价格和合理价格，选择一个适合自己的入手价格。

交易价格反映的是当前市场对公司的估值。当估值合理或者是便宜时，投资者就会获得比较高的安全边际。如果一家公司质地非常好，但估值却贵得离谱，那么这笔投资大概率回报较低，同时还有一定的风险。相反，如果一家公司基本面平平，但价格极具性价比，那这未必不是一个优秀的投资标的。

公司的合理价格，也就是内在价值，是企业未来生命周期里的利润总和贴现到今天的价值。短期择股可以去揣测市场会选择什么，可能存在价值驱动或概念驱动，但长期来看，公司要靠业绩说话。

举个例子，假设我们要收购一家餐厅，应该如何对这家餐厅进行估值？方法是把餐厅的账本拿出来，看看每天能赚多少钱，从5~10年的时间维度给餐厅进行估值，再打个折进行收购。

但是，请注意，随着企业的不断发展变化，企业价值也会随之调整。估值是一个动态的过程，绝非一成不变。例如餐厅旁边开了一条新的地铁线，那餐厅的内在价值就会有所提升；又如餐厅旁边出现新的餐厅，竞争激烈导致客流量减少，那么这家餐厅的内在价值就会有所衰减。

通过以上的分析，我们会发现，收购这家餐厅存在非常大的不确定性，为了进一步估计收购餐厅的风险和收益，可以搭建一个模型。在这个模型中，需要有些基本的情景假设，比如涨价10%后盈利能力能增加多少，降价10%后会不会破产，附近有没有可能开地铁线路增加客流量等。模型的作用在于分析不同情况下餐厅的收益，从而确定一个盈利区间，更好地评估收益和风险，决定我们到底是花50万元去买，还是花150万元去买。

总而言之，内在价值有两个特点：第一，带有强烈的主观判断色彩，因为对公司未来利润的判断是主观的；第二，内在价值是动态变化的，因为企业经营状况会不断发生变化。

入手价格，取决于投资者的风险偏好。风险偏好高的人，在价格和估值基本相当的时候就会考虑买入，但风险偏好低的人，只有在价格大幅度低于估值的时候才会动手。

如何对一家公司做估值呢？一般来说，估值可以分为相对估值和绝对估值。拿买房举例，如果一个小区的平均房价是6万元/米^2，这时小区内某一个房子的位置、楼层都比较好，但均价只有5.5万元/

米^2，你就会觉得这套房子的投资性价比很高，这就是相对估值。在股市中，这种相对估值往往用 PE（市盈率）、PB（市净率）、PS（市销率）等指标衡量，是实践中最常用的估值方法。但其也有一个致命的缺陷，即假设"市场估值永远是合理的"。如果市场整体被严重高估或者严重低估，那么我们对公司的估值结果也会跟着被高估或者低估。

2021 年初快手在香港联交所上市，正巧赶上互联网大牛市，所以快手开盘市值达到惊人的 1 万亿元人民币，这时候，在行业内流传一个这样的"段子"：

"快手相较于哔哩哔哩被低估了，所以快手必须大涨；哔哩哔哩和快手都大涨之后，持有它们大量股票的腾讯也必须大涨一波；腾讯大涨之后，市值显著高于阿里巴巴，这不合理，所以阿里巴巴也得大涨；阿里巴巴涨了之后，拼多多的市值和阿里巴巴的差距又被拉开了，所以拼多多也得大涨；拼多多涨了这么多，市值是京东好几倍，这不合理，京东也得涨；以此类推，百度、网易、小米、金山、阅文这些公司也都得涨。等它们都涨完，快手和哔哩哔哩的估值又显得便宜了……"

这个"段子"让我想起武侠小说中的传奇轻功——梯云纵，武林高手可以通过"左脚踩右脚"摆脱地心引力，在空中飞来飞去。小时候我对这样的武功深信不疑，幻想有一天自己能练成这样的绝世神功；长大了才知道这是完全违背自然规律、不可能实现的。相对估值也一样，会让股价在短期之内摆脱价值规律的束缚，以泡沫助长泡沫，但股票的价格最终还是要回归到合理水平。

相对估值法的另一个缺点是，无法对公司成长能力等进行准确估值。比如说，X 公司的成长能力很好，行业平均市盈率是 12 倍，而

X公司可以有更高的市盈率，但高到什么程度合理，20倍还是30倍，相对估值法无法判断。

与相对估值不同，绝对估值更注重公司自身。绝对估值常用现金流折现法（Discounted Cash Flow，DCF），这是一种将企业未来盈利的现金流，折现为当前公司内在价值的方法。若估值大于公司目前的市场价格，则说明此公司具有较高的安全边际和投资性价比。对应到前面提到的买房案例，绝对估值就是你用房子未来的租金收入进行折现。比如折现后发现房子价值仅3万元/米^2，那么和目前的房价相比，可能会得出房价被高估的结论。现金流折现法是最本质的估值方法，因为企业的存在目的，或者说回报投资者的方式，就是创造现金并把现金分配给股东。但现金流折现法的复杂性超越了绝大部分投资者的能力圈。

回到投资本身，是不是市场价格低于内在价值就可以买，市场价格高于内在价值就要卖呢？查理·芒格说过：以公道的价格去购买伟大的公司，要优于以一个便宜价格去购买平庸的公司。但问题是，有伟大公司基因的投资标的，例如一些消费白马股，或者竞争力很强的科技公司，它们的估值都不便宜。那么，这些"高估值"的热门公司，我们能不能去投资呢？

这就涉及高估值的归因分析了。造成股价高估的因素有很多，比如优秀公司的估值溢价、新股上市、市场风格、资金抱团等。

对于那些成长性好、稳定性好的公司，虽然它们的估值水平略高，但每年业绩的稳定增长，可以逐步消化高估值，最后年复一年积累下来，复利可能产生10倍涨幅。对于这类公司，我们可以用时间换空间去等待。

资金抱团也是导致高估值的原因之一。2018—2021年，中美贸易摩擦、新冠疫情暴发等"黑天鹅"事件相继出现，在宏观环境不确定性增强的背景下，整个市场开始追逐稳定的、确定性强的行业和公司，形成了集体性的资金抱团。比如贵州茅台等核心资产的一路上涨，导致出现泡沫，这是一种风格高估。而这两年，在人工智能的催化下，鸿博股份、长盛轴承等算力租赁、人形机器人概念股都在短期创下了惊人的涨幅，这些公司并没有太过强大的技术研发实力，利润率也比较平庸，就是一次较为典型的概念炒作。

从价值投资角度看，为这种概念和风格高估支付溢价，未来收益率大概率会较为平庸，因为风格迟早会结束，价值终会回归。

最后一种是科技浪潮带来的高估。这种高估主要集中在科创板，很多公司看概念看题材看发展前景都很好，但估值却达 80~90 倍（2020 年，整个科创板的平均市盈率为 80~90 倍）。我们认为，导致科创板估值高的原因有二：其一是中国正处于创新驱动、科技驱动的转型期，所以大家认为科创板有前景；其二是绝大部分公司都质地优良，企业家很有冲劲，愿意有所作为。同时，从财务角度考虑，企业 IPO（首次公开募股）会有非常严苛的上市审核过程，公司财务报表也会被层层审核，这也是市场给予新上市公司高估值的一个理由。

不过，科创板虽然估值高，但是收益率还是很可观的。科创板第一批是 28 家企业，如果把这 28 家企业的股票都买了，截至 2025 年 4 月整体年化的收益率是 19%左右，相当可观。刚开始，A 股上市公司主要是国有企业，现在在政策引导下，鼓励民企创新，中国的科技企业会有良好的发展前景，从 DeepSeek 的"出圈"也能看到中国科技已经开始跻身世界舞台。科创板 ETF（交易型开放式指数基金）是较好的选择，如果再优中选优，可能会获得更好的收益。

当下的 A 股市场，整体估值并不贵，但如果把一些金融地产和周期股剔除，估值也并不那么便宜，整个A股呈现两极分化的趋势。估值有高低，价格有贵贱，做价值投资是不是就简单地选低估值就可以了呢？当然不是，因为可能存在价值陷阱，这类公司一开始估值很低，后来发现未来的盈利不断走下坡路，市盈率会越来越高。

所以，如何避免价值陷阱呢？我们应该去找那些长期发展和长期逻辑没有被破坏，但短期由于一些意外的因素影响，导致估值下杀的股票。例如因为短期的一些冲击，就像新冠疫情等，导致产品价格在短时间内快速下滑，影响业绩的标的。这种低估的机会，才是真的机会。

最后，我们做一个总结。好股票=好赛道+好公司+好价格。但在我们日常的投资当中，要完全符合这3个标准很难，要完全满足这3个标准的股票几乎不存在。如果这3个标准不可兼得，应该如何做出选择呢？

比如2014年那轮熊市，贵州茅台、格力电器的估值都很低。贵州茅台当时的市盈率十倍多，格力电器当时的市盈率是七八倍。为什么这么便宜？因为大家觉得白酒行业、空调行业都面临增长的天花板，所以尽管公司有竞争力，但市场不愿意给高估值。当然，事后来看，这种判断是错误的。现在金融、化工、建材板块的很多股票，估值非常低，也是因为大家觉得行业不好。反过来，很多行业好、竞争力强的公司，你总觉得其股价高，例如中芯国际、金山办公，估值总是很贵。特别看重估值的投资者，总会觉得估值高，不会进场买入。例如腾讯、阿里巴巴这样的公司，在其发展历程中，估值也没有特别低的时候。特别看重静态估值（总觉得"两鸟在林，不如一鸟在手"）的投资者，就很容易错失那些超级大牛股。

所以我们的体会是，不一定非要找到得3分的股票才投资，得

2.5分的股票也可以考虑。得2.5分的股票,是满足3个条件中的两个,另外一个条件不太差、不得零分的股票。偏爱成长股的投资者,可以看重行业空间和公司竞争力,适当放松对静态估值的要求;深度价值投资者,可以注重静态估值,适度降低对行业前景或者公司竞争力的标准。

表2-1是我们总结的"2.5分法则"的概况。

表2-1 投资的2.5分法则

维度	状况	得分
赛道	高增长且竞争格局良好	1
	高增长或竞争格局居其一	0.5
	低增长且竞争格局一般	0
公司	在行业内有极强竞争力	1
	在行业内有较强竞争力	0.5
	在行业内竞争力一般	0
估值	静态估值就有吸引力	1
	静态估值虽高但长期来看估值合理	0.5
	即便从长期角度来看估值也太贵	0

资料来源:益研究。

当然,最大的投资机会来自市场对某个维度的"误判"。比如在2023—2024年,很多人由于偏见和歧视错过了诸如银行、煤炭、石油等行业机会。这些行业长期不受人青睐,甚至被贴上"价值陷阱"的标签,导致它们的估值一度非常便宜。结果这些看似并不优秀的行业,股价却在宏观增速放缓的背景下大放异彩,其身上的盈利韧性,以及高比例分红获得了资金的青睐。

还有更久远的例子。前文提到过,在2014年,大家觉得贵州茅台、格力电器虽然是龙头公司,竞争力卓越,估值也很便宜,但它们的赛道并不好，增长已经遇到瓶颈。不过事实证明，这样的判断是不对的，贵州茅台、格力电器后来的增长远远超出大家的预期，成了"完美本垒打"。追求这种完美本垒打，投资者要有超越市场一致预期的前瞻判断能力。即使没有这种判断能力，价值投资者也会买它们，因为公司足够优秀，估值足够便宜。所以，价值投资者的投资方法是：选择得2.5分的股票。万一2.5分变成3分，投资者就能获得巨大的意外惊喜。

很多个人投资者很容易扣动扳机出击，追涨杀跌，不断犯错。这时候，应该学会克制，减少出击次数，在股票市场中多观察多思考。

在实在没有好的机会的时候，仓位不要太重，留一点余地。当然，平时多研究多积累，把好公司的股票池拓宽，有个三五十家，这样的话，就能够大概率地选出符合好赛道、好公司、好价格的投资标的。

第三章　价值投资是一个动态过程

贵州茅台，被视为 A 股价值投资的信仰。如果你 20 年前买入茅台股票持有至今，400 多倍的投资回报，就能让你实现人生的"躺赢"。但事实上，真正能在茅台上赚大钱的投资者屈指可数。以合理价格买入好公司，只是价值投资的第一步。第二步，你将直面复杂多变，甚至惊涛骇浪的资本市场。格雷厄姆将资本市场比作一位"喜怒无常的报价先生"，即便再高质量的公司也会受其干扰。这时候，投资者的心魔就要开始作祟了。

当股价下跌时，你可能会惊慌失措，毫无根据地就质疑自己当初的判断；而当股价上涨时，你可能又会过度自信，忽视一些已经出现的负面信号。在"会卖股票才是老师傅？"这一小节中，我们提出，股价的短期波动主要由市场情绪决定，情绪不可精确计算，投资者很难提前预测，我们真正能做的是不被市场情绪左右投资判断，"利用"情绪主动出击。

不过，在暴跌中坚守，抑或在暴涨中砍仓，背后的底气绝非盲目的人弃我取，而是不断跟踪、反复验证，是动态调整后的价值评估。时间的玫瑰绝不会绽放给那些妄想一劳永逸的守株待兔者，价值的果实最终会留给那些精耕细作的勤奋复盘者。在"价值投资者如何应对股价波动？"这一小节中，我们提出，价值投资既不能被股价牵着鼻子走，也不能麻木不动，要动态地关注自己投资公司的实时变化，方能在变幻的市场中，保持初心，理性决策。

当然，市场始终存在不确定性，如何尽量减少"风格轮动"以及"黑天鹅"事件带来的各种风险？我们将在"你为什么需要组合投资？"以及"躲不开的'黑天鹅'"这两个小节中介绍我们的方法。

价值投资者如何应对股价波动？

问：有经验的老股民都知道这句话——守股比守寡还难，特别是在手中股票价格大幅下跌的时候，更是一种折磨。价值投资者是如何做到长期持股并经受住股价波动考验的？

答：我们要学会区分价值和价格，我们的决策要锚定公司基本面而不是股价。

当我们买入一只股票后，如何去验证这个决策是否正确，这是令许多人困惑的问题。对于普通投资者来说，遇到50%以上的回撤后，大多数人会开始怀疑自己的决策是不是错了，是不是应该提早斩仓出局。这个问题，让我想到巴菲特买入比亚迪后，持仓14年获利25倍的故事。这个故事告诉我们，买入股票后，特别是遭遇股价大跌时，应该如何来做验证和决策。

巴菲特对比亚迪股票的操作是价值投资的经典案例。2008年股神开始买入比亚迪股票，截至首次减仓的2022年，其间盈利超过25倍（见图3-1）。当然，巴菲特投资比亚迪也并非一帆风顺。据统计，在持有比亚迪股票期间，公司股价回调幅度超过50%的情况，发生过6次。但每一次大幅回调，巴菲特都没有进行砍仓的操作，而是坚定持有了近14年。

那么，就让我们回到2008年，看看巴菲特投资比亚迪的前因

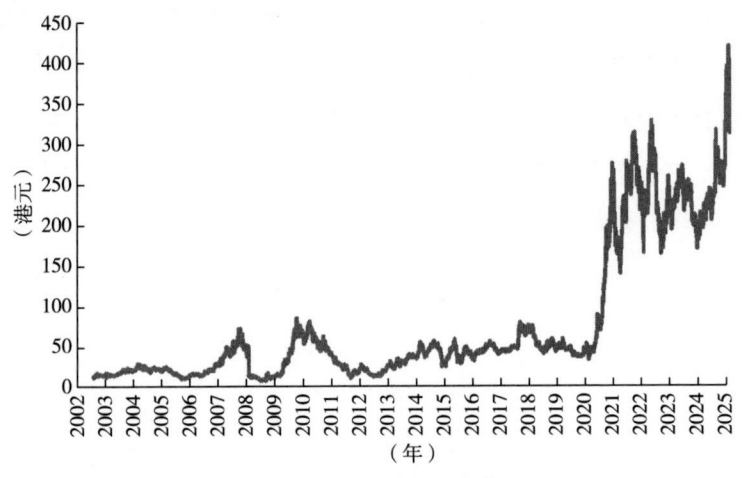

图 3-1 比亚迪股价走势

资料来源：同花顺 iFinD。

后果。

2008年，巴菲特经人介绍，知道了比亚迪这家公司，并了解到其创始人王传福是一位优秀的企业家。恰好当时美国总统奥巴马在任期内提出新能源革命，中国也开始推广"十城千辆"（在10个城市试点推广1000辆电动汽车）计划，电动汽车开始登上历史舞台。比亚迪凭借磷酸铁锂电池这条技术路线，在尚处萌发时期的新能源车市场里，获得一席之地。综合政策红利以及公司竞争力，巴菲特选择在2008年金融危机市场暴跌后，抄底布局比亚迪，买入价格为8~9港元。

只是，估计连巴菲特都没想到，当初的那次抄底，最终能为他带来25倍的巨额回报。比亚迪市值猛增背后，是不断提升的销量以及市占率。

回头来看，纵使当初市场仍有诸多疑问，但发展至今，新能源汽车的趋势已经确切无疑。国内电动汽车从2006年起，就开始快速放量。2018年，中国电动汽车销售量突破100万辆（见图3-2）。2019年，新能源汽车开始摆脱政府补贴，被市场全面接受。在这个过程中，比亚迪成为全国销量第一的新能源汽车公司，随着收入和利润的飞速膨胀，估值水平也今非昔比，戴维斯双击造就了如今近25倍的回报。

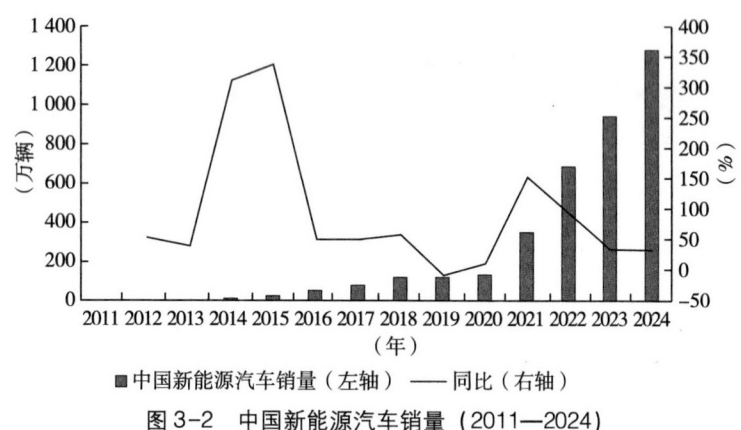

图 3-2　中国新能源汽车销量（2011—2024）
资料来源：中汽协。

当然，即便是成长性如此优秀的比亚迪，股价也曾出现过大幅波动。在巴菲特买入比亚迪后的一年内，股价一度涨到80港元，这时市场惊呼股神选股能力真强，但巴菲特并没有抛售，而后股价又回落至10港元左右，这时市场普遍嘲笑巴菲特坐了个超级电梯。不管市场如何戏谑，巴菲特始终不为所动，即便之后又经历6次超50%的回撤，老爷子也一直坚定持有。现在，巴菲特从比亚迪身上赚的回报已接近25倍，人们才再次惊呼，不愧是股神。

在惊叹巴菲特对比亚迪的完美操作之余，我们不禁反思，他为何能在比亚迪股价的数次波动中，始终岿然不动，长期坚定持有呢？

原因其实很简单，按照巴菲特的投资理念，买入一只股票，更多关注的是公司的价值,而不是价格。2009年,全球陷入金融危机,美国推出8000亿美元救市方案,我国也推出"4万亿计划",各国的财政政策促成了全球资本市场的狂欢。所以,当时比亚迪股价快速上涨,更多来源于流动性的推升,而非公司本身的价值提升。此后下跌,也是流动性收紧后的结果。这种宏观的变化,情绪的推动,就算巴菲特也很难提前预测、精准驾驭,因此这种过山车式的涨跌情况难以避免,也无从回避。

再往后看,2013—2021年,我国新能源汽车从"十城千辆",到销量超过4万辆,再到销量超过几十万辆,一直到全球新能源车大规模放量,赛道的高增长有目共睹(见图3-2、图3-3)。经历了产业的高增长,比亚迪的股价也一路高歌,但就在其最风光的2022年,巴菲特却突然宣布减持。究其原因,我们认为,巴菲特对比亚迪投资的初衷可能更多的是风险投资,因为向巴菲特推荐比亚迪的芒格曾表示:"当你对像比亚迪这样的企业下注时,不仅仅是在对比亚迪下注,而是在下注赌某样东西即将会被证实。"这句话中的"某样东西",说的就是新能源赛道。所以,当新能源赛道被证实,比亚迪成

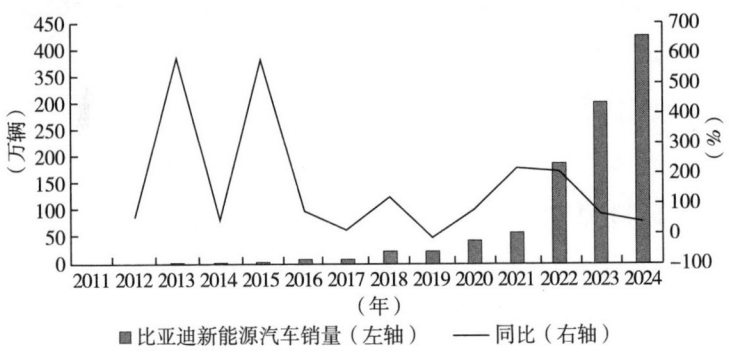

图3-3 比亚迪新能源汽车销量(2015—2024)
资料来源:比亚迪公告。

为国内当之无愧的"电动一哥",单车盈利也由亏转盈后,估值驱动由故事逐步切换为数字。这意味着进入了对公司进行准确估值的阶段,其中最重要的就是预测未来的现金流,考虑各种风险溢价,完成对股票的估值。而比亚迪所在的电动汽车赛道,生意模式注定了其较难拥有漂亮的现金流和较低的风险溢价,因此被极为看重现金流质量的巴菲特减持,也在情理之中。

了解了巴菲特投资比亚迪的案例,对于普通投资者来说,应该如何做出投资决策,又应该如何验证决策正确与否呢?

正如前面所说,巴菲特从尚且还是小树苗的比亚迪身上,看到了未来电动汽车领域的参天大树,在历次股价波动中,坚守的底气主要是不断跟踪,判断这家公司的成长性。除此之外,其他信息都是无关信息。如果你没深入研究过一只股票,只是道听途说,再加上自己5~10分钟的草草解读,就做出了买卖决策,那么应对后续的波动时,你就会手足无措。

在实操中,我们经常会遇到一些挑战自我决策的时刻。例如,我们重仓的一只股票连续大跌,是否应该斩仓?正确的做法是,反问自己几个问题:行业形势是否发生改变?竞争格局是否发生变化?企业竞争能力是否有变化?企业基本面是否有变化?如果都没有变化,并且趋势向好的话,那么很显然,这时应该加仓而非减仓。

另外,在对股价下跌做归因分析时,我们要区分这段下跌到底是公司自身基本面出了问题,还是市场的整体系统性风险导致的连带效应,抑或所在行业在资本市场中热度退减,短期不受市场待见。例如中国联通H股,2021年其市值仅为自由现金流的2倍,当时市场认为"提速降费"政策压制公司盈利,成长性变弱;销量不好,公司经营存在问题。但实际上公司盈利非常稳健,股价下跌是市场风格集中在成长股，抛弃高股息资产所导致的。所以，如果你的结论是，股价下跌并非公司盈利能力抑或未来成长性出了问题，仅仅是估值回落，反而应该越跌越买。事实也证明，当风格重回深度价值时刻，联通等三大运营商的股价得到了充分修复。

巴菲特在写给股东的信中有一段话：如果你采用价值投资的方式，买入后股价下跌，你应该高兴才对，因为你有更多的机会去买入。相反，如果你刚买入股价就涨了，你就失去了再次买入的机会，这对你来说可能并不是什么好事。作为一名价值投资者，无论股票当下的价格是高是低，你要做的就是判断其内在价值，而不是被股价波动左右情绪，影响你的投资决策。

面对股价大幅上涨也是一样，如果手中持有的股票价格很快上涨，你需要判断这家公司在未来 2～3 年后对应的市值空间。如果你认为它具备 10 倍的潜力，那么短期内 2 倍的涨幅只是"毛毛雨"。总之，你的决策依据不要锚定股价，而要锚定公司的价值。一家公司的价值就是公司未来盈利能力所对应的市值与体量，如果它的预期空间足够大，那就应该让它继续成长。

解决了如何做决策的问题，下面我们再来聊聊应该如何验证决策正确与否。价值投资验证的合理周期应该是多久呢？1 个月，1 个季度，1 年，或是 10 年？

实际上，从价值投资的角度看，验证周期不可能很短。因为短期股票的价格是随机游走的，是市场中很多干扰因素综合叠加的结果。但从长期看，一个企业的盈利能力终究会和市值所匹配。而盈利能力的高低，也并非分析一年、两年的数据就可以得出结论，需要多年的时间去验证。例如，一家公司今年收入增长了 30%，有可能是因为基数效应或异常值导致。但如果这家公司能够持续稳健地以 20%～30%

的复合速度长期维持增长，那么显然这家公司就拥有非常优秀的基本面。因此，做价值投资需要有耐心，需要以月度、季度、年度，或者更长的时间单位来验证自己的投资判断。

不同认知水平的投资者，其验证周期的长短也会有较大的差异。打个比方，七夕鹊桥相会，织女在天上，牛郎在人间，但天上一天，地上一年。对于织女来说是每天相见，而对于牛郎来说则是一年一见。如果以天的维度来看，织女能感受到牛郎每天的变化，但从牛郎的年度视角来看，变化就不大。股票也是一样，时间的维度不一样，感受也是不一样的。对于巴菲特来说，他看待股价一年变化的态度，可能接近普通投资者看待股价一日变化的态度。

此外，如果你是一位基本面投资者，你的投资策略就应该买卖逻辑自洽。既然因为基本面买入一家公司的股票，你的止盈止损也应该跟着基本面。例如巴菲特判断电动汽车是未来的趋势，那么一旦他发现氢能源车会颠覆电动汽车，这就属于基本面发生变化，这时就应该及时操作。很多投资者买的时候看好公司基本面，看好行业增长前景，但股价一跌，就自我批判，认错止损，这就属于买卖逻辑不自洽。所以作为基本面投资者，我们应该对基本面进行止损，而不是对股价进行止损。

当然，价值投资者还需要不断跟踪基本面的趋势变化，这种变化虽然不像股价那样高频，但对于逐季的财报、行业重大新闻或事件，是需要经常关注的。我们既不能被股价牵着鼻子走，也不能麻木不动，要动态地关注自己投资公司的基本面变化情况。巴菲特持股比亚迪12年，并非买完之后就不管不顾，我们看到，巴菲特经常邀请王传福去参加他的股东会，这既是为比亚迪"站台"，更是对比亚迪进行跟踪、复盘。

最后，我们做一个总结。巴菲特的成功，在于他能够正确区分价值和价格，注重公司的长期基本面，忽视股价的短期波动（哪怕是剧烈波动）。也正因为这样，他能收获持有比亚迪 14 年获利 25 倍的丰厚回报。正确对待股价的剧烈波动，是价值投资者最重要的必修课。

你为什么需要组合投资？

问：组合投资是股票数量越多越好吗？

答：当然不是，买入没有经过充分了解的股票，这恐怕比投资过于集中更危险。只有在自己的能力圈内，适度进行均衡配置，才能构建一个好的投资组合。

组合投资是资本市场中唯一"免费的午餐"，但很多人却不知道如何享用。这一小节我们就带大家一起深入了解科学的组合配置方法，希望各位投资者都能吃好这顿"免费的午餐"。

说起组合投资，就不得不提到一位在2023年6月去世的经济学家——哈里·马科维茨。普通投资者可能不了解这位享年95岁的诺贝尔奖得主，但在金融圈，马科维茨可是大名鼎鼎。早期投资界认为，最好的股票投资策略是选择具有最佳前景的公司。直到1952年，马科维茨用"现代投资组合理论"推翻了这一看法，而他发表的论文《投资组合选择》也被誉为"华尔街的第一次革命"（"华尔街的第二次革命"是布莱克-舒尔斯的期权定价模型）。和地球产生于宇宙黑洞的爆炸一样，马科维茨的投资组合理论被称为是"现代金融学的大爆炸"，因为整个现代金融学都是构建在马科维茨理论的基石之上。在马科维茨之前，华尔街对于以下问题是没有答案的：金融市场的风险究竟是什么、怎么衡量？和投资收益之间又有什么样的关系？马科维茨在他的博士论文里构建了一个简单框架来解决这些问题。他认为风险就是不确定性，他将收益率视为一个数学上的随机变量，证券的期望收益则是该随机变量的数学期望（均值），而风险则可以用该随机变量的方差来表示。

接下来，我们就来聊聊马科维茨的投资组合理论以及如何构建投资组合。

20世纪，经济学家凯恩斯曾表示：我更喜欢把大笔资金投资于一家我可以获得确切信息的公司上。这是当时华尔街最典型的思维方式，看起来也的确如此，如果我们对某家公司把握非常大，这只股票涨得也非常多，那凭什么要把仓位浪费在其他股票上呢？这种"把鸡蛋放在一个可靠的篮子里"的观点一直持续到1952年6月，年仅25岁的马科维茨发现了其中的问题。

马科维茨认为，如果投资者只关注股票的预期收益，那么所有人都应当将所有钱投资于一只预期收益最高的股票，这与实际中观察到的分散投资的现象明显不符。事实上，当时已经有很多人在无意识中运用组合投资去降低风险，但他们凭借的只是一些经验和直觉。而马科维茨最大的贡献则是运用数学逻辑将这种"分散投资"量化，他用均值代表预期收益，用方差代表风险，计算出一个最优投资组合。这个组合既满足在给定风险水平下，预期收益率最大；也满足在给定预期收益率水平下，风险最小。如果把这些综合了风险和收益的最优组合画在一张纸上，你会发现它们连成了一条曲线，这就是著名的有效前沿曲线。

用更通俗的话来解释，马科维茨的组合投资理论可以概括为：如果投资者想获得某个预期回报，可以有非常多的投资组合，但是其中有一个投资组合的风险是最低的。同理，如果投资者可以承担一定的风险，在给定的风险水平上，有一个组合的预期回报是最高的。

例如，给你一笔钱去投资，金额是1万元，投资方式没有任何限制，唯一的要求是回撤不能超过10%。这个时候我们有很多种选择，有的人会选择只投资一只股票，有的人会选择投资一篮子股票，再加上债券、货币基金构成一个组合。比较这两种决策你会发现，第一种决策的收益曲线波动更大，因为单一股票很容易受市场风格，或者"黑天鹅"事件影响，导致股价跌停。但如果构建一个投资组合，波动会明显减弱，可能只有当某种全局性的系统性风险出现时，才会触发大幅下跌。这说明在给定风险的情况下，构建组合的抗风险能力更强。

接下来再看看什么是给定收益情况下的风险最小化。假设有两位基金经理，今年的业绩都是20%，回溯两位的收益率曲线：一位是日积月累型，收益率从3%到10%，再到20%，非常稳健，回撤很小；另一位则是大起大落型，收益率先快速提升到50%，再暴跌至-10%，而后又大幅反弹至20%。这两种策略的最终收益率虽然一致，但波动率完全不一样，前者持仓体验非常好，后者则需要承受较大的震荡风险。

马科维茨的投资组合理论提供了分散风险的具体解决方案，其最具原创性的贡献，是清楚地区分了个股的风险及整个投资组合的风险。一个投资组合的风险，取决于所持有的投资标的的协方差（相关性），而非风险的平均值。这意味着我们可以利用资产间的负相关性降低投资组合的整体波动，从而降低风险。用马科维茨自己的话说就是：资产配置是投资的唯一免费午餐。

在实操中，构建投资组合可以降低不可抗力风险，优化持股体验。因为即便遵循价值投资原则，在自己的能力圈内，用好价格持有好公司，我们也不能保证每一次的基本面判断都绝对正确，对于宏观环境的变化更是难以提前精准预测，面对市场风格的轮动，我们除了等待别无他法，理论和实际之间还存在很多挑战。但通过构建组合，我们可以尽可能地降低这种个股"黑天鹅"事件抑或自己判断失误、风格轮动给组合带来的回撤风险。

例如，当前的经济前景预期不明朗时，可以在组合中加入一些与宏观经济弱相关甚至负相关的个股，对冲可能出现的风险。又如在俄乌冲突期间，虽然很多行业因此受到冲击，但仍有部分公司受益，如果我们担忧俄乌冲突对收益率的影响，可以加入这些公司以减少回撤。

总之，马科维茨的模型提供了一个科学的量化框架，让投资者意识到投资不仅是寻找个股的过程，还是通过数据分析、数学计算，寻找最佳投资组合的过程。那么，我们应该如何构建自己的投资组合呢？

如果完全按照马科维茨给出的模型计算投资组合，对普通投资者来说是一项不小的挑战。整个分析过程既烦琐又耗时间，投资人不只需要对每一只证券的波动程度做出可靠的估计，同时还得预估每一只证券的预期回报，而且必须确定标的证券彼此间的变动关系如何。这里面所涉及的计算量复杂且庞大，除了金融行业的从业者，即便是基金经理也很少亲自计算。

马科维茨本人虽然是投资组合理论的创始人之一，并因此获得诺贝尔经济学奖，但他自己也不是严格按照这套理论来构建组合。在一次采访中，有记者问马科维茨是如何管理自己的钱的。马科维茨回答："如果股市上涨，但是我的仓位不够，我会很难过；如果股市下跌，但是我的仓位过高，我也会不开心。为了尽可能让自己不后悔，我将一半资金投资于股票,一半投资于债券。"

当然,我们鼓励有条件的机构或个人投资者通过投资组合模型的计算结果优化自己的投资决策,但这并不意味着其他人无法从马科维茨身上收获"免费的午餐"。

组合投资是一种思维方式,我们可以将这种方式融入日常的投资行为中。在构建组合之前,我们需要先评估自己的风险承受能力,衡量的角度包括你的资金量大小、你的收入情况、你的投资期限等。在确定好自己的风险承受能力后,我们可以根据自己的风险偏好构建对应的多元化组合。例如风险偏好低,预期回报率低,那么组合中稳健型资产的比例就可以增加。反之,如果风险偏好高,预期回报率高,那么组合中就可以提升进取型资产的比例。

尽管马科维茨的投资组合理论被认为是现代金融经济学的开端,但不少投资大师对"集中持股"持肯定态度。例如巴菲特曾表示:一个人的精力是有限的,应该把鸡蛋放在一个篮子里,然后小心地看护好。股神的老搭档芒格也表示:集中持股才能有超额收益。那么,价值投资究竟应该"集中"还是"分散"呢?

我们认为,两者之间并不矛盾,只是出发点不一样。巴菲特的理念是,股票价格长期会向价值靠拢,而价值由公司的内在盈利决定。因此,短期因为市场先生情绪阴晴不定导致的股价波动风险可以忽略,基本面逻辑破坏才是真的风险。而在马科维茨的投资组合理论中,股价的波动风险是可以被量化的,用方差表示。通过计算股票之间的相关性,可以找到一个给定预期收益率下风险最小,或给定风险下预期收益率最大的组合。在实践中,组合投资更多是一种思想工具,但具体刻画收益率和风险的参数和视角,可以因人而异。

另外,巴菲特提到的把鸡蛋放在一个篮子里,并不等于重仓单只股票，或者单个板块。很多投资者认为，巴菲特管理的伯克希尔-哈撒韦只是一家投资股票的基金公司，这是一种误解。实际上，伯克希尔-哈撒韦是一个庞大且复杂的巨型集团，业务横跨一级、二级市场，包括保险、能源、铁路、房地产、制造业、超市等，而股票投资仅仅是众多大类中的一个部分。虽说从收入结构上看，保险大类的收入占比最高，但也仅占伯克希尔-哈撒韦全部资产的不到30%。我们看到巴菲特在股票投资上重仓苹果，但其实放在整个伯克希尔-哈撒韦集团，苹果的持仓不过占12%而已。所以，巴菲特并非反对分散投资，相反，从伯克希尔-哈撒韦的多元业务上看，其本人恰恰是构建投资组合的能手。

当然，我们鼓励的是在自己的能力圈内构建投资组合。一个人如果将投资分散于不甚了解的企业上，并认为这样的方式可以控制风险，实则是邯郸学步。

因此，组合投资并不是配置的股票数量越多越有效。组合投资的理念是通过降低资产间的相关性，也就是通过风格或者行业上的均衡配置，减少股价波动风险。投资组合中股票的数量和你的能力圈相关，如果你的能力覆盖面非常广，那么配置的数量可以适当增加。相反，如果你刚入行，那么专注于你深度研究的那几家公司也无可厚非。按照教科书上的经典理论，组合中个股数量在20~30只，基本就能吃到"免费的午餐"，数量再多，可能就会超过能力圈的上限。

第三章　价值投资是一个动态过程

会卖股票才是老师傅？

问：常言道，会卖股票的才是老师傅，真的是这样吗？

答：确实如此。以低估或合理价格选择好公司买入并长期持有，确实是价值投资的基本方法，但我们总归要卖出股票兑现盈利，什么时候卖出、如何卖出，难度一点不比买入股票低。

股票投资里，我们经常会遭遇股价"坐过山车"。股市中有句谚语：会买股票不稀奇，会卖股票才是老师傅。价值投资经常讨论如何选股，什么时候买入，但对于什么时候该卖出股票，似乎很少讨论。

作为一名价值投资者，"坐过山车"应该是你投资生涯中的家常便饭，股价波动不可避免。不过，到底多大范围的股价波动才算是"坐过山车"，不同认知水平的人会给出不同的看法。举个例子，某只股票在一天之内股价波动3%～5%，你觉得这算不算一个波段？可能大部分人会给予否定答案。但对于那些做超短线的投资者，尤其是做量化的投资者来说，这就是波段，因为即便是一分钱他也要赚。所以，虽然3%～5%在我们常人来看是非常微观的波动，但对于做超短线的投资者来说，他就是坐了一次过山车。

同样道理，在巴菲特这些投资大师眼中，可能股价上下波动30%～50%并不算什么，就像我们常人看日内3%～5%的波动一样。因为巴菲特推崇的投资方法是长期持股，他的波段对应的是一家企业的生命周期，在尚处小树苗的阶段布局下去，到它长成参天大树，成熟了，盈利能力衰竭了，投资逻辑破坏的时候再卖出。这个过程也是波段，只不过幅度会特别大。

所以股价波动是因人而异的，每个人所处的高度不一样，看到的波动也不一样。比如一些长线牛股，当我们把K线拉长到10年或20年，你会发现50%的回撤只是一个小小的坑。但如果缩短K线，你会发现下跌的幅度是非常惊人的。

那么，对于价值投资者来说，什么时候可以卖股票呢？我们认为，有以下几种情况：

第一，预期兑现后的收手。 根据价值投资的原则，买入时我们已经对公司未来所处行业的渗透率水平、盈利状态有所预测，那么，当预期兑现时，就应该卖出。例如巴菲特减持比亚迪，背后的逻辑就是电动汽车的渗透率逐步达到预期水平，因此选择卖出。

第二，逻辑破坏后的终结。 不是每家公司都能如你的预期兑现未来的盈利。如果你持有的公司在发展过程中出于各种原因掉队了，你当初买入的理由不成立了，逻辑破坏了，这个时候就要卖出。例如新能源汽车行业，在过去10年中，并不是只有比亚迪一家车企，如果在早期，巴菲特选择的不是比亚迪，而是另一个新能源车品牌，这个品牌始终没销量，客户不买账，产品没有竞争力，那么显然巴菲特会在中途卖出，而不是持有14年。

第三，估值透支后的卖出。 既然价值投资所有的买卖决策都是依据估值，那么当这家公司遇到牛市，抑或行业被疯狂抱团，陷入泡沫狂潮时，它的估值很容易把未来数年的盈利都透支掉，这时候也可以获利了结。还是以比亚迪为例，在巴菲特开始减持的2022年8月，比亚迪在港股的股价超过300港元，即便把未来若干年的盈利增长都算上，约 1 万亿港元的市值也已经透支了未来的增长。

第四，公司发展总是不尽如人意。那些常年持续低于预期的公司，要么是商业模式有问题，要么是公司管理团队能力有问题，对于这类公司，你也可以考虑收手。

第五，公司竞争格局日趋激烈。非常典型的例子就是现在的电动汽车赛道，竞争格局越来越激烈。市场参与者包括造车新势力、传统汽车，还有跨界进入的互联网巨头百度、科技巨头苹果等。但火热背后，却是电动汽车产业链大部分环节业绩下滑的尴尬处境。很多行业早期竞争格局非常好，一块蛋糕只被几家企业瓜分。但随着时间的推移、行业的变化，后续可能会涌入大量新的竞争者，这时候就要及时对投资决策做出调整。

第六，翻石头发现更好的，是一种性价比的转换选择。投资者需要不断拓展自己的能力圈，如果发现前景更好的行业、性价比更高的公司，你也可以考虑适当调仓。

对于价值投资，市场经常会有一个疑问："价值投资能不能结合技术面分析，做波段操作？"

对于这一点，我们首先要对"波段"做一个区分。如果是短期的波段，比如一两个星期或一两个月里，股价上下起伏 20%～30%，这种波段很难回避。因为在这么短的时间内，公司的基本面通常没有发生实质性的变化，所以造成短期波段的主要因素是情绪推动。在情绪占主导因素的情况下，你对波段的把握本质上是对情绪的把握。在经历了著名的"南海泡沫事件"后，牛顿曾感叹：我能够算准天体的运行轨迹，却无法预测人类的疯狂。牛顿的话告诉我们，情绪是无法精确计算的，它取决于每个人的直觉。直觉有时候对，有时候不对，具有随机性，所以想通过技术分析去做波段，无法形成一个可复制的长期方法论。不可否认，的确有少数人能够结合技术分析去放大他的收益曲线抑或规避风险，但绝大多数人是不具备这种能力的。而"少数能结合技术分析回避股价波动"的人，到底是他本身运气好，还是真的摸索到一套行之有效的方法，本来也很难说清楚。总之，做波段，抑或择时，是一个概率的问题。而很多投资大师其实都提醒过我们，市场择时是非常困难的。

既然择时很难，"坐过山车"不可避免，那么价值投资者应该如何面对亏损，面对套牢，面对自己所谓的至暗时刻呢？

我们认为，最关键的对应方法主要是三点。

第一，要清楚认识到投资的本质，我们买的不是股票，而是股票背后的公司。公司价值取决于未来的盈利能力，这是价值投资的底层逻辑。

第二，学会利用市场先生。资本市场像一个报价先生，报价先生每天早上来敲你的门，情绪高亢时报价很高，情绪低落时报价很低。我们要学会利用市场先生，而不要被市场先生利用。什么叫"被市场先生利用"呢？就是当他情绪高亢时，你被他带着跑，你也情绪高亢，他情绪低落时你也被带着情绪低落，这样就注定会追涨杀跌了。那么，如果我们不想被利用，应该如何做呢？很简单，牢牢盯紧股票背后的公司，筛选出护城河深厚、有持续盈利能力的。当市场先生情绪低落、报价很低时，我们可以趁机拥有更多获得好公司筹码的机会；当市场先生情绪亢奋、不理性的时候，我们可以利用市场的高亢趁机兑现。

第三，好公司复利再投资的威力非常惊人，承受股价的跌宕起伏，是为了赚取更大的回报。如果巴菲特不能承受过去14年比亚迪七上八下的股价波动，最终是不可能赚到25倍的丰厚回报的。如果你买的公司靠谱，盈利能力非常强，那么经历了公司的分红再投资，最后得到的财富总额会超出股价本身上涨的幅度。

躲不开的"黑天鹅"

问:"黑天鹅"可以提前预测吗?

答:不能,能被预测的叫"灰犀牛","黑天鹅"就是那些破坏力巨大,难以预测的未知事件。

问:那普通投资者如何应对"黑天鹅"呢?

答:留足安全边际,构建投资组合,降低回撤影响。坚守能力圈,理性判断冲击给公司内在价值带来的影响,如果基本面没有破坏,那就勇于"接飞刀",人弃我取;如果核心逻辑已不在,那就要及时做出杀伐果决的行动。

在发现大洋洲之前,欧洲人认为天鹅都是白色的,直到一个欧洲人在澳大利亚看到黑色的天鹅,大为震惊,这才知道世界上有黑天鹅存在。后来,美国学者塔勒布将"黑天鹅"这一现象引申为一个具有特定含义的概念,用来比喻那些极其罕见、出乎人们意料、影响巨大的事件。

过去20年,资本市场经历了各种"黑天鹅",从早先的"9·11"恐怖袭击、"非典"疫情、次贷危机,再到近几年的新冠疫情、俄乌冲突、关税战,这些事件的负面影响都会冲击金融体系,带来股市的大幅波动,让人谈之色变,避之不及。但令人遗憾的是,"黑天鹅"的特点就是难以预测,防不胜防。

回顾一下历史上那些令人难忘的"黑天鹅"事件。2008年，雷曼兄弟破产，危机从美国蔓延到全球，日本、欧盟等经济体陷入衰退，中国亦受其影响，出口出现负增长，经济增速回落。

这场史无前例的金融海啸并非没有任何征兆，却终究难以避免。2007年4月，美国第二大次级房贷公司新世纪金融公司倒闭，暴露了次级抵押债券的问题。随后美联储开始逆周期对冲，股市也得以维持在高位，大家认为危机已然解除。就连大名鼎鼎的股神巴菲特都选择在2008年初继续加仓石油股，看多经济，押注周期股，足见当时大部分人对于即将到来的巨震毫无察觉。直到2008年9月15日，拥有158年历史的投行雷曼兄弟宣布破产，油价从巴菲特加仓时期的90美元，迅速跌到50美元，巴菲特巨亏26亿美元出局，让所有人都看清了"黑天鹅"的难以预知以及巨大破坏力。

2020年暴发的新冠疫情，是又一次典型的"黑天鹅"冲击。如果将时间拉回疫情开始的前一年，我们在给个股搭建模型，建立各种假设时，没有人会料到疫情是影响业绩的最大因子。

风险管理大师塔勒布对上述这些"黑天鹅"事件的特征总结非常到位，他在《黑天鹅：如何应对不可预知的未来》一书中表示，"黑天鹅"特指罕见且事前无法预测，一旦发生便会产生极大影响，甚至完全颠覆长期历史经验的事情。

没人会喜欢"黑天鹅"，但"黑天鹅"又屡屡出现。对此，巴菲特的感悟是——在别人恐惧时才贪婪。言下之意似乎鼓励人们在暴跌中勇于接飞刀，找到危中之机。而另一种解读则是：君子不立于危墙之下，远离风险暴露的环境，才是上策。那么，当一场无法避免的危机到来时，我们究竟应该如何应对呢？

第三章　价值投资是一个动态过程

坚守能力圈，评估"黑天鹅"事件对基本面的影响

遭遇"黑天鹅"事件时，我们应该评估这种危机对公司基本面、财务状况和未来发展前景的影响。当然，判断这些突发事件对公司到底是短期影响还是致命打击并不容易，尤其是此时市场情绪往往会比较动荡，投资者很容易受恐慌氛围影响，做出冲动且不理智的决策。而保持冷静和理性的前提是你必须足够了解这家公司，即便"黑天鹅"难以预测，但其对公司的影响我们可以通过理性评估做出合理的决断。

很多好公司只有在陷入危机时才会出现一个吸引人的好价格。如果"黑天鹅"事件对公司基本面的影响是短期的，核心逻辑没有破坏，那下跌反而是加仓的良机。相反，如果出现了实质性改变，也应该有果断止损的坚决（见图3-4）。

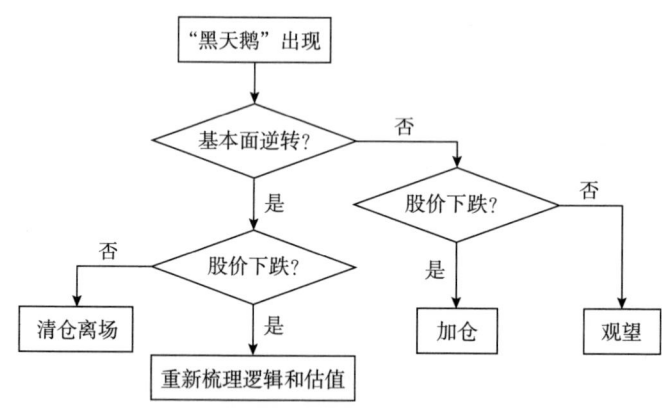

图3-4 "黑天鹅"出现后的投资决策思维导图
资料来源：益研究。

巴菲特投资美国运通就是一个典型的利用"至暗时刻"实现"困境反转"的案例。20世纪60年代，三大信用卡发行商之一的美

国运通公司被曝丑闻，原因是其旗下一家从事植物油精炼的子公司利用虚构的豆油作为抵押，通过运通公司的证明，向银行获取贷款，最终骗局被拆穿。据调查，这家子公司仅用 1.1 亿磅[①]豆油虚构出了 18 亿磅的豆油资产，震惊全市场。而美国运通作为资产证明机构，承担了巨大的赔偿，股价一度被腰斩。

在投资人都在因恐慌而抛售美国运通股票之际，巴菲特却斥重资大笔介入。股神的此番操作并非简单的人弃我取，因为巴菲特在大量走访餐馆、商店中发现，虽然经历了造假丑闻，但无论是接受支票的商家，还是使用支票的消费者，都表示还会继续使用美国运通的产品，这代表着丑闻并没有给公司经营业务造成实质性的伤害，美国运通的品牌地位仍然坚挺。

在掌握上述信息后，巴菲特开始了对美国运通的抄底投资。最终美国运通的股价表现也没有令人失望，给巴菲特带来丰厚的收益。

留足安全边际，给"黑天鹅"事件留出足够的容错空间

虽然"黑天鹅"无法避免，但我们可以通过提升安全边际，将伤害降到最低。巴菲特有两个重要的投资原则：第一，永远不要赔钱；第二，永远不要忘记第一条。如何在错综复杂、变化多端的资本市场中保持不亏损？答案是在下手之前，预留足够的安全边际。

不过，安全边际没有量化公式，"现代证券分析之父"本杰明·格雷厄姆的选择标准是：永远只买股价低于净有形资产 2/3 的公司股票。这种寻找投资成本低于清算价值的选股方式就是"捡烟蒂投资法"，其诞生有一定的时代背景。当时正值美国经济大萧条之后，美

---

① 1 磅＝0.454 千克。

股市场遍地是市值低于净资产的标的，格雷厄姆的投资理念才得以行之有效。

随着经济从衰退中走出，"捡烟蒂"这种严重低估的投资机会逐步消失，市场上出现了另一种评判安全边际的方式，即以芒格和费雪为代表，主张"陪伴优质企业共同成长"的投资方法。相比"捡烟蒂"，后者更侧重对好公司的衡量。芒格认为：以低估买烟蒂，不如以合理价格买伟大的公司。这种理念在国内 A 股市场广为流传，引发市场对于核心资产的追逐。只是，这种追逐在演绎中逐渐变味，投资者过于看重"伟大的公司"，而忽略"合理价格"，最终导致了 2020 年类似于美股"漂亮 50"的核心资产泡沫，以及 2021 年以来核心资产泡沫破裂带来的大幅下跌。

对于 2021 年以来的核心资产价格暴跌，有人归咎于价值投资不适合中国，有人归咎于美联储疯狂加息导致的资本外流，还有人归咎于市场误判了经济复苏的力度。这些归因分析并不能让我们避免下一次的伤害，因为这些因素并非我们所能预测的，因此我们也无法避免下一次继续"犯错"。但我们能做的是，再出手时给自己保留安全边际，始终坚持以低于内在价值的价格投资，就能降低那些未知的、突如其来的"黑天鹅"冲击。

组合投资，降低个股"黑天鹅"事件对整体收益的影响

通过马科维茨的投资组合理论，我们可以构建一个均衡的组合，对抗个股的突发利空抑或极端风格带来的收益回撤。

不过，需要强调的是，组合的作用机制是通过降低个股之间的相关性，化解非系统性风险。而一旦遭遇影响全局的"黑天鹅"事件，组合回撤难以避免。例如 1929—1933 年的大萧条、2008 年的次贷危机、2020年的新冠疫情，覆巢之下焉有完卵，指数暴跌下，任何组合都会不可避免地蒙受损失。因此，安全边际+组合投资，才能最大限度地对冲"黑天鹅"带来的负面影响。

最后，我们做一个总结："黑天鹅"就是那些一旦发生就破坏力巨大的小概率事件，与其花时间预测"黑天鹅"什么时候降临，不如修炼自己，提前做好应对之策。作为普通投资者，在面对"黑天鹅"事件带来的股价暴跌时，应该理性分析该事件是否对公司的长期逻辑造成实质性破坏。不过，这样做的前提是你的能力圈足以覆盖对这些事件的判断。如果"黑天鹅"事件对公司的基本面没有太大影响，那就需要有良好的心态，"熬过"不理性的下跌。

此外，构建投资组合可以帮助我们回避一些个股"黑天鹅"事件带来的回撤。但如果遭遇整体性的系统性风险，安全边际才是能真正减少损失、提升容错率的根本措施。

第二篇
不简单的价值投资

本篇主要和大家探讨的是价值投资为什么知易行难。第一篇我们介绍了价值投资里的基本理念和方法。其实，所谓"简单的价值投资"，是指我们在信息爆炸的时代，身处纷繁错乱的资本市场中，能够牢牢抓住价值投资的本质，拨开云雾，主动降噪，去伪存真。

不过，这些看似简单的理念，在实操过程中仍会遇到诸多挑战，这正是理论和实践的差别。现实的资本市场总是荆棘丛生、陷阱密布，选择了那些"看上去很美的公司"，抑或锚定了"错误的估值定价"，即便你是最忠诚的长期主义者，最终也可能是以悲剧收尾。

世界上唯一不变的就是变化，要时刻跟踪基本面的变化，好公司的基本面也可能变坏，坏公司的基本面也可能变好，高成长赛道可能增速放缓，强周期行业也可能波动减弱。价值投资并不是一味地墨守成规，如何灵活地运用那些"不变"的理念处理"变化"的市场，是一门学问。

最后，价值投资也是逆人性的，需要克服贪婪、恐惧、妒忌、冲动、侥幸等人性的弱点。做一个知行合一的人绝非易事，而长期做一个知行合一的人就更是难上加难了。巴菲特曾说过,价值投资的理念,有的人一瞬间就能明白,有的人却一辈子也接受不了。

相比第一篇内容,本篇会更贴近实战,用一系列具体案例为大家展现实际投资中不简单的那些事儿。

第四章　好公司也会遭遇挑战

好公司必然坐拥深厚的护城河，但这并不意味着持有这样的公司股票就可以一劳永逸。世界上唯一不变的就是变化，历史的车轮滚滚向前，柯达、诺基亚，曾几何时都是公认的伟大公司，但如今它们的护城河已经被侵蚀殆尽，跌落神坛。

我们总结了3种导致护城河失效的情况。

1. 技术变革。前面提到的柯达和诺基亚，都是因为发生技术变革导致的衰落。颠覆性技术的出现，会导致原先积累的优势在短期内消失殆尽。

2. 行业变迁。移动互联网时代，电商开始崛起，消费者购物方式发生巨大变化，这种行业变迁对传统以线下卖场为主的零售商构成了不小的挑战。在"苏宁的坎坷转型之路"这一小节中，我们将复盘苏宁如何从一代霸主走向没落，曾经引以为傲的线下渠道优势，何以沦为阻碍其发展的壕沟。

3. 政策更迭。任何政策的出台都有特定的时代背景，当前我们正处于人口红利逐步消退，改革创新动能不断增强的经济转型期，医药集采、平台经济领域反垄断等政策由此而生。在"集采风暴下，恒瑞的长期逻辑变了吗？""互联网巨头能否续写高增长神话？"这两个小节中，我们将深刻解读医药、互联网巨头股价在 2021 年后暴跌背后的原因。

  毫无疑问，不同时期推动商业进步的原动力不尽相同。但我们需要强调的是，对护城河，以及商业模式本质的理解和遵循是不变的。任何企业的永续经营，都离不开三大定律，即科斯的交易成本定律、德鲁克的社会职能定律，以及熊彼特的创新利润定律。企业存在的价值，一方面是降低了社会成本，另一方面是承担了社会责任，解决了一些社会问题。最后，企业如果想持续赚取利润，创新是唯一的出路。

苏宁的坎坷转型之路

问：苏宁为什么会走向衰败？

答：显而易见的原因是线下卖场模式遭遇了电商的挑战，更重要的是，苏宁也想往线上转型，但其转型被线下取得的成功所掣肘，原先保护自己的护城河变成了围困自己的壕沟。

苏宁于 2004 年上市，曾是 A 股市场的"优等生"，无论是成长性、盈利能力，还是竞争壁垒，都是行业内的佼佼者。但 2010 年后，面对京东、天猫的猛烈冲击，以线下渠道为主的苏宁深受影响（见图 4-1、图 4-2）。公司曾两度改名，先后从"苏宁电器"变为"苏宁云商"，再更名为"苏宁易购"，凸显战略定位的变化——开始拥抱互联网，积极转型求变。然而，这场持续十余年的转型最终似乎仍以失败告终，因连续三年亏损触发退市风险警示，其股票简称变更为"ST 易购"。本小节我们将讨论苏宁在过去这么多年里的发展历程，解答为何这家曾经的零售巨头会落寞收场。

首先，让我们回到苏宁发展最鼎盛的 2004—2010 年，这个时期，公司是线下家电零售的绝对龙头，拥有极深的渠道护城河。21 世纪初，中国家电零售市场正处于蓬勃发展的阶段，随着居民平均生活水平的提高，消费者开始大量添置家电，家电零售成为最火热的赛道之一，就好比现在的新能源和人工智能赛道。但当时的百货商场和大卖场鱼

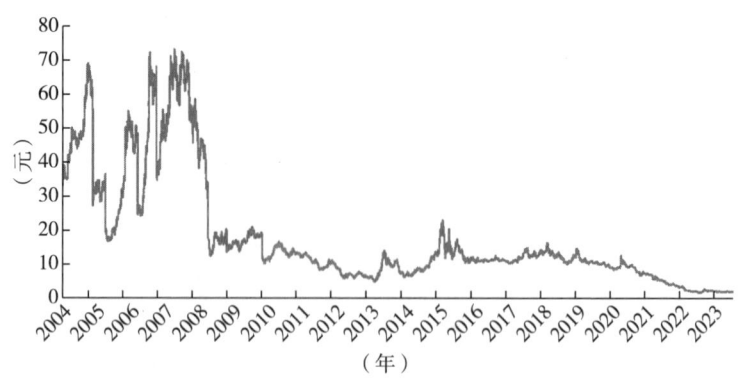

图 4-1 苏宁易购股价走势

资料来源：同花顺 iFinD。

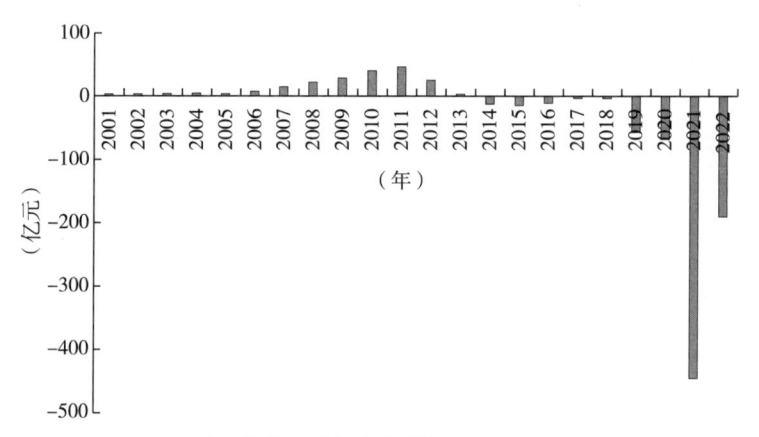

图 4-2 苏宁易购扣非净利润（2001—2022）

资料来源：同花顺 iFinD。

龙混杂，运营效率较低，购买需求不能得到充分的满足。苏宁的老板张近东敏锐地抓住了这一商机，成立了苏宁家电专卖店，将诸多品类的家用电器集中在一个商店销售，使消费者得到了一站式购买体验和专业服务，也记住了"苏宁电商"这个品牌，这是早期苏宁崛起的原因。

不过，苏宁的快速发展动了传统商场的蛋糕。1993 年，也就是苏宁创立的第 3 年，南京八大国有商场曾联手"封杀"苏宁。苏宁不仅要面对国有商场的抵制，还要和以国美、永乐、大中和五星电器为主的零售商竞争。最终苏宁和国美血战杀出重围，组成了家电的双寡头市场。2011 年苏宁的销售收入超过了 900 亿元，利润和现金流均超过 50 亿元。此时的苏宁渠道护城河非常深厚，对产业链上游的议价能力很强，这一点体现在苏宁与上游家电制造商的净利润率差异上：苏宁的净利率为 6%~7%（对于批发零售行业来说，这是个相当不错的净利润率水平），而上游家电制造公司的净利率仅为 1%~2%。盈利能力的差距背后，是核心竞争力的体现。

不过，苏宁的优势并没有保持太长时间。此后国内涌现出了一批非常优秀的家电制造企业，例如格力电器、美的集团和海尔智家，它们利用成本优势和渠道优势，逐步压缩同行业小企业的份额。随着家电行业集中度的提升，上游制造企业的话语权越来越强，苏宁掌控的渠道议价能力开始走弱，这是一个动态博弈的过程，部分家电龙头，诸如格力电器甚至开始自建渠道，从苏宁手上抢夺流量。

除去家电行业的这些变化，最影响苏宁的还是 2010 年中国电商的崛起，这一年也成为京东和苏宁发展的分水岭。

2010 年，很多投资者并不看好京东，他们认为苏宁在线下门店和仓储物流的优势巨大，地位不会轻易被电商所撼动。但现实是，苏宁与京东的差距越拉越大，京东的 GMV（商品交易总额）如今已是苏宁的 6 倍之多，市值超过 3000 亿元人民币。而苏宁的地位则是一落千丈，被贴上了"ST"的标签，经营性现金流连续为负，几乎已经将之前几十年赚的钱亏光了。

京东为何能后来者居上？这离不开中国互联网的升级。2009 年是智能手机普及的元年，此后两年间，手机开始快速从 2G 功能机过渡至 3G 智能机。移动互联网的兴起，使得消费者无论是在线上浏览商品图片，还是与商家互动，都比以前更便利。网购成了新时尚，电商经济由此崛起，也改变了过去线下商超的竞争格局。

前文中我们提到，苏宁的优势在于实现了将多品类的家电集中在一个场所进行销售，使消费者拥有了更便捷和更多的购买选择。但问题是，一旦这些商品被放到网上，苏宁的优势就荡然无存了，因为电商的延展程度远远比线下零售更为广阔，消费者在网络上对产品的价格一目了然，能轻松做到货比三家，还能享受到送货上门的便利。3G 技术极大改善了网购消费者的体验，消费者开始从线下卖场向网络购物迁徙，在这一过程中，京东、天猫等电商平台开始崭露头角，不断蚕食苏宁等传统商超的市场份额。

阵痛中的苏宁自然不会坐以待毙，公司屡次更名，调整战略，发力互联网。只是，恐怕当时的苏宁并没有意识到，过去在线下积累的门店资源，反而成为制约其在线上发展的包袱。当消费者比较京东和苏宁时发现：如果在京东购买商品，发货地会定位于用户所在的城市；而选择在苏宁购买同样的商品，发货地则永远会锁定在南京（苏宁的线下门店所在地）。

这种"不灵活"的发货流程，向我们揭示了苏宁发力线上的最大障碍。零售的本质是把商品从厂商处搬运给消费者，这中间有一个层层分包的过程，例如从总代理到分销商再到店面。零售商最理想的状态是只搬一次，因为每次搬运都是成本的累积和效率的损耗，要做到低价，就需要渠道销售过程的环节尽量简短。京东没有线下门店，需要做的无非是用统一的中央仓快递发货到家，仅此一步而已。但如果把同样的流程代入苏宁，情况就不一样了，深耕线下的苏宁并没有建立过线上物流网络系统，所以即使有了自己的电商网站，苏宁仍需要通过线下门店发货，比京东多出两到三个环节，拼价格自然比不过。苏宁原本的线下门店优势，在互联网电商高速发展的时代，反而成为制约它继续前行的包袱。

通过复盘苏宁，我们发现，在实际的企业运营过程中，过去构建的护城河也有可能会成为围困公司发展的壕沟。

可能有投资者会对此产生疑问：苏宁作为一家上市公司，有利润、市值和股价的诉求，管理层也知道线上销售的重要性，明白电商代表未来，公司也在2010年后做了很多转型的努力。按照常理来说，苏宁曾经拥有如此强劲的现金流，可以轻松复制京东的经营模式，为什么没有做成呢？

一个原因是苏宁在转型早期对线上的重视程度并不高。董事长张近东在2009—2010年的部分演讲和发言中，展现了对电商的态度，他认为电商是一种极其烧钱的经营模式，是不可持续的，京东根本没法对苏宁构成威胁。正是这种轻敌的态度，导致苏宁转型的时间推迟了很久，而当管理层终于下定决心布局线上时，流量和获客成本已经大幅上升。另一方面，在烧钱这个事情上，每位企业家的心态可能不同。张近东早期凭借苏宁的成功，一度被排在中国富豪榜前列。换位思考，一个已经积累了上亿财富的企业家，让他豁出所有去烧钱经营一门可能会失败的生意，自然会持非常谨慎的态度。反观京东烧的钱基本来自资本市场，早期公司一直处于亏损状态，光脚的不怕穿鞋的，反而没有那么多的顾虑。

另外一个更重要的原因，可能是苏宁过去的成功变成了它的包袱。苏宁极其成功的线下经营，导致其如果要往线上转型，会面临巨大的"左右手互搏"问题。而转型是一个漫长的过程，新业务短期内并不会马上产生现金流，所以苏宁还需要依赖原有的线下体系，去获取更多的现金流从而支撑线上的新业务，这使得苏宁对于线下业务的改革并不能特别彻底。

当下，除了发力线上家电卖场，苏宁在转型过程中，也想去拓展品类，切入更广阔的日用消费品赛道，近年来苏宁最大的尝试就是做社区店，例如苏宁小店等。这样做的原因可能有两个：其一是苏宁原先所在的家电行业属于低频消费，而且价格相对透明，这会逼着企业去打价格战，而服装和其他日用品消费频次较高，毛利率也远远高于家电，利润空间更大；其二是苏宁认为自己在线上的竞争已经落后了，于是管理层寄希望于发力线下，把渠道的毛细血管扩张到国内的每一个角落，而恰好社区店的发展有赖于线下渠道的深度，这与苏宁原本的竞争优势相吻合。

从苏宁的战略布局上看，公司对于日用品消费品的业务布局是很有层次的，上层有家乐福（苏宁收购的外资品牌）和百货公司，下层有苏宁小店（主要布局于一、二线城市）和云小店（布局在三、四线城市的加盟店），还有贩卖果蔬的社区电商。这个自上而下的体系看似很完善，理论上也貌似可行。但需要注意的是，现实中，这种客户之间相互转化、引流的场景可能并不存在。因为消费者的习惯和对品牌的认知很难快速发生改变，在客户眼中，苏宁的定位就是卖家电的，7-11和全家就是卖日用消费品的，可能会对突然冒出的苏宁小店感到认知错乱、不适应。

当然，苏宁也并非完全没有翻盘的机会。原本市场一致认为电商大局已定，没想到近年来杀出了一匹黑马——拼多多，它所代表的新零售模式也在社会上引起了广泛的讨论。苏宁近些年也在积极地布局社区团购业务，社区团购属于高频消费，且行业空间非常大。其流程可以简单概括为用户在网上下单，次日或者规定时间内生鲜就会派送到社区门店，等待客户去自提。展望未来苏宁的转型，公司在此时运用它这么多年来已经在线下所铺设的网点，还是有可能制造逆袭的，这主要基于以下两点原因：

一是线上电商拥有马太效应，最后可能形成寡头或双寡头垄断。而线下零售不同于线上，允许区域性品牌存活。举个例子，蒙牛和伊利在国内奶制品行业的市占率很高，但这并不妨碍区域性的牛奶品牌活得很滋润。

二是苏宁在线上与其他电商竞争时，线下重资产的门店网点是无价值的。但在社区团购中，这些门店却价值凸显，因为它们增加了线下服务半径的优势。因此苏宁在社区团购的布局的确存在一定的机会，当然，这还取决于管理层对未来的战略如何设定和执行。

需要强调的是，社区团购也是各大互联网巨头花重金布局的新业务，主业已经千疮百孔的苏宁想在激烈的竞争中取胜，并不容易。

最后，我们做一个总结。任何一家产业或公司的发展和时代大背景是分不开的，历史上一些十分优秀的公司也曾拥有很深的护城河，但如果在经济环境发生变化时没有及时做出调整，那原来的护城河就有可能变成阻碍其发展的壕沟。苏宁在面对3G和4G网络普及时，没有抓住电商的机遇，最后被京东超越，逐步走向衰退。至于公司是否还存在逆风翻盘的机会，需要继续观察苏宁能否利用自己的线下网点优势，在社区团购中占得一席之地。

集采①风暴下，恒瑞的长期逻辑变了吗？

问：恒瑞的股价为何暴跌？恒瑞未来的出路在哪里？

答：医药集采，对以仿制药为主业的恒瑞而言是巨大的冲击，本质上是恒瑞的经营环境发生了根本性和不可逆的变化；恒瑞的未来，在于能否把创新药做起来，而这正是其创始人孙飘扬重新出山后所制定的破釜沉舟的公司战略。

恒瑞是医药行业中最受投资者关注的股票之一。2011—2020年，10年间，恒瑞医药的盈利增速一直保持在两位数，收入从46亿元涨到277亿元，增长了5倍；净利润从9亿元涨到63亿元，增长了6倍，财务数据堪称卓越。从股东回报看，ROE（股权收益率）近10年最低为19.5%，其他9年都在20%以上。有这样好的业绩，股价自然表现不俗，公司市值从331亿元涨到5943亿元，增长了17倍。如果你是个长线投资者，拿住恒瑞，定然心花怒放。

不过，2021年之后风云突变，恒瑞股价出现连续下跌，从最高将近6000亿元市值一度跌破2000亿元（见图4-3、图4-4），我们不禁要问，恒瑞究竟怎么了？

---

① 集采即药品集中招标采购。

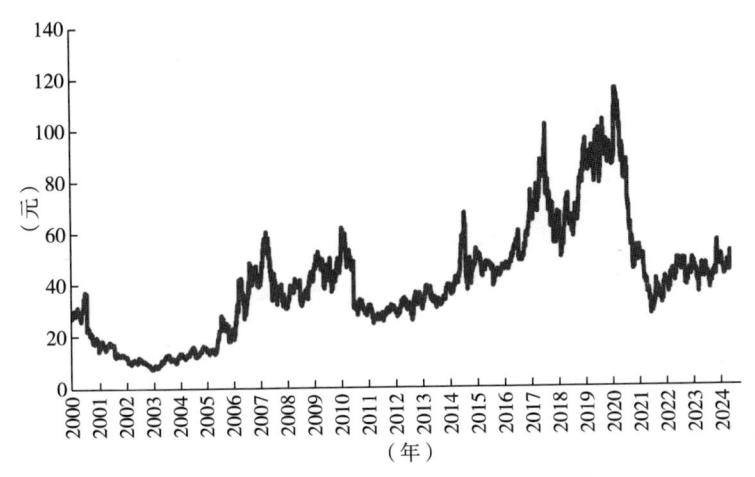

图 4-3　恒瑞医药股价走势（2000—2024）

资料来源：同花顺 iFinD。

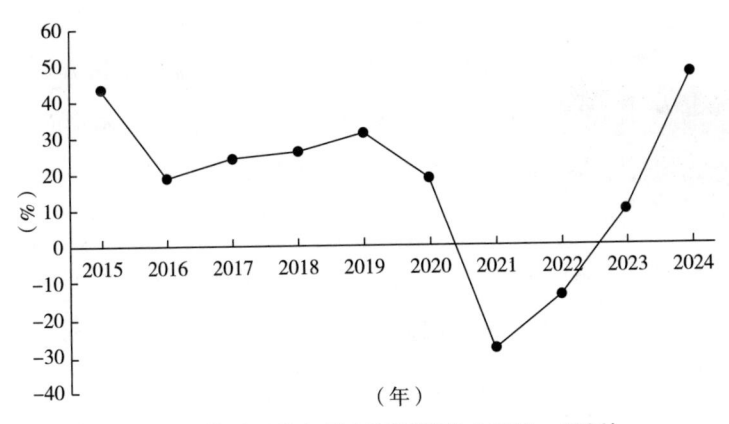

图 4-4　恒瑞医药归母净利润增速（2015—2024）

资料来源：同花顺 iFinD。

让我们把时间拉回恒瑞最灰暗的 2021 年，当年的一份半年报为我们揭晓了答案。2021 年上半年，公司收入 133 亿元，同比增长 17%，净利润 27 亿元，同比增长为零。营收增速看起来不错，但是利润增速已经接近于零，证实了集采的巨大"杀伤力"。市场担心恒

第四章　好公司也会遭遇挑战　　101

瑞连续增长的势头已经失去，如果增长不再，那么高达94倍的PE也就难以为继，预期一旦形成，市场就会呈现估值均值回归的现象。

基本面投资者相信，市场价格最终由企业基本面变化决定。观察基本面变化可以从两个维度入手——内部原因和外部原因。回到恒瑞，基本面的变化也包括两部分：外部因素是集采带来的政策环境和行业格局变化；内部因素则是公司应对集采的内部对策，包括商业模式的调整。

我们来逐一分析：首先来看外部因素，毫无疑问，集采导致国内医药行业环境发生根本性改变，主要影响有以下几条：

1. 医药企业销售对象发生变化。原先的商业模式是药企向医院销售药品和器械，现在变为公立医院向医保局申报预计使用量，医保局整合使用量后，向社会招标，带量采购。在此过程中，价格、数量、条件都由医保局与药企协商决定，医院成为被动使用方。据统计，药企对医保局这部分带量采购，大约占全社会药品用量的2/3。因此，传统医药行业由面向企业（To B）模式转向面向政府（To G）模式。

2. 价格下降成为必然。如果一款药存在其他厂家生产的替代品，也就是我们常说的仿制药，那么政府招标的原则就是在通过药监一致性评价的条件下，价低者得。这意味着通过价格竞争获得市场份额，成为仿制药企做大销量的唯一手段。受此影响，企业开始竞相降价，几轮集采中，降幅为50%～90%。

3. 创新药与仿制药的分流。集采导致仿制药价格竞争，毛利大幅下降。过去国内仿制药约能获得80%以上的毛利率，而现在医保集采制下，药品的价格和数量都提前谈判好了，降低了销售费用，那么本质上仿制药企业会回归化学制品制造商，竞争优势体现在质量和成本上，靠规模取胜。同时，国家政策加大鼓励创新药，给予创新药专利和价格保护期，鼓励企业投入创新研发。与仿制药不同，创新药是高投入、高风险、高回报，靠创新技术取胜。

从更宏观的背景上看，集采是时代的必然产物，主要有两个原因：

1. 普惠医疗制度下，想要老百姓看得起病，仿制药的药价必须降低。

2. 普惠医疗的大本营是医保，但医保如今已经捉襟见肘。根据戈艳霞、王添翼2021年2月发表的论文《人口老龄化背景下医保基金可持续发展风险分析》，我国医保基金收支平衡不具备可持续性。

其实，集采并不是中国独有的政策，比我们更早进入人口老龄化的日本也推出了"集采"，通过打压仿制药价格降低医保负担，过去30年日本药价指数下降80%。与中国类似，日本政府也是两手抓，一只手降低仿制药价格，另一只手鼓励创新药发展，在创新药专利保护期允许高价回收创新投入，不过一旦专利到期，就会重回与仿制药的竞争，药价也会出现断崖式下降。

总结一下，从外部因素看，恒瑞所在的医药行业，外部环境已经发生根本性和不可逆转的变化，原来打下的"江山"和躺赢的策略在未来不再有效。这种变化将会对企业业绩带来何种影响，我们暂时未必能得出结论，但是有一点是确定的，过去财务数据的基础发生了变化，简单趋势外推的前提已经破坏，不能再用过去的数据直接设想未来。

我们再来看看恒瑞的内部因素。适者生存，面对时代的十字路口，药企需要重新做出选择，要么被资本市场定位为化学品制造商，要么到创新领域探险。恒瑞的选择是后者，创始人孙飘扬重新出山，铁腕裁撤仿制药销售和研发队伍，全身心投入创新药研发和国际化之路。

战略方向已经清晰，那么后续我们对恒瑞创新药的跟踪调研主要基于两点：其一是公司的创新药能不能撑起利润的增长，其二是过去恒瑞销售能力的优势在创新药上能起多大作用。

值得一提的是，创新药也是走医保谈判的模式，不过量并不大，这意味着药企需要继续向医院和医生推销。而营销是恒瑞一直以来的核心竞争力，优秀的商业化能力不仅能快速将自研的创新药推广入市，还能服务别家的研发成果。例如2021年9月6日恒瑞发布公告，称天广实生物授予恒瑞医药针对第三代抗CD20单克隆抗体MIL62在大中华地区的排他性独家商业化权益。2024年，恒瑞创新药收入同比增长超过30%，占总营收比重首次突破50%。这一结构性转变标志着其从仿制药龙头向创新药企业的质变。

那么，从长期来看恒瑞能在创新药上重写过去的辉煌吗？

这需要非常专业的判断能力，需要能看懂新药研发管线，看懂那些稀奇古怪名字背后的作用机理，预测研发成功率和商业化空间。这对普通投资者来说，有一定难度，不过对于要押注恒瑞未来的投资者来说，这些不得不察。

最后，我们做一个总结。恒瑞所处的行业环境已经发生根本性转变。集采导致公司的基本面发生重大变化，因而历史财务数据的可预测性将失效或者部分失效，市场预期发生本质变化，前期高位的历史价格将不再具有参考价值。所以，忘掉6000亿元吧，那个参照点只是迷惑你的"妖孽"，你需要重新思考恒瑞的未来及其内在价值，否则就会掉入"锚定陷阱"。

互联网巨头能否续写高增长神话？

问：互联网巨头的股价在2021年出现深度调整，如今又为何重拾上涨？

答：这些公司在2021年遭遇了反垄断监管，叠加平台流量进入瓶颈，导致业绩增速放缓。但如今随着AI（人工智能）大模型的出现，行业增长逻辑重塑，政策对AI技术的战略支持为互联网巨头开辟了新赛道，诸如腾讯、阿里巴巴等重回快车道，打开想象空间，推动互联网公司估值从消费向科技成长切换。

过去10多年，最伟大的投资机会在哪里？无疑是阿里巴巴、腾讯这样的互联网巨头。我们以上市较早的腾讯为例，腾讯上市之后，股价涨了上千倍，甚至超过茅台的涨幅。

我们一直分析公司的护城河，而互联网的双边网络效应护城河被认为是最宽阔的护城河，因为一旦形成将很难撼动。以腾讯的微信为例，腾讯微信成功之后，受到了很多竞争对手的挑战，如阿里巴巴的"来往"、网易的"易信"等，但这些都没有成功。因为微信具有强大的双边网络效应，阻挡了竞争对手一次又一次的进攻。

阿里巴巴和腾讯这样的互联网巨头，不仅仅在主营业务上形成强大的竞争力，更是挟流量和资本的巨大优势，进入各行各业。以腾讯为例，它从小小的即时通信软件QQ，发展成横跨社交、游戏、广告、金融、云计算、企业服务等无处不在的互联网巨头。阿里巴巴也类似。所以大家一度认为，互联网巨头在业务上无边界，具有无限发展空间。

但 2021 年之后的几年，这些互联网巨头的股价却一路下挫，以腾讯、阿里巴巴和快手为例：腾讯在 2021—2022 年股价下跌 40%；阿里巴巴跌得更惨，市值蒸发 2/3；快手 2020 年在香港联交所上市，市值最高达 1.8 万亿港元，两年后却只剩 3000 亿港元，跌幅达 80%。那么，究竟是何原因，导致这些互联网公司在高歌猛进多年后突然转头向下呢？

我们认为，原因有两个：其一是国际因素。2022 年，美国发布《外国公司问责法》，在美上市的中国互联网公司，因审计底稿的争议问题，部分面临潜在的退市风险，这些风险对互联网公司的估值产生了负面影响。

其二是国内因素。2020 年 12 月，政府层面表态"强化反垄断和防止资本无序扩张"后，监管部门重拳出击，中国互联网行业的规则被改写。针对大型互联网企业的反垄断政策，不仅影响了这些巨头的垄断地位、盈利能力，更重要的是监管部门要对资本设"红绿灯"，这对阿里巴巴、腾讯等的跨界扩张形成了制约。不过，在反垄断规范化的同时，政策对人工智能技术创新也持明确的支持态度，尤其在近期国产大模型实现突破后，腾讯、阿里巴巴等企业纷纷重新调高未来的资本开支，希望未来借助 AI 创新突破业务边界。

不过，除了上述的原因外，导致这些互联网巨头股价在 2021 年大幅下跌的最关键因素，是遭遇流量瓶颈。过去十多年，中国互联网公司的涨幅是惊人的。但经过高速增长后，移动端和 PC（个人计算机）端的存量用户都达到顶峰，如何去找下一个增长点是它们面临的问题。比如阿里巴巴，之前的业绩增速是两位数，但在2023—2024年只剩个位数，当然不光是阿里巴巴，其他互联网巨头也有类似的盈利增速放缓压力。为了寻找新的增长点，这些互联网公司开始做下沉市场，包括社区团购买菜等业务。不可否认下沉市场空间很大，每家互联网巨头也花了很多成本，但目前仍处在摸索阶段，还不能确定这个模式能不能最终带来盈利。

但正如前面提到的，人工智能大模型的突破正在重构增长逻辑。比如腾讯通过混元大模型提升广告精准投放效率，带动2024年网络广告收入同比增长18%；阿里云凭借通义千问大模型，AI算力租赁收入占比提升至25%，通义千问API（应用程序编程接口）调用量激增200%。AI带来的技术红利可能会抵消流量见顶的压力。

过去大家习惯性认为，中国的互联网公司、软件公司和科技公司在科技创新方面的能力有待进一步加强。过去这些公司业绩的增长主要来自人口红利，因为互联网公司具有网络效应，而中国恰好是人口大国，所以它们可以充分受益，享受流量增长，这导致它们对创新的重视程度不够。甚至有人嘲讽中国的互联网创业模式是"C2C"（Copy to China）模式，即去国外寻找成功的模式照搬过来，再根据中国的市场情况进行调整后推出。这种情况过去在国内比比皆是。

在过去，受益于人口红利，这种商业模式尚能跑通。但随着人口红利逐步消退，这种传统模式似乎慢慢碰到了"天花板"。这的确是一个值得思考的问题，我们来看美国的互联网公司，虽说它们的人口红利也不算小，但相比我们还是差一些，所以美国这些互联网巨头的着力点主要是两个：第一，科技创新；第二，国际化。美国有微软、Meta、谷歌等，它们的国际化都做得非常好。而中国的互联网巨头，部分可能在体量上达到了世界级，但覆盖范围还远没有达到某些美国公司的水准。

这让我们想到一个故事。有一位中国互联网的创业者去硅谷学习,他在硅谷见到很多小型创业公司,这些公司在做商业计划书时,从不提美国市场有多大,而是强调全世界市场有多大,这说明它们在创业初期,就把目标和眼光放在了全世界。除美国外,以色列的互联网公司也是如此,因为以色列人口只有不到1000万,所以它们必须国际化。

回首过去20年,中国的互联网公司创造了不少增长神话,但在创新的活力上,和美国、以色列的公司相比还有差距,这更需要龙头公司去投入和扭转,因为它们有实力、有资本。欣慰的是,如今它们的确也交出了不凡的答卷,比如阿里巴巴的千问模型,在国际权威大模型评测榜单LiveBench的最新排名中,通义千问QwQ-32B表现惊艳,冲入全球前五。该模型超越了OpenAI的GPT-4.5 preview、谷歌的Gemini2.0、DeepSeek-R1等众多国内外顶尖模型,成为全球性能最强的开源模型。

当然我们也要适当反垄断,不能让市场上一两家公司独大,必须大家一起来竞争,才能促进行业进步,驱动创新发展,这是未来的方向。

至于当下是不是到了买入这些互联网公司股票的时机,首先要问自己一个问题:如今互联网"大厂"们每年数百亿元的AI投入,究竟是通向未来的"船票",还是新一轮"内卷"的开始?

大模型技术的突破犹如一剂强心针,为互联网公司打开了第二增长曲线。但是当前AI带来的业绩增量仍集中在云计算等底层服务,消费端的盈利闭环尚未成型。比如阿里云虽坐稳国内公有云头把交椅,但其利润率仍不足亚马逊的1/3。这些互联网企业每年千亿元规模的研发投入何时能反馈在财务回报上，尚不明确。

但资本市场总是提前反映未来预期，目前这些互联网龙头公司的估值已经不再只根据电商 GMV 抑或游戏流水评估，而是开始计价 AI 模型的参数规模。这种切换既带来了机遇也埋藏着风险。若 AI 真的能为这些互联网公司赋能，开辟第二增长曲线，那当前的估值可能只在山脚，但如果人工智能被证明只是一场泡沫，压根圈不了地，那高昂的研发投入反而会成为利润吞噬黑洞，届时企业可能陷入业绩和估值的双杀中。

对于普通投资者来说，可以密切留意是否出现了一些现象级 AI 应用，毕竟，能穿越周期的从来不是某个技术概念，而是持续创造真实价值的能力。当互联网巨头把大模型从实验室带进日常生活和工作中，带进田间地头、工厂车间时，这场估值重构的"史诗"才算真正拉开帷幕。

第五章　那些看上去很美的公司

巴菲特曾表示：最好的生意可以在不进行再投资的情况下保持盈利；而最坏的生意，你必须不断把钱投入才能勉强维持现状。

"股神"口中的"好生意"指的是那些拥有某种排他性资产，实现低投入、高回报、赢家通吃的商业模式，比如高端白酒、奢侈品、互联网平台等，这些公司都有良好的现金流。与之相对，所谓的"坏生意"则是那些需要大规模资本支出或营运资本投入的企业。它们必须持续将辛苦赚来的钱再次投入新的扩张，否则就可能被淘汰。这些公司效率的提升抑或成本的下降，都送给了它们的客户，自己却捞不到太多好处。用易方达基金经理萧楠的话说，这属于"自我燃烧"型企业，牺牲自己，照亮别人。

有趣的是，这些"好生意"公司往往不受资本市场待见，因为它们多数是已跨过高速成长期，步入成熟期的公司。而那些"坏生意"公司偏偏经常是资本市场的宠儿，它们身上有高科技、新模式等"性感"标签，看似很丰满，实则很骨感。这些企业可能在短期拥有较高的增速，配合美妙的故事，令市场争相追捧。但拉长时间，这些所谓的"成长性"可能只是库存周期，或是技术迭代周期带来的阶段性成长，又或者是烧钱烧出来的短期繁荣。从商业模式角度看，它们依旧属于"自我燃烧"型的业务。

在这一章中，我们会为大家剖析曾经或者当下资本市场眼中"看上去很美"的公司，诸如处于风口浪尖的考公培训巨头、号称"东方迪士尼"的光线传媒、新消费业态的盲盒经济、业绩暴增的面板龙头等，这些公司曾经或者当下都是资本市场的宠儿。那么，揭开所谓的"高科技""高成长""新业态"面纱，究竟这些公司的商业模式是什么，是好生意，还是平庸的生意，抑或坏生意？

"吊牌之王"南极电商的是是非非

问：南极电商的品牌授权模式，是不是一个轻资产发展的好商业模式？

答：品牌授权确实是一个不错的商业模式，而且南极电商的品牌授权符合中国大量廉价白牌商品建立品牌和知名度的需要。但如果品牌授权过多、过滥，而且不对品牌做持续投入和维护，那么品牌授权这个业务模式是不可持续的。

南极电商，这家吊牌之王曾几何时也是资本市场的宠儿，凭借轻资产的神话一度引发不少机构散户追逐，只是品牌授权的野蛮扩张终究让公司自食其果，消费者投诉率大幅上升，叠加市场对其财务异常的多次质疑，如今市值蒸发超90%。接下来，我们就来好好复盘这个曾经风光无限的"吊牌之王"是如何走向衰败的。

南极电商是保暖内衣品牌"南极人"的母公司，过去数年在电商平台都有着十分不错的销量，后来还拓展到了母婴用品和家电等领域，经常被人笑称为一个卖吊牌的公司，这是因为它并不涉及任何制造流程，完全采取代工的模式，营业收入都来源于品牌授权费。在新冠疫情期间，南极电商的GMV增长迅速，资本市场也非常认可公司的业务模式，股价在小半年时间就从十几元涨到了25元左右（见图5-1、图5-2），我们可以看到当时很多机构投资者都重仓了该股票。

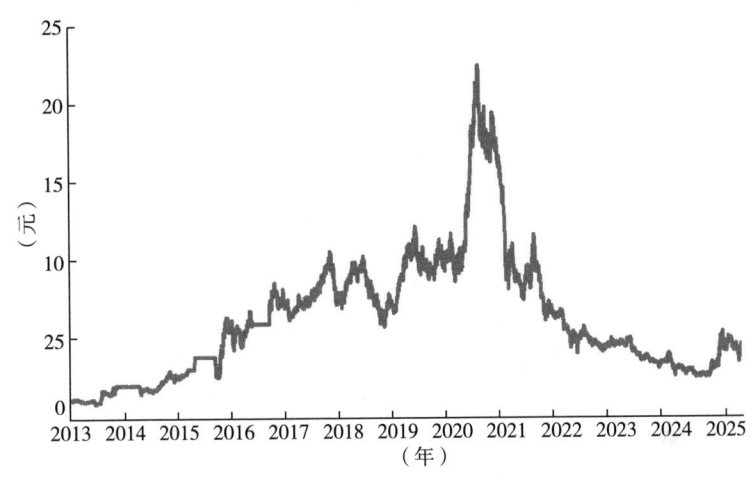

图 5-1 南极电商股价走势

资料来源：同花顺 iFinD。

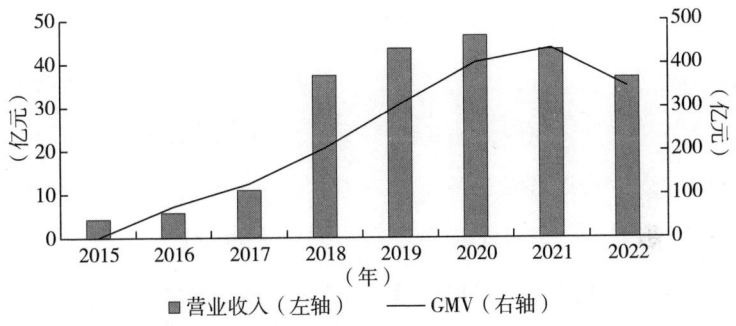

图 5-2 南极电商营业收入及 GMV（2015—2022）

资料来源：南极电商公告。

但与此同时，围绕南极电商的争议也从未停止过，即便当时股价如日中天，仍有部分人担心它的轻资产商业模式在未来是不可持续的。

如今看这些分歧部分已经有了答案，公司的业绩不再高增，股价也是一落千丈。回顾南极电商的发展历程：南极电商最初以保暖内衣销售起家，但慢慢地随着消费者偏好的改变，以及众多厂商的涌入，很多保暖内衣的制造企业开始没落。面临线下服装行业竞争的加剧，以及2008年金融危机爆发后对自产自销模式的重创，公司开始转变思路，向"品牌授权"转型，放弃实体零售渠道，转型电商服务型企业。这次转型中，南极电商剥离生产和销售两个重资产环节，只保留"南极人"品牌，对上游大量的中小生产商输出品牌，收取标牌使用费以及品牌服务费，授权其贴牌生产"南极人"品牌的各类产品。现如今，南极电商的主营业务已经和最初的南极人保暖内衣没有太大关联度了。随着南极电商品牌授权的商品越来越多，消费者戏评其为"万物皆可南极人"。

2015年8月，吊牌大王"南极人"借壳新民科技上市，正式更名为"南极电商"。刚上市时，公司的财务指标十分抢眼，营业收入从2015年的不到4亿元，一路高歌猛进至2019年的39亿元；净利润更是暴增7倍到12亿元（见图5-2）。2019年年报披露，公司的主营业务主要为品牌授权服务和互联网广告。其中，品牌授权服务的毛利率高达93%，营收体量在12亿元左右，但与之对应的品牌授权GMV却高达305亿元，公司入账的营收占GMV的比例仅为4.3%。这也从侧面验证了公司的品牌授权就是"贴牌"，因为贴牌没有经营成本，所以毛利率较高。

我们用一个更通俗易懂的例子来解释这种商业模式。2008年以前，南极电商自产自销保暖内衣这个时期好比一个演员在未成名前接戏拍戏来积累名声。在积累了一定的优秀作品后，这个演员的知名度和身价也水涨船高，此后就开始接广告，让知名度变现。这就好比2008年以后的南极电商把品牌授权给其他白牌厂商去生产和消费自有品牌。

不过，仅仅作为一个纺服细分领域——保暖内衣的老品牌，南极电商凭借"南极人"这一商标,居然能撬动每年 300 亿元的 GMV,也属实厉害。为何南极人具备这么强的品牌透支能力?

有分析称南极电商的基础坚挺,曾经是红遍大街小巷的知名品牌,在国民心中拥有较高的知名度。但我们认为这并不是最根本的原因,因为通常品牌授权的模式是树立一个品牌并进行维护,然后授权给其他厂商。这种模式需要不断投入,投广告维持品牌形象。可我们发现,南极电商在 2016—2019 年 4 年间的广告投入总和仅 1.4 亿元,和同行相比少得可怜。特别是 2016 年,公司的广告费用支出不过 5 万元,但品牌授权的 GMV 却在 2016—2017 年翻倍增长。通过分析,我们认为,南极电商的 GMV 之所以能在短期内大幅增长,主要原因是公司从原来的保暖内衣品类外延扩展到了纺服、电器甚至箱包等。

而更深层次的原因则是时代背景使然。当时中国的制造业产能过剩,在拼多多、淘宝等平台有大量的白牌产品,价格低得离谱。例如保暖内衣行业有数百家小企业、作坊,产品质量也说得过去,它们渴望让自己的产品有一定的辨识度,从而提高销量和零售价格。但显然,这些小商家做出自己的品牌比较有难度。虽说淘宝有一句经典的口号叫"让天下没有难做的生意",但要在淘宝上开一个能不断盈利的网店极其困难,因为大部分流量始终会给到头部品牌,所以理论上产品卖得越好,获得的流量越多,就越有钱去做广告。所以在淘宝上虽号称有上百万的入驻商家,但真正能够维持长期经营的不多。

南极电商的"贴牌"解决了这一行业痛点,类似于小商家众筹了一个国民品牌。当然,南极电商是通过自己先打广告,进行生产,已经拥有了一定的知名度,然后再去消费这个品牌,把它扩散到其他厂商,所以不是真正意义上的众筹品牌。"南极人"这个品牌就像是滚雪球,只在前期塑造自己的品牌,后期公司在完全没有投入维持的情况下，品牌影响力并没有下降太多，正是因为那些被授权公司利用自己的销售费用去投放广告，在互联网上为南极电商拉流量。

这是公司能够在自己不生产商品的情况下，依旧透支品牌价值长达十余年的核心原因。但必须指出的是，虽说这种轻资产模式可以在短期迅速扩大业务规模，但随着授权的品牌越来越多，消费者对"南极人"这个品牌的概念和定位会逐渐模糊，品牌价值也会持续衰减。

消费觉醒的一个重要标志就是品牌认知。品牌的价值分为消费者对产品品质的信赖和精神寄托等。当品牌对外授权扩张数量突破临界点时，消费者开始对这个品牌的辨识度逐渐模糊。第一个拐点是消费者对该品牌从精神寄托的丧失到对产品品质的信赖丧失。第二个拐点是品牌力达到一定巅峰后开始衰减，引起商业模式的危机。还是引用之前的例子，演员想要维护自己的商业价值和影响力，就需要不断出新剧，提升知名度。但南极电商本身并没有花资金、花时间去维护品牌，而是不断地接广告去拓展品类，这会逐步消耗其品牌价值。而随着品牌影响力的下降，南极电商对商家的边际价值也就下降了。2020年下半年，南极电商的业绩和扩展的品牌矩阵明显低于市场预期，对品类的扩张也并不顺利，此后这种颓势也一直延续，南极电商的高增长神话不再。

那么，作为普通投资者，我们如何能够在公司股价尚未出局之前就意识到南极电商的模式不可持续呢？

答案是通过对比分析，将南极电商的模式带入一些生活中的场景，常识自会告诉你这套模式的问题所在。举一个例子，如果爱马仕从今天起停止制造自己的箱包和衣服，走和南极人一样的轻资产模式，把品牌授权给其他厂商，那么小商家一定会趋之若鹜地寻求授权机会。因为如果把自己的产品冠上爱马仕的商标，会很容易受到消费者的认同和青睐。因为爱马仕这个品牌在消费者心中已经成为高端、奢侈和身份的象征，且这种观念深入人心。早期，这种品牌授权费用会逐年快速增长，企业的现金流也会源源不断，所以资本市场才会青睐南极电商，因为很多机构投资者只认现金流的折现法。

那么，既然是如此赚钱的生意，为何用品牌授权这种经营模式的上市公司几乎只有南极电商一家？因为这是一张单程票，当一个企业准备放弃创造品牌价值的时候，就已经没有回头路可走。回到前面的例子，假如爱马仕开始授权卖内衣，那资本市场可能还会接受；但如果它把授权品类扩展到家电，消费者的信任度会开始下滑；如果再拓展到大米、酱油等日常用品，消费者对其的信任可能完全崩塌。这对品牌的伤害是不可逆的，公司将无法再塑自己的品牌形象。所以对于授权这种商业模式，我们可以参与投资它的初期阶段，此时产品销量和品类快速拓展，也是安全边际最高的时候。在 GMV 增速下滑，大量的消费者开始对"贴牌"不满，辨识度逐渐模糊的时候，投资者要及时退出。

最后，我们做一个总结。南极电商的商业模式非常独特，是 5000 家上市公司中的"独苗"。这种商业模式的诞生和中国制造业的产能过剩、电商的崛起以及低端消费的体量提升有很大联系。不过品牌授权这个业务模式本身是有天然缺陷的，也会碰到天花板，所以南极电商在前期虽然有高速的业绩增长，但当增长无法兑现市场的期望值时，股价就会开始下跌。

"考公第一股"中公教育的迷雾

问：中公教育财务造假，股民怎么做才能提前洞察？

答：透过财报是可以提前发现这一风险的。我们发现中公教育靠激进营销和拔苗助长放大了短期业绩，这种模式明显不可持续。公司明知不可为而为之，背后是因为签订了业绩对赌协议，急于兑现短期盈利。将这些信息组合在一起，普通投资者就应该提前采取措施及时抽身了。

老股民对中公教育应该不陌生。从 2018 年借壳亚夏汽车上市以后，公司股价一口气涨了 10 倍，市值一度高达 2000 多亿元。当年很多研究过中公教育的机构都对这家公司赞不绝口：基本面很是优秀，增长率、利润率、现金流方方面面都很亮眼，除了股价太贵堪称完美。但如今，这家"考公第一股"已经鲜少有人提及，公司深陷财务造假泥潭，商业模式坍塌，市值较巅峰时期蒸发超过 90%。究竟出了什么问题，让这位曾经的资本宠儿跌落神坛？

这一切，得从 2021 年中公教育的一份三季报说起。报告显示，公司当期销售商品、提供劳务收到的现金为负 5.05 亿元。也就是说，中公教育在这个季度卖产品、提供服务不但没有收到钱，还要付钱给客户。此数据一出，市场一片哗然。

其实，早于 2020 年第四季度，中公教育就因为被质疑财务造假，股价开始单边下跌（见图5-3）。

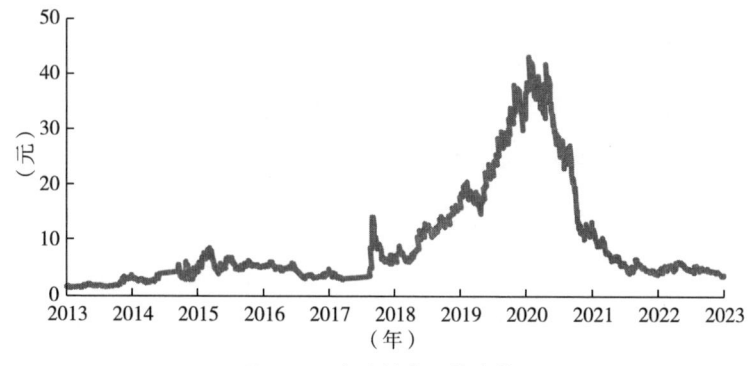

图5-3 中公教育股价走势

资料来源：同花顺iFinD。

市场在那个时候对中公教育财务造假的质疑并非毫无根据，我们梳理有多个方面：

1. 中公教育是借壳亚夏汽车上市的，并没有经过正式的IPO流程。借壳上市的公司相较于IPO上市的公司，财务数据的质量普遍要差一些，市场也会更谨慎地看待借壳上市公司的报表数据。

2. 从动机来看，中公教育借壳上市时与亚夏汽车签订了对赌协议。协议对中公教育2018—2020年扣非归母净利润的金额提出要求，如果达不到，则中公教育的实控人等8位股东将按比例退回持有的股份，所以中公教育的实控人和核心管理层有虚增利润的动机。

3. 中公教育开创了协议班、理享学等教育产品金融化的模式，商业逻辑背后有很多困惑，包括每年进行远高于市场比例的分红，还有大量不清楚的房产、地产交易等。

如今这些疑点均已被证实，中公教育为完成对赌协议，虚增了利润。公司通过陕西冠诚、北京创晟等5家关联公司虚构交易链条，

第五章　那些看上去很美的公司

2019—2020年累计隐瞒关联交易金额12.32亿元，股价暴跌倒也不冤。只是，我们需要思考的是，在证监会彻查之前，作为普通投资者，是否能提前嗅到公司不对劲的地方，及时抽离。这也正是我们回顾这家公司的目的。

那么，先让我们把时间轴拉回到中公教育爆雷前的阶段。那个时期，公司的股价经历了翻倍翻倍再翻倍的疯狂，因为公司所在的赛道的确是一个非常有潜力的市场。

中公教育的商业模式是为考公的大学生提供培训。我国每年毕业大学生的数量都在增长，2000—2020年，从95万增加到874万，到2022年已经突破千万量级，考公的人也越来越多。中公教育的培训收费从5000元到60 000元不等，这样算下来，光国考培训每年的市场规模就达到100亿~200亿元，若再加上省考和事业单位招考的需求，市场规模还要更大（见图5-4）。

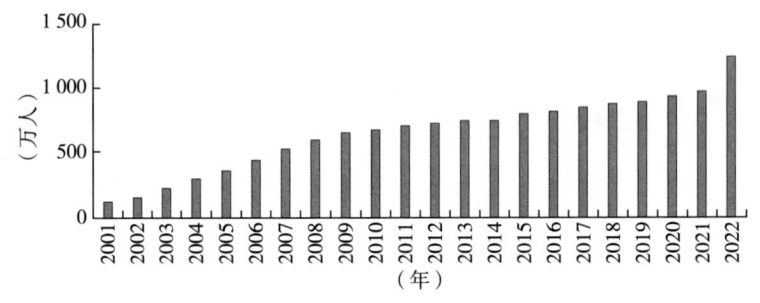

图5-4　2001—2022年全国高校毕业生人数
资料来源：教育部。

在考公市场中，中公教育也是绝对的龙头，它就像搞出国语言培训的新东方一样，广泛受到市场认可。截至2021年底，考公培训市场形成了中公教育、华图教育双寡头垄断的局面，中公教育市占率约为33%，华图教育约为15%。中公教育能成为行业第一，并非偶然，其的确存在一定的品牌护城河。

1. 各地的公务员考试在报考、录取偏好、考试内容上各有不同，考生更愿意选择有针对性、在当地有经验的培训机构。而中公教育在全国各地开设了很多线下网点，能充分满足和响应不同地区的报考需求。

2. 中公教育的创始人李永新是做考公培训出身，很懂业务，多年打磨出了很好的师资和教学体系。

3. 中公教育通过口碑引流以及广告营销的持续投入，使大部分人都知道考公有中公教育这个品牌，同时5000~60 000元多梯度的价格带，也适配了不同消费层次的考公学生的需求，最大化挖掘了潜在学员的报班意愿。

现在的职业教育培训分两类：体验/技能提升类和考试通过类。体验/技能提升类主要是为学员提供学习体验，让学员有获得感，没有明确的分数目标，比如EMBA课程；考试通过类主要帮助考生通过考试、考高分，目标是提高通过率。中公教育就是提供考试通过类的培训课程。

上市后，中公教育推广了一个新的招生机制：协议班。协议班包通过，学费高达几万元，如果学员不通过将退还大部分学费。比如48天的线下班收费59 800元，如果笔试不通过退还45 000元。

这个机制从学员的角度看非常好，过了当然皆大欢喜，没过大部分钱也能退回来，极大降低了购买的心理门槛。而作为大型机构，中公教育肯定有一定比例的学员能通过考试，那么公司就可以拿通过学员付的高额学费补贴没通过的学员。这样看，中公教育的收入目标就从提高教学通过率变成了一个概率问题。

除了协议班外，中公教育还有一个更激进的模式，叫理享学。大概是这样的，中公教育帮付不出59 800元培训费的学员向银行贷款，就像消费贷一样，只是经由中公教育借钱，且只能用于购买中公教育的产品。学生在考试前无须交钱，等到考试通过后，须将自己名下的贷款还清，未考过的学生则无须交钱，其间产生的利息由中公教育承担，相当于进一步拉低了买课的门槛。

拆分中公教育的业务结构，我们发现，收入中入账两清的部分只占20%，剩下的80%都是通过协议班、理享学借贷催生的需求。2019—2021年中公教育营收入年复合增长率为34%（见图5-5），而同期高校毕业生年复合增长率仅为4%。很明显，每年高校毕业生的增长人数并不能支撑这么高的营收增长，中公教育的这种商业模式很大一部分相当于透支了需求。而且，每年公务员招收的人数是相对稳定的，随着报考的人越来越多，录取率会下滑，预计中公教育的退费比例也会越来越高。从2020年起，在网上投诉中公教育的人越来越多，甚至导致了"挤兑"。

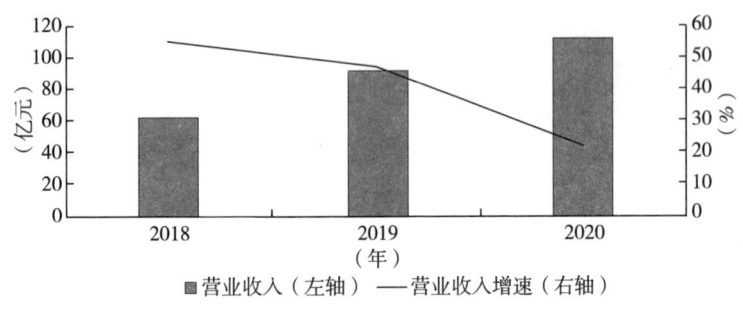

图5-5　中公教育营业收入及增速（2018—2020）
资料来源：同花顺iFinD。

毫无疑问，中公教育的拔苗助长与它在借壳上市时与亚夏汽车签订的对赌承诺有直接关联。对赌承诺要求，2018—2020年中公教育的扣非归母净利润分别达到9.3亿元、13亿元和16.5亿元。而上市前中公教育的扣非归母净利润不过3亿~4亿元，这无疑促使中公教育上市后采用激进战略（见表5-1）。

表5-1 中公教育对赌承诺 （亿元）

年份	2018	2019	2020	2021
对赌条件（扣非）	9.3	13	16.5	—
实际扣非归母净利润	11.1	17	18.7	-24.86

资料来源：中公教育招股说明书。

那么，作为普通投资者，我们要如何从财报角度发现上市公司的疑点？透过本次中公教育的涉嫌造假疑云，我们发现之所以市场会先于证监会对公司产生怀疑，主要是公司的财务数据和经营决策中存在不合理的地方。从财务数据看，一般公司造假主要是通过增加收入、减少成本以虚增利润。但直接增加收入、减少成本会导致毛利率或净利率的失真，所以现在的财务造假往往要完成一个循环：虚增收入的同时虚增成本，让毛利率、净利率都看似没有显著变化。不过，虚增的利润必然会体现在资产上，而资产一多出来，又要完成现金流的循环。例如被证监会查处的柏堡龙就是将虚增收入的钱当成在建工程的资产，再以预付款的形式付给关联方，关联方再把钱循环回来，这样公司账上就多了一块资产，但这块资产实际上并不存在。

中公教育也存在类似的疑点，2020年四季度，公司的经营性现金流已经开始下行，但中公教育仍拿出了30.05亿元买地，拿出3.83亿元购买关联方陕西冠诚实业有限公司的房地产。同时中公教育上市以来多次超高比例分红，2018、2019年的分红比例分别高达151%、82%，远远超过上市公司平均的30%~40%，这是不符合常理的，也说明大股东可能很缺钱,那为什么缺钱也需要打一个问号。①

中公教育的现金流和商业模式问题可能在2020年就已经很严重了,但受2021年新冠疫情影响,相关部门为维稳就业出台了公务员扩招政策,又让中公教育的好业绩延续了一年。

最后,我们总结一下,通过分析与回顾中公教育的商业模式和财报,我们发现营收和利润的增长可能来自上市公司优秀的基本面,也可能来自激进营销策略的拔苗助长,甚至还可能来自财务造假。当看到一家业绩光鲜的公司,我们要先看看它有没有不符合常理的经营决策,有没有违规造假的动机,找到疑点背后的答案,这样我们才能避免掉入陷阱,真正找到有价值的公司。

---

① 2022年8月24日,深交所发布《关于对中公教育科技股份有限公司及相关当事人给予公开谴责处分的决定》,其中提及4亿元装修改造合同、2.1亿元消费贷服务合同、3.83亿元购置房产均为关联交易,公司及当事人未尽到关联交易履行审议程序和信息披露义务,予以公开谴责处分。

利润增长 10 倍的京东方，真的那么美吗？

问：京东方也曾经是先进制造、科技公司的典型代表，通过自己的不懈努力打破了国外厂商的技术垄断，并在国际竞争中逐步胜出，但为什么京东方的股价却长期低迷，京东方的股东却赚不到钱？

答：这是由行业特征和商业模式决定的。面板行业的三个特点——技术快速迭代、重资产投入以及成本竞争模式，决定了整个行业中的玩家都过得非常辛苦。

京东方，一只披着科技外衣的周期股，靠着投巨资、研发新技术打破日韩垄断，一度荣升国产替代之光。但回顾这只面板龙头的股价和业绩，却是来回震荡，并不似典型成长股那般稳稳上涨。明明身处科技赛道，为何即便作为龙头的京东方还是逃不开周期魔咒呢？

为了回答这个问题，我们把时间倒回至公司业绩最辉煌的 2021 年。2021 年 8 月，全球液晶面板龙头京东方交出了一张非常靓丽的半年度成绩单。2021 年上半年实现归属于母公司股东的净利润 127.6 亿元，同比增长 1023.96%。但是，如果复盘公司过去 20 年的股价和分红，浮现在我们眼前的又是另外一个景象。2000—2021 年，京东方股价复权后几乎没涨（见图 5-6）。20 年间，公司累计实现利润总额只有 225 亿元左右，分红累计不到 100 亿元，但增发股票累计募资却高达 900 多亿元，固定资产累计投入更是超过了 3300 亿元，可谓

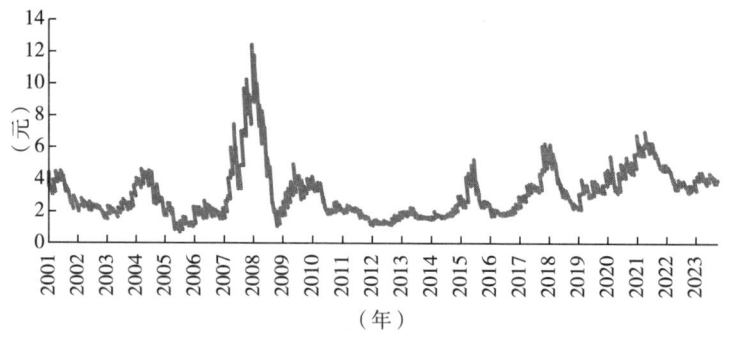

图 5-6　京东方 A 股股价走势

资料来源：同花顺 iFinD。

"资金黑洞"。

京东方究竟是不是一个好公司？能否给股东创造长期价值？10倍业绩增长能否持续？要回答这些问题，我们需要从京东方乃至整个液晶面板行业的发展历程去分析。

作为半导体显示行业，面板的技术难度并不低。面板行业最初起源于美国，但在20世纪六七十年代，日本疯狂投入资金切入液晶面板行业，并占据龙头地位；之后，三星、LG等企业崛起，面板产业慢慢转移到了韩国；从90年代开始，中国台湾地区开始研究面板行业，并加大投入。

相较之下，中国大陆的起步是比较晚的，但经过数十年的探索和研究，如今已经成绩斐然。2003年，在亚洲金融危机和行业周期低谷的联合冲击下，京东方以3.8亿美元拿下韩国现代集团液晶面板业务，获得了面板行业的入场券，主业从CRT（阴极射线显像管）向LCD（液晶显示器）转移。经过20年的努力，我们成功打破国际垄断，从刚开始的完全依赖进口，到如今全球一半的LCD屏幕在中国大陆生产，让亿万消费者受益，也带动了相关产业集群的国产化进程。

不过，从商业模式角度来看，面板行业真不算一个好行业。这个行业有三个突出的特点。

1. 技术迭代较快。

面板行业是一个新技术不断涌现、技术更新迭代快的行业。京东方创始人王东升曾经提出"显示产业生存定律"，被业界称为"王氏定律"：平面显示器行业的生存定律是标准显示器每 36 个月价格要下降 50%，如果想要保持价格不变就要把性能提高一倍以上。

血战 20 年，京东方在 LCD 市场站稳脚跟成了老大。不过近 10 年 OLED（有机发光二极管）技术又方兴未艾，日韩剩下的巨头企业在 OLED 上有相当大的技术优势，京东方目前在 OLED 市场仅占 10% 左右的份额，还有 Mini LED[①]、Micro LED（微型发光二极管）等新技术正在被攻克，看起来面板行业的技术迭代还在继续。

2. 重资产投入。

什么是重资产？我们可将其定义为：需要不断投入固定资产的生意模式。如何衡量资产的轻重？我们可以用"产生 1 元销售收入需要投入的固定资产数"作为比较指标。

这里我们选取了两家公司，分别是格力电器和立讯精密，将其与京东方进行对比。从历年数据来看，格力电器每产生 1 元销售收入需要投入的固定资产数约为 0.13 元。而立讯精密是一家面向企业的制造业企业，它的固定资产数是 0.30 元，比格力多一些。当然，格力是面向终端消费者的企业，而且有强大品牌效应，按巴菲特的说法就

[①] Mini LED 是介于传统 LED 背光和 Micro LED 之间的过渡性显示技术，本质上仍属于 LED 背光技术的升级。

是有经济商誉,所以尽管同为制造业,但是收入固定资产比可能失真。而京东方每产生1元钱收入需要投入1.74元固定资产,相较于前两家企业,资产非常重(见图5-7)。

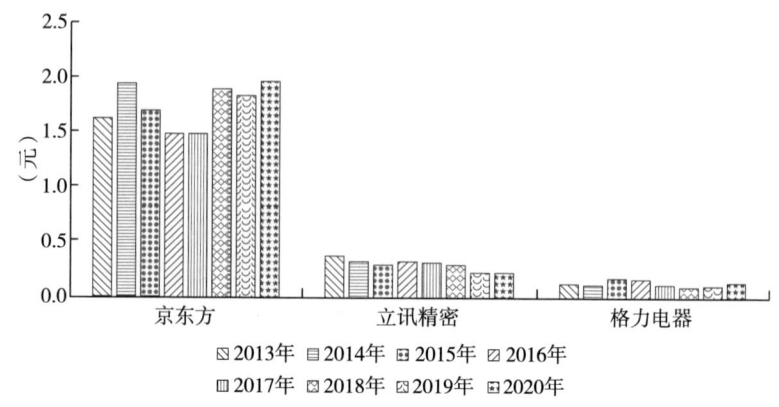

图 5-7 京东方、立讯精密、格力电器1元收入所需要的固定资产
资料来源:同花顺 iFinD。

京东方20年前靠购买韩国现代集团的LCD资产杀入液晶显示行业,那时是3.5代线。面板代数越高,切割的面板尺寸越大,切割的屏幕数量越多,利用率和效益就越高,价格可以做得更便宜。在行业发展趋势下,面板厂商全都争先投入建设高世代产线,如今京东方LCD产线已经发展到了10.5代线,OLED已经升级到了6代线。要知道高世代产线动辄就要两三百亿元投入,而新产线开始时往往有个爬坡过程,要先亏几年后才开始赚钱,但往往这时候新技术又来了,使企业又得重新投入新产线。

持续的巨额重资产投入,带来的后果是自由现金流恶化。如果自由现金流为正,通常意味着企业能够通过业务经营自己养活自己,也就是现金流自洽。如果自由现金流为负,则说明企业体内产生的现金流不足以维持自身经营,这时就必须依靠体外输血。京东方就属于后者，近些年公司一直都在高强度投入，自由现金流一直为负。我们做过简单测算，2011—2020年这10年间，京东方的自由现金流累计为-1700多亿元。看到这个数字，大家就会明白为何京东方之前出现过那么多次定增（见表5-2）。

现金流捉襟见肘的京东方遭遇的危机也并不算少。2006年，公司曾因为亏损一度经营不下去，后来靠着需求短暂反弹，才缓解了生存压力。而后和日韩企业竞争上马新产线，也是因为政府和股东的及时出手。举个例子，2008年合肥市政府引入京东方，京东方开建的第6代TFT-LCD液晶面板线所需的175亿元资金，由合肥市政府支持，而2007年合肥市财政收入总共才300亿元。正是这些不计成本的支持，京东方才支撑到今天。

3. 低价竞争。

企业竞争多采用两种模式：差异化竞争与成本竞争。差异化竞争很容易让人联想到苹果、茅台等公司的产品。而在面板行业，日韩企业已经取得先发技术和规模优势地位，获得高额利润，对后来者一定是全力打压，其手段就是降价。面板行业的参与者往往不得不选择不断扩大生产规模，试图以规模效应带来的成本优势，垄断市场逐出竞争者。尤其是面板行业自带重资产属性，需求景气时还好，一旦需求不景气，出现供需不平衡，就会爆发非常惨烈的价格战。所以，从一开始，这个行业就是残酷的成本竞争模式。

理解了这一点，我们就能明白为何京东方从进入这个行业开始，就一直在生死线上挣扎。成本竞争模式下的价格战，在某种程度上是一种比谁先熬不住的游戏。多年来，LCD面板行业始终遵循着周期变化，在"产品涨价—厂商扩产—供过于求—产品降价—厂商缩产—产品止跌反涨"中循环。行业景气、需求高于供给时大赚一笔，但赚

表 5-2　京东方部分现金流量数据（2011—2020）

（亿元）

年份	2011	2012	2013	2014	2015	2016	2017	2018	2019	2020	近20年合计
经营活动现金流净额	-7.79	30.89	89.56	80.96	104.93	100.73	262.67	256.84	260.83	392.52	1618.14
购建固定资产、无形资产和其他长期资产支付的现金	183.32	42.33	183.27	212.90	186.07	307.03	477.42	545.21	494.16	442.15	3383.31
自由现金流	-191.11	-11.44	-93.71	-131.94	-81.14	-206.30	-214.75	-288.37	-233.33	-49.63	-1765.17

资料来源：同花顺 iFinD。

的钱还没在口袋里捂热,就要掏出拿去投资扩充产能,以稳固市场地位;而随着产能的释放,供应超过需求,价格战再度重启,一轮一轮循环,直到有人坚持不下去。京东方在政府的支持下血战到底,而很多日韩厂商则退出了 LCD 市场,至此中国大陆厂商终于在全球 LCD 市场中囊括 50% 以上的份额,京东方也成为 LCD 出货量全球第一。

通过以上的复盘,我们发现:面板行业真不是一个能轻松赚钱的行业。"民族之光"京东方的发展历史,其实是一个追赶史、投入史,从刚开始技术非常落后,然后不断投资建最新的世代线,不断亏损,不断追赶,直到超越。

既然如此艰难,那为什么到 2021 年京东方开始赚钱了呢?这背后的产业结构发生了什么样的变化?

从技术上看,之前很长一段时间京东方都扮演着追赶者的角色,而在政府和资本市场的支持下,其不断投产新世代线,如今公司的世代线已经是最先进、效率最高、盈利能力最强的产品。同时经过过去几年的折旧,公司目前的折旧压力已经大大减少,成本也降下来了。经过数年的坚持和努力,京东方已经实现了从追赶者向领先者的转变,具备了竞争优势。

从供给侧上看,行业竞争格局发生了很大的变化。面板行业周期性很强,为解决 LCD 面板供应受制于人的困境,以京东方、TCL 为代表的中国企业进行大规模的逆周期投资,向高世代线扩张。凭借高世代线带来的成本优势,逼退了三星、LG、松下等日韩厂商。三星、LG 两大韩国厂商选择主动收缩产能,不断关停 LCD 产线,整个液晶面板行业集中度不断提升,份额逐渐转移到京东方、TCL 等中国大陆厂商的手中,大陆厂商控产控价能力逐步提升。

从需求侧上看,2021 年上半年,京东方喜人的业绩来源于新冠疫情带来的终端需求提升。因为疫情催生出"宅经济",人们居家时间变多,对电视、电脑、平板电脑等电子产品的使用需求增长,而且人们在更新换代时更倾向于买大屏产品,这就给了面板厂商尤其是高世代产线多的面板厂商业绩增长的机会。在下游的高需求下,面板厂商纷纷涨价,从 2020 年疫情开始到 2021 年上半年,主流尺寸电视面板一路涨价(见图 5-8)。

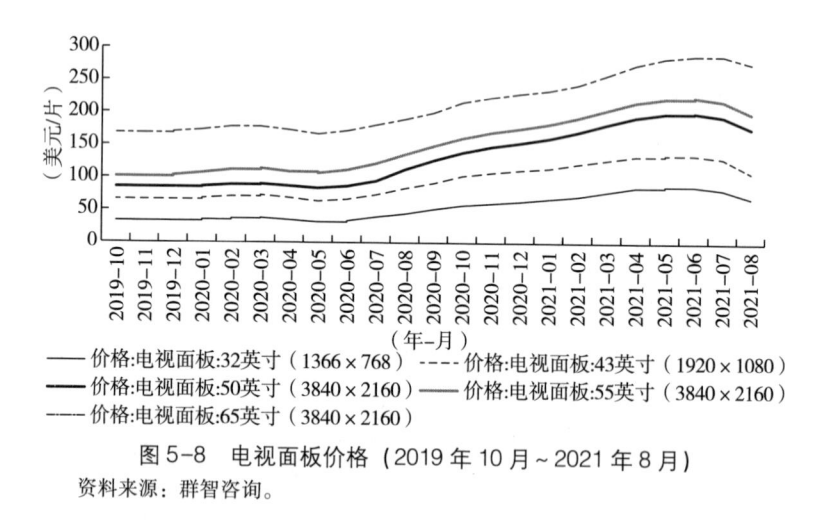

图 5-8 电视面板价格(2019 年 10 月~2021 年 8 月)
资料来源:群智咨询。

所以,2021 年上半年京东方的业绩之所以能大超预期,一方面是因为它持续多年建高世代线积累的技术领先优势,以及多次逆周期投资下抢占市场份额,提升了行业集中度;另一方面,也与短期内下游产品需求爆发式增长,行业处于高景气周期有关。

不过,投资看未来,京东方的好业绩是否能持续呢?

这还真得画个问号。在未来三五年里,如果我们只是看 LCD 这一个细分行业,京东方的发展应该会比较好。原因是从扩产上看,已经进入一个平稳期,目前的产线足以满足下游需求。京东方的 LCD 高世代产线基本上前几年就建设完成,一些老的低世代产线也已经折旧，所以现在折旧压力和投资压力比前几年轻很多，整体现金流状况就会变好。此外，行业格局也在变好。液晶面板的下游应用有75%是电视，12%是手机，7%是笔记本电脑，剩下6%是其他电子产品，这些下游电子产品从需求量上看基本进入成熟期，增速很低，所以日韩厂商这几年一直在持续退出，使行业竞争格局变好。此外，虽说下游需求增速放缓，但面板行业仍存在屏幕变大的趋势，这对拥有很多高世代产线的京东方来说非常利好。

不过，需要注意的是，前面我们分析过的历史上面板行业的三大特征——技术迭代较快、重资产投入、低价竞争，至少到目前为止，还是非常明显。

在显示技术上，以前是CRT占主流，现在是LCD占主流，但OLED技术也在不断发展，目前是日韩企业领先，虽然京东方在后面紧追不舍，但仍存在较大的差距。此外，还有很多新的技术路线冒出来，像Mini LED、Micro LED等。新的技术在亮度、色彩上表现更好，更加逼真，观看体验更好，还更加轻薄。只是目前因为这些新技术还不成熟或者价格太高，所以还未被广泛采用，但历史的经验告诉我们，技术的发展是很快的，新显示技术一旦成熟，很容易颠覆原有的技术。虽然京东方目前在LCD上投入不少，在这一细分领域奠定了龙头优势，但随着新技术的迭代，公司又要开始在新技术路线上布局，投入研发、建产线，继续追赶日韩企业。2018—2021年，京东方已经建了三条OLED产线，每条投资300多亿元。还有诸如Mini LED、Micro LED等新技术也有可能颠覆现有格局，所以对于京东方来说，产能投放周期尚未结束，竞争格局也并不稳定，虽然2021年公司大赚一笔，但未来能不能继续维持高盈利还要打个问号。

事实也的确如此，在创造业绩高点后，公司业绩就开始走下坡路，新冠疫情带来的短暂需求繁荣催生了大量的产能投放，面板价格开始下跌。另外，公司的资本开支从2024年开始重新上升，正如前面提到的，虽然京东方在LCD领域已经不再扩产，但显示屏技术仍在不断迭代中，公司必须积极投身其中才能避免掉队，未来在OLED、Mini LED、Micro LED等新型显示领域，京东方能否复制其在LCD上的龙头地位，同样尚未可知。

总结一下，京东方血战20年打破国外垄断，让我们国家从过去液晶面板全部要依赖进口转为实现国产化，既降低了液晶显示屏的价格，也带动了整个国家显示屏产业链的发展，创造了很大的社会价值，对国家来说具有很强的战略意义。但从投资的角度看，京东方所从事的是个残酷的生意，其商业模式决定了它很难为股东创造价值。京东方的案例启示我们：做投资和研究公司，不能仅看公司身上的"标签"是什么（是先进制造还是高科技），更得从公司商业模式的本质上去理解。

《哪吒 2》大热，影视股可以买吗？

问：影视行业是否迎来春天？光线传媒能否成为中国的迪士尼？

答：《哪吒 2》（《哪吒之魔童闹海》的简称）的爆火印证了优质内容的市场价值。但影视行业本质上是高风险的"项目制"生意，单部爆款难以支撑长线价值，光线传媒若想对标迪士尼，须构建主题乐园、衍生品等 IP（知识产权）生态闭环，而非仅靠票房分账，所以其转型成效仍需时间验证。对普通投资者而言，影视股波动剧烈，IP 孵化充满偶然性，必须警惕"赌爆款"的投机风险。

2025 年春节档，《哪吒 2》改写了中国电影史——上映两周票房突破百亿元，成为中国首部跻身"百亿俱乐部"的电影。这场狂欢不仅点燃了观众的热情，更让光线传媒等上市公司股价飙升，市值从 300 亿元膨胀至千亿元规模。那么，《哪吒 2》的爆火是否标志着影视行业的春天来了呢？

首先我们来分析一下《哪吒 2》成功的原因。坦率说，在这部电影出圈之前，市场对影视行业并不乐观，2024 年中国电影市场票房同比下滑 23%，在短剧、短视频等碎片化娱乐方式的冲击下，影院观影需求一度被认为"过时"了。但《哪吒 2》的爆发证明了观众依然愿意为仪式感买单，只要你的内容够好。而导演饺子的团队就是擅长打磨细节、擅长"讲故事"的一帮人，用现代的叙事方式重构了中国传统神话——哪吒从"魔丸转世"到"逆天改命"的成长线，既保留了《封神演义》的东方内核，又融入了"自我认同"的现代价值观。影片中充满市井气息的喜剧桥段、对家庭关系的细腻刻画，以及"我命由我不由天"的热血宣言，精准击中了当代年轻人的情感痛点。正如很多人所言："每个观众都能在哪吒身上找到自己的影子。"

当然，《哪吒2》的爆火也离不开如今互联网的快速传播效应。这种传播逻辑也在重构电影市场的竞争格局：头部作品借助互联网的放大效应形成赢家通吃局面。

那么，作为出品方的光线传媒能否借着《哪吒2》的东风，在影视行业呼风唤雨呢？《哪吒2》的商业成功直接催生了资本市场的狂欢，出品方光线传媒股价在春节后7个交易日内暴涨203%，市值突破850亿元，市盈率高达118倍。根据市场预测，若《哪吒2》票房达160亿元，光线传媒可分账超30亿元。资本给光线百倍估值，当然不只满足于这些分账收入，市场对光线的期待是做东方的皮克斯，做东方的迪士尼。

只是，目前的光线真的能向迪士尼看齐吗？

回顾全球影视上市公司，能穿越周期、长期获利的并不多，迪士尼算是其中的佼佼者。那迪士尼与普通的影视公司相比，有何独特之处呢？

光线传媒董事长曾将电影制作比作"风险投资"，因为"投下去钱之前不知道结果"。大家看到的是《哪吒2》影片票房突破150亿元，带动光线传媒市值从300亿元飙升至千亿元，但看不到的是饺子导演团队背后长达5年的制作周期和超8亿元的投资风险。这种模式与创新药研发高度相似，一款新药从药物发现到临床试验，再到最后的商业化，平均要耗时 10 年，但成功的概率却只有十万分之一。这就如同摇骰子，创新具有偶发性，并不是靠总结过去经验就能轻松复制的。也正是如此，影视行业其实并不算一个优秀的商业模式，所以你会看到，即便是拥有《海底总动员》《超人总动员》等经典 IP 的皮克斯，最终还是逃不开被卖给迪士尼的宿命。纯内容公司很难独活，还是那句话，创新很难持续。

所以，电影行业本质是高风险项目制，即便如皮克斯，也需要迪士尼的主题乐园、衍生品等 IP 运营能力才能实现长期价值。而现在的光线更多还是扮演投资方角色，其 IP 运营能力尚未验证。记住这句话：爆款可以成就一家公司，但只有工业化体系才能成就一个产业。

《哪吒 2》的爆红是一面多棱镜，既映射出中国观众对优质内容的渴求，也暴露了产业的结构性短板。对创作者而言，需要更多"饺子式"的坚守——5 年打磨剧本、4000 人死磕细节的工匠精神；对资本而言，则须摆脱"赌爆款"的投机心态，转向迪士尼式的长线 IP 运营，才能让"封神宇宙"不是昙花一现。

正如导演饺子在路演中所说："我们证明了中国人能做出世界级动画，但这只是起点。"没错，在票房奇迹之后，我们如何构建可持续的文化创造力？有人说借助 AI 可以实现电影优质产量的加速供应，那么，果真如此吗？一部好电影，技术和内容谁更重要？

我们来看看两位产业大佬是如何说的。皮克斯创始人约翰·拉塞特曾说："我们最引以为豪的技术突破，是让观众忘记技术存在。"

乔布斯在皮克斯被迪士尼收购时强调："再精妙的算法也救不了一个烂剧本，我们的核心竞争力始终是让观众含泪微笑的能力。"

内容永远是排第一位的，技术只是辅助，只是锦上添花。正如看完《哪吒 2》，能让观众在走出影院后仍反复咀嚼的，是那些打动人心的故事情节。

当然，在 AI 的加持下，可能会提升出品效率。正如早期皮克斯尚且需要 3~5 年才能打造一部好电影，而经过内容流程创作上的改进后，皮克斯从原来的 5 年出一部，慢慢提升到 2~3 年出一部。

《哪吒 1》（《哪吒之魔童降世》的简称）的推出是在 2019 年，与《哪吒 2》的上映相隔 5 年，下一部《哪吒 3》能否在 AI 的助力下，在 5 年之内上映？这是我们期待的。

最后我们回到投资上。普通投资者应该如何把握影视股的投资呢？我们认为，普通投资者更适合投影视 IP 运营公司，而非投影视 IP 本身。正如前面反复提过的，IP 创造是一个偶然现象，我们看迪士尼在收购皮克斯时做的尽调，会发现皮克斯公司居然没有劳务合同。对此皮克斯的解释是，这就是他们的文化，兴趣和发自内心的喜欢是创造的源泉，如果受制于劳动合同，这份热爱就不再纯粹，而是有了约束。可以看出，IP 的确是可遇不可求，难以批量复制，难以工业化、流程化管理的。这种投资类似于风投，即便是行业内的人都未必能找对方向。

与之相比，IP 运营方则是将艺术创作转化为可复制的工业流程。在迪士尼的收入结构中，影视内容仅占 18%，主题乐园、衍生品构成的商业闭环才是核心。以《冰雪奇缘》为例，影片仅创造了 12.7 亿美元票房，但以此诞生的衍生品收入超 100 亿美元，东京迪士尼乐园的"冰雪奇缘主题区"年均吸引 800 万人次，这就是 IP 运营公司的价值所在。目前光线传媒的探索已现端倪，比如公司通过控股猫眼掌握 50% 的线上售票入口，投资 40 余家动画公司构建"神话宇宙 IP 库"，与华纳合作试水北美发行等。但这些布局能否证明光线的运营能力，我们还需要继续观察。

  不管怎么说，2025年的确是中国动画影视文化的标杆示范年，这一年让整个中国资本市场看到了中国动画的创新之路。华夏文明上下五千年的传统文化是我们的历史底蕴，我们天然就具备很多待开发的优质内容，哪吒只不过是其中之一。期待在不久的将来，中国也能诞生属于自己的IP运营公司，将中华文化传承下去，发扬光大。

盲盒经济，昙花一现的潮流消费？

问：泡泡玛特的股价如何能在暴跌后再次强势反弹至历史新高？

答：直接原因是全球化战略成效显著，通过将原创 IP 孵化与当地文化融合，取得了惊人的佳绩。但毕竟形象 IP 缺乏长周期检验，内容单薄。泡泡玛特的成功可能会吸引大量竞争者的加入，未来公司能否持续打造爆款，存在一定不确定性。

盲盒起源于日本，每到新年各大百货公司都会销售福袋，谁也不知道里面都有什么，但往往会放入高于福袋标价的商品，久而久之就成为新年期间的常规促销手段。到了 20 世纪 70 年代，日本模型市场兴起，其沿袭了福袋的促销方式，扭蛋机应运而生。扭蛋和福袋的营销策略大致相同，因为其上瘾机制，扭蛋消费者中还有"扭蛋毁一生、入坑穷三代"的说法。

90 年代"集卡式"营销风靡了大半个中国，这也是盲盒在中国的雏形。最为典型的代表案例就是小浣熊、小当家等干脆面中附赠的水浒英雄卡，成为几乎整个 90 后的集体童年回忆。2012 年盲盒开始在国内出现，但大多是国外的产品，直到 2016 年泡泡玛特大力开发"盲盒"产品，才让"盲盒"营销逐渐风靡，并一举激活了面向成人的潮流玩具市场。

2020 年 12 月，泡泡玛特在港交所挂牌上市，上市之初受到市场极大追捧，被看作新消费公司的典范，市值高达 1500 亿港元，但很快股价开始一路下跌，最低时市值仅剩下 150 亿港元左右（见图 5-11）。当人们认为盲盒神话就此终结时，2025 年 4 月，其却以 2300 亿港元的市值强势归来。下面，就让我们一起来探究泡泡玛特那戏剧性股价波动背后的原因。

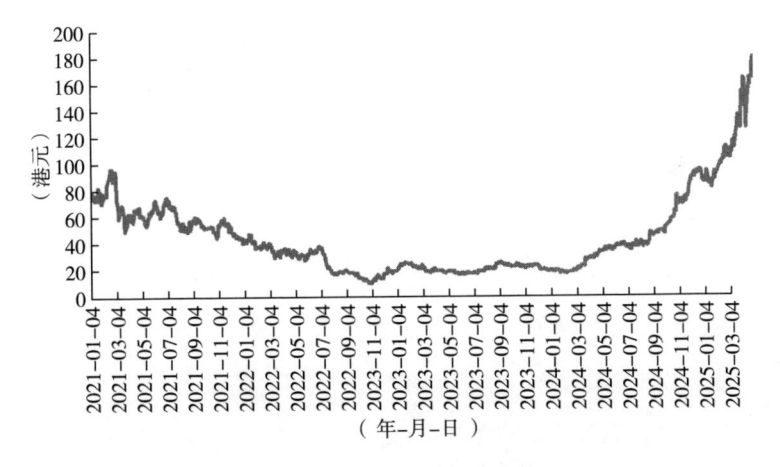

图 5-11 泡泡玛特股价走势

资料来源：同花顺 iFinD。

首先让我们把时间调回泡泡玛特刚启动上市的 2020 年，当时公司广受资本市场追捧的逻辑非常清晰，主要是以下 6 点。

1. IP 制造、挖掘和运营。泡泡玛特目前运营了 93 个 IP，质量高且比较火的有 MOLLY（茉莉）、DIMOO（迪莫）、SKULLPANDA（骷髅熊猫）等。据统计，潮玩市场前 30 个粉丝最多的 IP 里，泡泡玛特占据了 11 个，是最多的。潮流玩具零售市场的价值链包括 IP 采购、IP 运营、生产及消费者触达、消费者衍生，而泡泡玛特在潮玩中的全产业链布局是很难有人超越的。

潮玩公司的产业价值来自"从艺术家拿到 IP 的价格，与终端消费者愿意负担的价格之间的差价"。领先的潮玩公司通常具有将IP商业化的强大运营及产品开发能力。

除生产、物流端外，泡泡玛特几乎覆盖整个产业价值链的所有板块，自有或独家签约的IP矩阵、强大的内部设计师团队、直营渠道等合力将高质量的IP通过平台商业化。最初的泡泡玛特旨在做"中国的迪士尼"，想讲述一个把所有潮玩IP都整合起来，用自己出色的运营方式使其商业化落地的伟大故事。

2. 盲盒营销抓住了消费者的购买心理，提升了复购率。泡泡玛特在推出的盲盒产品中，使用"固定款+隐藏款"的模式。隐藏款不保底且概率低（1/144～1/720），吸引消费者大量购买盲盒，提高复购率。此前潮玩的营销策略是人为制造稀缺（限量发售、抽签），比如球鞋。而泡泡玛特最成功的地方就是用盲盒模式销售，把买不到的稀缺变化为不确定的稀缺，更利于转化为销售额。

3. 全渠道营销，对消费者全面触达。泡泡玛特构建了线下+线上的全渠道营销体系。线下销售渠道为直营零售店、机器人商店，其中，直营零售店是核心消费场景，空间大，平均3～6个月就能回本，利润率高。机器人商店的作用则是为地域城市拓展作引导：在拓展新城市的过程中，让机器人商店先行渗透，然后选择在机器人商店收入高的区域开零售店。线上渠道分为泡泡玛特抽盒机、京东和天猫旗舰店，以及抖音和快手平台上的旗舰店，这几年增速迅猛，销售占比从2018年的20%提升至2022年上半年的41.5%，成为潮玩销售的重要增量市场。

4. 建立潮流玩具社区，推动潮玩文化。泡泡玛特打造了一个潮玩社区"葩趣"，想做潮玩界的哔哩哔哩，这一点其实还是和IP运营和消费衍生有很大关系。从用户角度来看，用户除了分享和购买潮玩之外，还自发产生了"改娃"、"摄影"和"二手交易"等衍生活动，形成一个独特的"潮玩爱好者"圈层。从某种意义上看，这和早期哔哩哔哩以特有的二次元文化，聚集"小众"的二次元用户有异曲同工之处，皆为基于某一爱好而形成的独特圈层。这种模式有利于培养用户黏性，提升产品复购率。从IP运营角度讲，IP选择本质是对设计师持续创作优质能力的选择，但能聚集设计师资源是基础，而氛围良好的创作社区是吸引优质创作者的利器。哔哩哔哩的成功离不开持续上传高质量PUGV（专业用户制作的视频）的"up主"。与之类似，"葩趣"上聚集了国内大量原创潮玩设计师和用户，为IP创作者提供了一个优质的宣发渠道和交流平台。

泡泡玛特以会员体系搭配潮玩社群，再以IP赋予年轻人潮流玩具、文化价值，打造出高黏性的粉丝社群。2017年、2018年及2019年底，泡泡玛特分别拥有30万、70万和220万注册会员，2019年，注册会员的复购率达58%，客户黏性非常高。

5. 潮玩行业（特别是盲盒）的高增长。除了自身优秀的运营能力和产品吸引力，泡泡玛特所在的潮玩行业，也因为盲盒的发展而迎来高速增长。中国潮玩行业在过去5年发展迅速，其中盲盒复合增速达到了129.4%，而其他类型的潮玩，诸如手办、拼接玩具、玩偶等复合增速也有22%~25%。行业的高增长，促进了资本市场对泡泡玛特未来业绩持续爆发的信心。

6. 优秀的业绩。在泡泡玛特上市前的2017—2019年，公司营收从1.58亿元快速增长至16.83亿元，两年时间增幅近10倍；净利润更是从0.02亿元一路攀升至4.51亿元，毛利率由48%上升到65%，净利率也一路上涨达到了惊人的27%（见图5-12）。上市前如此优秀的业绩，加上全渠道全产业链的布局以及独特的盲盒营销体系，让泡泡玛特成为资本市场的宠儿。2020年12月11日，泡泡玛特在港股上市，发行价38.5港元，成为"盲盒第一股"。上市首日高开超100%，报77.1港元/股，市值超1000亿港元。之后两个月时间，泡泡玛特股价持续上涨至107.6港元，总市值超1500亿港元。

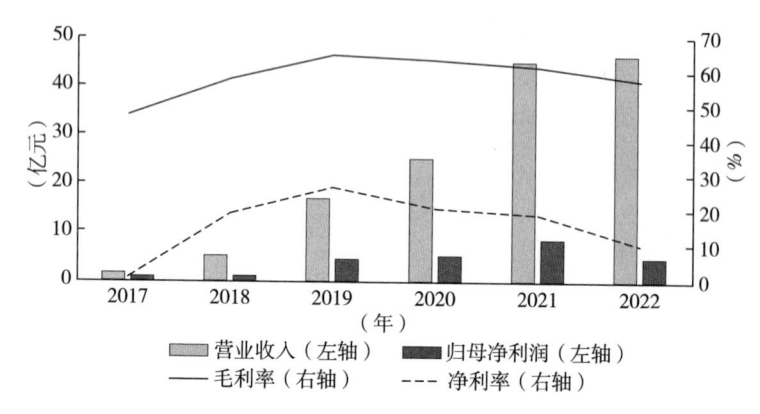

图5-12 泡泡玛特盈利情况（2017—2022）
资料来源：同花顺iFinD。

可是好景不长，泡泡玛特的高光时刻仅持续了不到3个月，随即就开启了漫长的下跌模式，市值最低时一度跌到仅150亿港元。那么这只曾经备受市场追捧的"盲盒第一股"为何突然风光不再？我们认为有以下几个原因。

1. 受新冠疫情影响。突如其来的疫情影响了线下的实体消费，泡泡玛特的直营实体店因疫情原因持续关闭，导致泡泡玛特业绩增速下滑甚至出现负增长。不过这一点并非压垮泡泡玛特的核心因素，因为疫情属于"黑天鹅"事件，很多依靠线下消费的公司都会承压。

2. 盲盒的政策监管。盲盒的线下消费优势之一就是开盲盒的体验感和成瘾性，而这股盲盒潮也带来了过度炒作等不理智现象。因此，2022年1月，上海市市场监管局根据《民法典》《反不正当竞争法》《电子商务法》《未成年人保护法》《消费者权益保护法》等相关法律法规，制定发布了《上海市盲盒经营活动合规指引》。

新规规定，盲盒内商品实际价值应与其售价基本相当，单个盲盒的售价一般不超过200元，不得以盲盒形式抬高普通商品价格。这直接打压了泡泡玛特二级市场隐藏款的价格，很多买家甚至因此而发起投诉，而二级市场的萎缩导致整个盲盒的需求下降。此外，新规还要求厂家必须标明抽中盲盒隐藏款的概率。此前，厂家并不会明确告知消费者抽取概率，因此很多消费者会产生猎奇心理而高价购买隐藏款。但当消费者看到明确的抽取概率时，理智会占上风，会发现自己高价购买的隐藏款其实并不划算。另外，新规还规定经营者不能炒作和吹抬盲盒价格，不能向8岁以下的未成年人销售盲盒等。政策监管的趋严，在一定程度上遏制了消费者对于盲盒的过度消费态势。

3. 形象IP和内容IP的区别，导致产品生命周期的不确定。相较于迪士尼、漫威、DC漫画等拥有动漫或电影背景故事做支撑的内容IP而言，泡泡玛特的故事线和人物性格明显单薄许多，IP人物缺乏鲜明的性格特征和丰富的人生经历，玩家难以与其产生共情。

从一定程度上说，内容IP比形象IP的"壁垒"更深。核心逻辑是内容IP能跨越的时间维度更长，例如维基百科最新的"媒体特许经营产品畅销榜"显示：全球最有价值的前30个IP中，形象IP只有Hello Kitty一个，其他都为内容IP。由于跨越时间维度长，内容IP能覆盖的用户群体也就越广。而形象IP的同质化，则是泡泡玛特在竞争格局上逐渐恶化的最大因素，因为基于IP制作盲盒玩偶本身是没有壁垒的，盲盒的营销玩法也是大家都可以效仿的。泡泡玛特上市时高达27%的净利率吸引了大量的竞争对手相继进入盲盒市场，大家都想复制"泡泡玛特4年市占率从0到11.9%的快速崛起之路"。据

第五章 那些看上去很美的公司

统计，与盲盒相关的注册公司数量由 2017 年的 1900 多家跃升至 2021 年的 5000 多家，足足增长了 1.63 倍。虽然潮玩行业盘子越来越大，但竞争也越来越激烈，泡泡玛特也难以保证持续打造形象 IP 的爆款。

再来看看泡泡玛特现有的形象 IP。其中，MOLLY 以及另外两个创收大户 DIMOO 和 SKULLPANDA 是公司收购来的，这 3 个 IP 占到泡泡玛特营收的 40% 以上。或许因为意识到几个已有 IP 随着时间推移不再具备旺盛的生命力，泡泡玛特内部设计师团队也推出了自有 IP 小甜豆和 HIRONO 小野。但运营了两年多，小甜豆占总营收的比例只有 3.4%，新 IP 仍不具备独挑大梁的能力。根据公司的招股书，MOLLY 的独家授权在中国的到期日为 2026 年 5 月 9 日。能否在独家授权期内重新签署授权书以及孵化出变现能力足够强悍的新 IP，将是泡泡玛特不得不解决的难题。

形象 IP 同质化明显，且泡泡玛特强大的 IP 运营能力似乎难以验证。而相比内容 IP，形象 IP 的短生命周期又是难以改变的宿命，泡泡玛特将如何保证潮玩行业的爆款 IP 创意持续诞生在自己公司中，而不是其他竞品公司？同时，消费者喜欢的到底是 MOLLY 还是泡泡玛特，也是值得考虑的问题。这些因素，都使得资本市场逐渐看明白，泡泡玛特的护城河可能并没有那么深。

但就在市场普遍质疑之际，泡泡玛特用全球化的战略突破证明了自己增长的持续性。当国内监管收紧盲盒售价、要求明示抽奖概率时，公司快速将产能转移至越南、墨西哥，在卢浮宫、牛津街等文化地标开设旗舰店，并取得了惊人的效果：2025 年一季度美洲市场营收暴增 895%，LABUBU 系列在泰国引发"全民黄牛"现象，海外收入占比已达 38.9%。

泡泡玛特近两年最关键的转变，是从"买 IP"到"养 IP"的生态跃迁。通过原创工作室孵化的 LABUBU、HIRONO 小野等新 IP，在 2024 年贡献 30 亿元营收，占比 25% 左右。与迪士尼、漫威等内容 IP 相比，泡泡玛特确实缺乏故事基因，但 LABUBU 在东南亚地区的走红揭示了新可能，通过在地文化融合（如泰国神话主题设计）和明星自发传播（BLACKPINK 成员 Lisa 的"自来水"效应），形象 IP 同样能与消费者建立情感连接。公司近年尝试的动画短片《Molly 的奇幻之旅》和游戏化小程序，正试图弥补内容短板。

但隐忧依然如影随形。MOLLY 独家授权 2026 年到期带来的替代压力，以及全球数千家竞争对手的围猎，都在提醒市场，潮玩行业的"军备竞赛"从未停歇。如今泡泡玛特的市盈率再次推升至 68 倍左右，我们需要判断这究竟是全球化红利的起点，还是情绪透支的狂欢。若 LABUBU 的热度未能延续，这场估值游戏或将迎来新的变局。

最后，从泡泡玛特股价的大起大落中，我们可以得到哪些启发？

1. 切勿盲目地线性外推。资本市场对新兴消费品的估值往往会陷入"数字迷信"的陷阱。早期盲盒的复合增长率高达三位数，给资本市场留下空间大、增长快的深刻印象。以此为基础，预测时给出一个平均 60%～70% 的复合增长率似乎一点也不为过。但当 2022 年监管重拳出击、新冠疫情冲击线下时，市场又走向另一个极端，将阶段性增速下滑线性外推为商业模式崩溃，却忽视了企业自我迭代的可能性。这种非黑即白的判断，有没有可能再度显现？在当前近 70 倍市盈率的狂欢中，是否已透支 LABUBU 全球化的全部想象？以更长周期的视角看，公司的业绩增速最终会回归到一个均值，变为和行业内其他品类（如乐高玩具）相似的增长率。当增速回归到均值，估值也就回归均值了。所以投资者在面对这些新诞生的事物时，要谨防盲目线性外推带来的股价泡沫化。

2. 对护城河的判断。创新型企业的产品或者服务，在早期规模较小的时候容易取得较高的盈利增速，但随着业绩的不断增长，一些潜在的竞争对手就会逐渐反应过来。就像泡泡玛特所在的盲盒赛道，因其高利润率、增速快的特点，注定会吸引大批新进入者。激烈竞争下，只有护城河深厚的公司才能最终胜出，而泡泡玛特商业模式的核心是形象 IP 和盲盒玩法，IP 是买来的，盲盒玩法本身也没什么壁垒，培养新的 IP 又存在很大的变数，LABUBU 在泰国的火热能否在未来继续复制也未可知，所以对于它的护城河我们依旧持保留态度。

第六章　估值是价值投资的核心

好赛道+好公司，并不等于好股票，缺的那一环，就是估值。巴菲特曾表示：如果让我创办一所商学院，我只会教两门课，第一门课是如何给企业估值，第二门课是如何应对市场波动。不管你的投资方法是何派系，估值都是一门基本功，尤其对价值投资者来说，估值更是一门必修课。因为估值不仅能提升我们的回报率，还能提供安全边际，降低各种风险带来的回撤。

市场中有很多种估值方法，比如交易软件上常见的市盈率等相对估值指标。必须指出的是，对于价值投资来说，相对估值只是定价，不是估值，定价权取决于市场里不同类型的交易者。在"基金为什么'抱团'投资？"以及"核心资产为何重蹈'漂亮50'覆辙？"这两节中，我们会详细复盘中美"漂亮50"行情的始末，从抱团到瓦解，你会发现，锚定市场先生的报价而非内在价值，极易陷入估值泡沫或是估值陷阱中，从而被市场牵着鼻子走。

与锚定市场价格的相对估值不同，绝对估值的原理是公司未来现金流的折现（DCF估值法），是最正本清源、聚焦公司内在价值的估值方法。当然，在实际运用中，DCF估值会遇到很多"难题"，尤其是面对诸如早期的新能源、如今的人工智能等主题投资时。这些行业往往处于初创期，看似空间很大，成长性很高，但商业模式尚不成熟，没有持续稳定的现金流，且投资人可获得的调研资料、历史数据较少，需要假设的条件较多，估值难度较大，准确性也会降低。对此，我们在"从讲故事到讲估值"这一节中阐述了我们的观点：估值=故事+数字。但在一个企业不同的生命周期中，"故事"和"数字"的权重是不一样的。新兴行业更侧重故事，而当其增速放缓，步入成熟后，估值会更侧重数字。没有故事的数字没有灵魂，没有数字的故事是断线的风筝，两者结合才能使我们的投资既高瞻远瞩，又脚踏实地。

  在这一章中，我们也会结合一些具体案例：例如 1500 元一股的茅台股票，可以抄底吗；几百倍的牙科赛道股，是否值得入手；寒武纪为何能创出逆天走势；还有央国企何时估值回归等热门话题，让大家从实例中更深刻地领会我们所讲的估值原理。

从讲故事到讲估值

问:"讲故事"是不是就是"忽悠",只有"讲估值"才是真正的价值投资?

答:也对,也不对。如果仅仅是"讲故事",那确实是"忽悠",仅凭故事做投资,很容易变成主题投资甚至概念炒作。但企业的未来发展前景,本身就是一种叙事、一种"故事",因此估值大师达摩达兰说:"你投的不是数字,而是数字背后的故事。""故事"和"估值"完美融合、相互验证才有意义,没有故事的数字(估值)没有灵魂,没有数字(估值)的故事是断了线的风筝。

价值投资者的信仰是"买股票就是买公司""股票的价格最终是由公司的价值决定的"。估算公司的价值,也就是估值,是价值投资的核心。尤其对于价值投资者来说,估值是最重要的基本功之一。达摩达兰是美国纽约大学教授、全球知名的估值专家,曾写过很多关于估值方面的书,大多专业度较高。其中,《故事与估值》是达摩达兰众多估值类图书中最精彩且相对通俗易懂的一本。下面,我们就通过解读这本书来探讨如何做估值。

达摩达兰教授是一个价值投资信徒,他不只教授估值方法,也是一个实战派,会把对主流股票的估值公布在网上,并根据自己的估值结论进行投资,还会公布投资结果。

在达摩达兰看来，正确的估值方法有且只有一种，即现金流折现法（DCF），也就是大家常说的绝对估值法。一般我们会认为只有成熟企业（收入、利润、现金流等均较稳定）才适用 DCF，而达摩达兰认为企业的价值就是由其未来的现金流决定的，所以 DCF 不仅适用于成熟企业，也同样适用于成长性企业，哪怕面对当时优步这样全新模式的初创公司，达摩达兰也认为适用 DCF。

所以《故事与估值》这本书其实也是在讲现金流折现的估值方法，但和传统介绍估值的教科书不同，该书提供了很多底层的思维框架，对我们理解估值、理解现金流折现极有帮助。

书中提出的核心思维框架可总结为：估值＝故事＋数字，这是一个非常好的认识估值的二元思维框架。达摩达兰认为估值不能仅仅停留在数字层面，只有把数字和故事结合起来，才能形成一个完整的估值结构。在进行投资和开展业务时，需要兼顾故事和数字，而估值就是二者之间的桥梁，估值使故事和数字可以相互借鉴。

为什么故事在估值中如此重要呢？诺贝尔奖得主丹尼尔·卡尼曼说过：没有人会因为一个数字而做出决定，他们需要一个故事。用达摩达兰的话来说就是：你投的不是数字，而是数字背后的故事。

从人类的天性看，我们都是喜欢听故事的。在听故事的过程中，人体会分泌催产素，可以创造信心与安全感；而当故事结局与期待相符，大脑会分泌多巴胺，让我们感受到愉悦、兴奋。相比听一些抽象的数字、概念等，听相对具象的故事更能激发行动力。

回到投资层面，投资可以简单理解为把一定的资金投出后，期待未来会收回更多的资金，这就涉及评估投资标的未来情况，很多时候会用到讲"故事"的方法。数字更偏向于"是什么"，而故事则更偏向于"为什么"，故事相比数字更易于记忆。仅靠冷冰冰的数字，我们是很难下决心做出投资决策的，需要知道背后的逻辑，即"故事"。

讲好故事，有助于投资者对未来有更好的理解。故事就是一件事情的来龙去脉、因果关系，可以使我们更好地理解一个行业或企业从过去到现在的发展脉络（如历史沿革、核心驱动力等），从而更好地做出对未来的预测（如护城河、核心竞争力能否延续，竞争格局是否会变化等）。通过对故事未来走向哪里的展望，可以使我们对估值的把握更加合理，同时也为投资树立信心。

当然，无论行业还是企业，世界上的故事也并非只有一个版本。不同的人会有不同的版本、不同的时点也会有不同的版本，由此演绎出了不同的认知、不同的市场。故事涉及每个人对商业内核、公司核心驱动力等方面的认识，故事不同、认知不同，才有了市场的"买卖"交易。

资本市场从来就不缺故事，国内外皆如此，故事可大可小。有些故事最后变成了泡沫（纳斯达克的互联网泡沫、A股的核心资产抱团），有些故事指引了未来（新能源汽车、"双碳"），我们不能轻信故事，但是也不能忽视故事。这就需要投资者去辨别，利用好故事的力量，这样它才能够成为打开估值的金钥匙。

达摩达兰的核心思维框架——估值=故事+数字，可以帮助我们理解很多估值的难题，既要讲故事，又要看数字，对两者都充分把握方能使我们的投资距离成功更近。如果没有故事，我们恐怕很难理解数字的意义，也就无法做出投资决策。因而，达摩达兰说：没有故事的数字没有灵魂。

但是故事也不能脱离数字，没有数字支持的故事，很容易变成幻想，天马行空，脱离现实，就像是断了线的风筝。我们需要用数字来矫正故事，以防故事变成泡沫。

故事可以告诉我们公司背后的驱动因素，描绘出一个激动人心的前景，而数字可以让我们冷静。换句话说，故事帮助我们看透本质、看得更远，而数字帮助我们回归现实、回归理性。

在现实投资中，仅关注故事或数字中的某一个方面，往往很难在一些估值难题上逻辑自洽。举个例子，几年前我们就曾经遇到过一个估值难题，即"如何给比亚迪估值"。当时比亚迪的市值已经和上汽集团差不多，都在2000亿元左右，但是当我们把各种数字放在一起进行比较，包括销售数量、营收、利润等，我们发现比亚迪和上汽几乎是10倍的差距，所以我们很容易就得出了一个结论：比亚迪被严重高估，没有投资价值。但是事实证明这是一个草率而错误的结论，比亚迪估值一路抬升，市值最高时突破了1万亿元，而上汽集团继续在2000亿元上下波动。

为什么我们会犯这种错误？其实背后的原因就在于我们过于相信数字的力量，而忽视了故事的关键作用。在那个时候，如果我们单纯看数字，很难想象到比亚迪会有这样的未来、股价会翻好几倍。但比亚迪当时正处于新能源汽车加速渗透的关键时期，这是一个汽车行业大变局的宏伟故事，新能源汽车公司冉冉升起而老牌合资大厂进退失据。我们信赖的各种经营数据没有办法帮我们预测这种戏剧性的变化，只有结合故事才能知道新能源汽车数字的增长并不是简单线性增长，而是指数级别增长，渗透率从个位数的百分比短短两年提升到20%以上。故事+数字，这样才能更好理解比亚迪的真正价值，解决我们的估值难题。

对于投资者来说，关键在于搞懂自己在估值的时候是更偏向于数字还是故事。达摩达兰认为，大多数人，对于数字和故事有偏好或者擅长，分为"故事讲述者"和"数字处理者"。比如理科生往往偏爱数字，文科生往往更热衷于故事。

搞清这个问题后，我们可以在估值中有意识地补足自己的短板，在思考过程中加强自己的另一面。比如如果我更偏爱数字，那么在估值的过程中，我就会反复加强对故事的考虑：我为这家公司描绘的故事是不是靠谱？我有没有忽视公司未来的可能性？坚持这样的方法论可以很好地弥补自己在估值过程中的不足。达摩达兰本人是非常信仰数字的，但他在教学和实战中注意到，数字和故事两者不能偏废，就有意识地加强在故事方面的考量。

此外，达摩达兰还提到了一个重要观点，那就是要结合公司的生命周期来看估值。这个不难理解，本身我们在日常对企业估值的时候，对处于不同发展阶段的公司往往也会有不同的定价考量。

尽管每个估值都是故事和数字的结合，但在企业生命周期的不同阶段，二者的重要性会发生变化，有时数字会更重要一点，有时故事会更重要一点。就像我们针对行业发展初期的主题投资、成长股投资，以及成熟期的价值投资，思维方式和所用逻辑都是不同的。

在公司生命周期早期，还未创造任何历史数据，商业模式还未成型时，公司价值几乎全靠故事来驱动，这在我们的投资中对应的就是主题投资。由于处于早期阶段，公司往往缺乏业绩验证，所以投资的时候更加看重故事逻辑，需要对业绩成长远景做前瞻性预测，市场往往围绕着各种故事版本来进行博弈。

比如当年查理·芒格投资比亚迪的时候，并不是看中了比亚迪的数据有多么漂亮，而是看中了王传福这个人，他认为王传福是爱迪生和韦尔奇的混合体，既是出色的发明家，又是伟大的企业家。在这里，芒格用的是风险投资方法，更加看重王传福本人的企业家精神所揭示的未来可能性。又比如，近几年全球市场关注火爆的人工智能板块，短期内企业并没有业绩，属于一项新技术，大家还处于布局阶段，如果单看数字根本无法投资，这就可能会错过主题投资的机会。

当然，我们也需要警惕，如果主题投资的故事推演是没有逻辑、脱离常识的，那就无法延续下去，就变成了短期的概念炒作。

当公司商业模式成型，并初见成效时，数字便开始在驱动公司价值方面发挥更大的作用。尽管此时故事仍占主导地位，但数字的考量要开始加强。这个时候往往对应的是成长股投资阶段，此时公司的故事开始得到初步兑现，业绩提升，估值稳定或略有下降。此时公司业务还在快速发展，我们依然重视故事，但是也需要经营数据来证实。我们可以获得更多的行业数据和企业经营数据，来更好地支持对未来的判断。这就好比是现在的新能源赛道投资，故事依然重要，但是市场也在紧密关注每一次的数据验证。

而到了成熟阶段，在公司价值的驱动方面，故事开始屈居下风，数字则后来居上。因为这个时候，公司的经营已经相当稳定，各项经营数据都不再有大的变化，未来的可能性在收敛，所以市场的关注点就更加聚焦在数字上，如收入和利润怎么样、毛利率怎么样、现金流怎么样等，很多蓝筹白马股的投资都属于这个类型。

总的来说，故事和数字对于估值的研究，在一个企业生命周期里，侧重点往往是不一样的。就像当初巴菲特在芒格的建议下开始投资比亚迪的时候，更看重的是故事，看重王传福本人；而当巴菲特开始卖出比亚迪股票的时候，他就更关注数字了，随着新能源汽车和比亚迪进入高速成长的中后期，在他看来公司当下的估值相较其业绩数字已经偏贵了，于是选择卖出。可以看出，故事与数字都要关注，但不同企业生命周期阶段关注的侧重点有所不同。

达摩达兰的另一个观点也值得我们深思，他认为，估值是不精准的。我们通常所理解的估值，往往是通过一些数字模型算出来一个很精确的东西，有些研究报告的估值结果甚至能精确到小数点后两位。而达摩达兰认为估值是不精准的，不要试图找到一个精确到小数点后面两位的估值数字，因为那只是精确性幻觉。就像我们平时做估值的时候，根据公司的各种驱动因素在 Excel（电子表格）中得出各种数字，然后根据模型计算出所谓的精确估值。

估值大师达摩达兰自己曾说，估值从来都是错的。这里的错并非指我们做出的估值不能作为投资的依据，而是任何人或任何方法都无法完美做到精准的估值。达摩达兰在著作中诚实地披露了他很多非常不准确的估值，比如在公司初创阶段对优步的估值就被屡次证明过于保守，对淡水河谷的估值也被证明是错误的，等等。为了应对估值的不精准，达摩达兰的解决之道就是尝试得到不同意见的反馈，他在个人网站上展示自己的观点和结论，接受质疑和不同意见，并且不断迭代自己的故事版本，坦然接受其他故事线存在的可能性。

在我们的现实投资中，估值偏见也很常见，如对企业过于乐观或过于悲观，甚至我们在对成熟企业做估值预测时，往往会采用简单线性外推的方式，也会产生最终计算得到的企业收入高于市场空间的谬论。对于投资者来说，通常有两种方法来应对这种不精准性。

首先是可以做组合配置。因为在一个组合中，也许有些股票会出现负面超预期的故事版本，但是也会有一些股票出现正向超预期的故事版本，两者对冲以后，组合的不精准性就会降低很多，对于我们来说，可控性就高了很多。

还有一种方法，就是选择适合自己的投资类型。不同企业生命周期的精准性是不一样的。处于生命周期初期的个股往往能够演绎出非常多的故事版本，所以不精准性非常高，而处于成熟期的个股经营稳定,不精准性大大收敛。所以如果能够接受高波动,有足够的风险承受能力,那我们可以选择成长股投资或主题投资的方向;如果认为自己接受不了这种剧烈波动,那么我们也可以选择蓝筹白马股的投资方向。

  需要注意的是,估值不可能不带有偏见,所以千万不要爱上自己的估值故事,这可能使投资进入"死胡同"。要清醒地认识到,你的故事只是你自己的版本,并不一定是真实情况,也不一定会得到市场认可。我们要像达摩达兰将自己的估值公布在网站上接受大家的评论一样,在实战中根据估值结果的验证情况,去不断调整故事版本和模型数字,从而尽可能得到合理结果。估值是一个不断矫正的持续过程,它从来不是简单的点估值,而是某个故事版本下的范围估值,应争取在区间范围内实现模糊正确。

  最后,我们做一个总结。故事总是激励人心的,但是数字让我们脚踩大地。价值投资者既要有开阔、长远的视野(也就是故事),又要对公司有一个相对准确、合理的估计(也就是数字),只有这样我们的投资才既高瞻远瞩,又脚踏实地。

基金为什么"抱团"投资？

问：为何国内公募基金会出现"抱团"投资现象？这种现象合理吗？

答：在资本市场，强者恒强、二八分化是大势所趋，拥有宽阔护城河、优秀商业模式的公司数量并不多，从这个角度看，"抱团"投资这些优秀公司是一种基于市场规律的客观存在。不过需要注意的是，抱团也可能是基金经理的羊群行为所导致，特别是抱团到了一定程度，就会导致相关股票的泡沫化，最终在某种外部因素催化下使抱团瓦解，泡沫破灭。因此我们并不能简单抄抱团股的作业，应该保持独立思考，密切跟踪基本面的变化，尤其是应该注重估值的合理性。

我相信，对于每一个买过基金，或是了解基金的人来说，2019—2021年都是一段难忘的经历。这段时期是中国公募基金的"黄金时代"，更是一段资本市场的群体性记忆——它见证了从核心资产狂欢到赛道信仰崩塌的极致周期，也重塑了无数普通人的财富认知。回顾这段历史，能让大家深刻认知什么是均值回归，什么是人性周期，了解这些对于投资至关重要。这一节我们首先来聊聊基金抱团的始末缘由，后面一节我们将剖析为何抱团注定会走向破裂。

先让时间回到2020年基金销售的"黄金时代"。2019—2020年，基金的业绩非常靓眼，连续两年大幅度战胜指数并取得丰厚回报。到了 2020 年下半年，中国掀起一股基金投资热潮，大量新基民蜂拥入市，基金发行创下历史新高，百亿"日光基"频繁出现，市场上开始出现管理规模数百亿元甚至超千亿元的明星基金经理，这些明星基金经理甚至和影视明星一样受到基民的追捧，成为"网红"。但与此同时，基金"抱团"投资现象也引发热议。2020 年公募基金三季报数据统计显示，在 A 股市场 4100 余只股票池中，所有主动管理型权益类基金的前 400 只重仓股市值占全部重仓持股市值的比例已达 93%，机构持股非常集中，并且有更趋集中的特征。基金抱团是如何形成的？抱团现象的背后有哪些值得投资者警惕的风险？

在分析基金"抱团"之前，我们先看看整个公募基金行业的发展趋势。近年来公募基金行业的规模有非常明显的增长。截至 2020 年 10 月底，我国四大类公募基金数量已经超过 7000 只，存量规模也在历史上首次超过 18 万亿元。公募基金规模大幅增长主要有两个原因。

第一，理财产品的净值化。

"理财产品的净值化"是指我国银行和一些信托公司发行的理财产品从保本保收，向不再保本、按实际理财净值变化计算盈亏的模式转变。这源于 2018 年"资管新规"的强制性要求，该政策明确规定金融机构打破刚性兑付，实行净值化管理。过去虽然没有明文规定，但银行和信托基本按刚性兑付执行，其中一些信托公司发行的产品可能有 10% 以上的收益率，另一些银行的理财产品收益率也可以达到 5%~6%，对于投资者来说是无风险高收益的投资方式。而投资股票的亏损风险要高很多，老百姓投资股票的意愿自然会低。

随着宏观环境的变化，信托理财产品开始出现违约现象。因为信托理财的资金主要投向一些项目融资类的债权，例如以房地产为项目融资打包成的产品。由于近年来房地产等传统行业出现一些无法如期偿还债务、给付利息的问题，导致信托理财产品无法按时获得收益，也就无法还本付息。

除了信托，一些银行理财产品也开始出现亏损。此前银行理财产品能够保证收益，是因为即使某一个产品亏损，银行也会用其他资金填补亏损并支付利息，但现在银行将每个产品的盈亏单独核算，那么亏损项目的损失就不能靠其他资金填补，投资风险暴露。

当信托和银行理财不再绝对安全，老百姓在面对风险和收益率的考量中，重新做出选择，转向购买高收益的基金产品。

第二，公募基金收益连续战胜指数。

2019—2020年公募基金的收益确实非常亮眼。2019年公募偏股基金收益率中位数达到35%（同期A股指数涨幅为22%），2020年公募偏股基金收益率中位数达到36.8%（同期A股指数涨幅为14%）。较高的赚钱效应吸引了大量的投资者。

看到这里，不少投资者会产生疑问，公募基金能够持续战胜指数获得超额收益吗？这一点在中美两国有很大的差别。在美国，股票市场是一个很有效的金融市场，普通基金经理选股的能力跟大猩猩扔飞镖的能力是一致的，作为主动管理型的基金经理要想战胜标准普尔500指数是非常困难的。

在中国的资本市场，想战胜指数难度也不小，但中国的基金经理战胜指数的概率和时间跨度要显著优于美国的基金经理。出现这种差别的根本性原因之一，是中美资本市场的有效性程度不同，美国资本市场的有效程度在全球所有的资本市场是公认较完善的，而中国资本市场还在走向成熟的过程中。

另一个原因在于投资者结构不同。所谓的指数就是所有投资者的平均业绩，在美国成熟资本市场中，机构投资者更多，市场上绝大部分是机构跟机构博弈，所以很难战胜指数。在中国资本市场，虽然机构投资者的比例越来越高，但实际上每天贡献最大交易量的还是散户。一位机构投资者可能背后有几十人的专业团队每天在做数据分析、信息收集、行业研究，还有卖方券商的服务资源。而散户缺乏专业的团队、知识背景，在获取信息和投资决策的能力上相对弱势，也没有足够的精力，所以机构投资者整体做出的决策要优于散户，机构也就相对比较容易创造超额收益。

回到开篇我们提到的基金抱团问题。其实细分来看，基金抱团现象大概可以分为三种情况：

第一，整个公募行业对某些板块的抱团。比如在2020年核心资产成为整个公募行业的"心头好"。

第二，单个基金公司对于某些行业的偏好。这种偏好与投资风格有关，也与每个基金公司自己对宏观经济、A股市场风格的判断有关。比如易方达格外偏好白酒股，旗下几十只基金都配置了白酒股，而且持有了至少四五年。易方达的明星基金经理张坤管理的易方达中小盘、易方达新蓝筹两只基金中，白酒股的仓位占40%。在证监会出台要求公募基金持有单只股票上限不能超过基金规模的10%后，张坤对茅台、五粮液的持仓也一直都是满仓的。

第三，公募基金对单只股票的抱团。比如金山办公就是基金经理共同的"心头好"。2020年，金山办公非实控人持有的流通股票中，约60%都被机构投资者持有。

基金抱团背后的原因，我们认为有以下几种：

第一，公募基金可投资的股票池是类似的。

虽然A股总共有5000余只股票，但其中可能有2000只左右的股票，公募基金从未持有过。尤其是一些市值特别小，所处行业比较边缘的公司，基本完全被公募基金抛弃。这种现象与机构投资者的投资制度和研究流程有很大关系（见图6-1）。

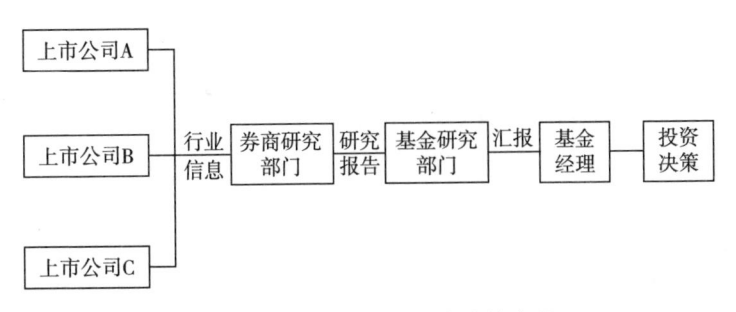

图6-1 机构投资者的投资决策流程

资料来源：益研究。

公募基金对于股票的研究大多属于二次研究，主要基于券商研究团队提供的研究资料，依赖于券商的一次研究。即便机构有专业的投资和研究团队，但相对于A股的5000多只股票来说，公募基金和券商的研究人手还是不足。截至2025年4月，A股5000多只股票中，近一年里有券商研究机构写过报告的只有60%左右，估计有将近2000多只股票少有人研究，那么公募基金从券商研究过滤后看到的股票数量，也就只有A股的60%。

在这2000多只有研究机构覆盖的股票中，真正属于基本面优秀、估值合理的公司，又只是其中很少一部分，一般说来，经过基金研究部门研究下来，值得重点投资的优秀股票可能只有一两百只，这一两百只股票就会进入该基金公司的核心股票池。虽然每家公募基金公司都有十多位甚至几十位基金经理，但这些基金经理就在这一两百只的股票池中选择股票，那么选中相同股票的概率就会比较高。

此外，每家基金公司通常有一个投资决策委员会，决策委员会会

第六章　估值是价值投资的核心

对公司未来一年，甚至一个季度的投资做出策略性的指引，有些公司指引相对宽松，有些则有很强的约束性，基金经理会按照指引去专门配置某些方向的股票，比如基金公司投资决策委员会要求下一季度多关注和投资白酒行业，那么基金经理下一季度的投资就会多关注白酒股。

第二，基金经理也会陷入"羊群行为"。

除了前文提到的投研体系和决策机制造成基金抱团之外，我们也不能否认，基金抱团的另外一个重要原因是，基金经理也是人，也会陷入"羊群行为"。

羊群行为，指的是投资者盲目跟随别人的投资行为。一般说来，我们普遍认为散户很容易陷入羊群行为，导致的结果就是追涨杀跌，放大了股市的波动，造成泡沫膨胀及破灭。

但其实基金经理也容易陷入羊群行为，表现为相互"抄作业"，特别是抄明星基金经理的作业（明星基金经理买什么，自己的基金也买什么），抄市场趋势、市场热点的作业（市场上什么行业、什么股票热，自己的基金也买什么）。为什么应该坚持独立理性判断的基金经理也会陷入羊群行为呢？理由大致有以下几点：

1. 基金经理自身的选股能力一般，所以抄作业就成为选股思路之一。我们不得不承认，真正具有独立判断、前瞻性预测能力的基金经理毕竟是少数，那么对于大部分能力平庸的基金经理来说，借鉴优秀同行的选股思路，是一个很好的投资策略。

2. 很多机构的考核激励机制决定了很多基金经理愿意"随大溜"。如果基金经理买了一只非主流甚至冷门股票，买对了确实能证明自己的独立判断和选股的能力，但如果买错了，那会遭遇巨大的质疑：你为什么买这样的股票？在华尔街也有类似现象：几十年前，基金经理所信奉的是，买了 IBM 的股票，即便股价下跌也没压力、没责任，因为大家都买了 IBM 的股票。现在，可能是你买了苹果、亚马逊、Meta 这样的公司股票，即便股价下跌也没压力、没责任，因为大家都买它们。

除了 A 股，美国也存在基金抱团的现象，但中美在基金抱团的产生原因上有些不同。

在中国，2020 年主动型基金持股的股票数目中位值是 79 只，而一家基金公司的核心股票池只有几百只股票，特别是在公司投委会的指引下，比如白酒行业，可选标的只有几只，好股票的数量毕竟是有限的，这就导致基金抱团的行为。随着近几年行业内的主动管理基金越来越多，更是加剧了这种情况。

在美国，由于市场的有效性非常强，公募基金提供的更多的是相对回报的基准，所以为了避免收益大幅低于指数的风险，公募基金都会先投资标普 500 的权重股，再进行一些优化，这也导致一些抱团现象的产生。

成也萧何败也萧何，基金抱团能推高股价，形成股价泡沫，但抱团的瓦解也会造成巨大杀伤力，股价会出现大幅度下跌。市场上把基金抱团瓦解导致的股价大幅下跌称为"多杀多"。那么基金抱团的瓦解何时会发生呢？

回顾历史上几轮基金从抱团到瓦解的过程，我们认为，抱团瓦解反映的是经济结构的变迁。比如 2003 年，公募基金经理都非常偏好"五朵金花"——金融、地产、煤炭、有色、钢铁，因为那时的中国正处于重工业化进程最快的阶段，特别是当时上市的公司很少，抱团就尤其严重。而现在重工业的成长性已经放缓，甚至部分行业不再增长，公募基金的投资方向也就不再聚集于重工业。

随着时代的发展，我国的经济结构在不断发生变革，那么公募基金的核心投资方向也会发生改变，抱团的瓦解与再次抱团就会随之出现。

抱团瓦解的另外一个原因，就是估值太高。树木再长也长不到天上去，估值到了一个极限，大家就会开始担心、犹豫、观望，毕竟基金经理对估值是否合理是有基本理性在的。这时候，一点点边际变化就可能导致大家信心崩塌，少数人的抛售行为就会引发更大规模的抛售，随之抱团也就瓦解了。

最后，我们总结一下。基金抱团现象的存在，与我国经济在发展过程中，增长动力越来越集中于那些龙头的优秀公司有关。同时，基金公司内部的决策机制也加剧了抱团的程度。任何一个资本市场，好公司的数量也是有限的，所以抱团投资从某种意义上看是一件必然的事情。

对于个人投资者来说，往往没有丰富的资源去做深入研究，那么可以从基金公司每季度、半年度、年度发布的报表中，通过基金公司最近重仓股的明细判断出一些优秀的基金经理在关注什么方向，这是一个很好的选股思路。不过，在股票投资中，除了选股，估值也非常重要，我们要高度警惕那些估值高高在上的抱团股。作为个人投资者，更重要的是去借鉴和学习市场当中最优秀的基金经理的投资理念和投资方法论，知其然，还知其所以然，这样抄作业才能抄得明明白白。

核心资产为何重蹈"漂亮50"覆辙？

问：基金抱团会瓦解吗？核心资产是否会重蹈"漂亮50"覆辙？

答：当然会，是泡沫就一定会破灭。但要预测何时泡沫破灭则超出大部分人的能力圈，与其花时间在这种连投资大师都无法精准判断的事情上，不如专心研究个股背后的基本面变化，优秀的公司最终一定能穿越周期。此外，抱团火热的背后，那些被市场"暂时忘记"的机会也在闪闪发光，等待大家去挖掘、发现。

上一小节我们分析了基金抱团的成因，这一小节我们就来谈谈为何报团注定会走向破裂。依旧从2019年开始说起，当时市场出现了明显的二八分化，甚至一九分化，少数行业龙头、白马公司股价屡创新高，被市场称为核心资产。但同时另外一个现象也引发了讨论，基金抱团下这些核心资产的估值水平达到前所未有的高度。据统计，2021年基金重仓前50只个股的平均市盈率达到了60~70倍，有的甚至达到100倍估值，这也引发了大家的担心。事后证明这种担心并非多余，2021年初，A股的龙头白马股票相继达到股价高点，随后进入下跌通道。据统计，中国中免自高点最大跌幅超过80%，药明康德自高点最大跌幅超过70%，宁德时代自高点最大跌幅超过70%，就连贵州茅台自高点最大跌幅也超过50%。以核心资产为主要成分的上证50一度回撤了超过47%，不少自诩为"价值投资"且重仓核心资产的投资者在这波下跌中亏损惨重。A 股的这场轰轰烈烈的核心资产价值重估，最终还是重蹈了美国 20 世纪 70 年代 "漂亮 50" 的覆辙。

其实不仅是美国 "漂亮 50"，古今中外几乎每一次抱团都会以暴跌收场。复盘这些泡沫破裂的成因，我们希望找到一条应对之道。先看 A 股在 2019 年的那轮抱团，拆分来看，这轮抱团的核心资产分布在不同行业，包括食品饮料、新能源、医疗、生物科技等，估值到底贵不贵取决于它们未来的增速，不能一概而论。比如大家熟知的 "酱油茅"——海天味业，曾达到 120 倍的市盈率，但年均业绩增速仅 10%~20%，即便经历 5 年以上的时间也无法消化掉这么高的估值。参考美国历史上 "漂亮 50" 抱团瓦解的案例，有很多类似的消费品 "蓝筹股" 股价也经历了大幅回撤，例如麦当劳，市盈率从最高 83 倍降到最后仅有 9 倍，即便麦当劳未来 5~10 年业绩及利润均能保持较好的增长，其股价的表现也都被估值下杀抵销了（见表 6-1）。

表 6-1　1972 年和 1980 年美国 "漂亮 50" 公司的市盈率水平

股票名称	1972 年市盈率（倍）	1980 年市盈率（倍）
索尼	92	17
宝丽莱	90	16
麦当劳	83	9
国际香料	81	12
迪士尼	76	11
惠普	65	18

资料来源：伯顿 G. 马尔基尔. 漫步华尔街 [M]. 张伟, 译. 北京：机械工业出版社, 2012.

不过，也有部分公司可能因为自身成长性非常好，即便这种高成长仅持续 3~5 年，也能消化很大一部分的前期高估值。所以核心资产中，有一些看上去估值很贵，但如果未来增速很高且确定性较强，这个高估值就是能够被支撑的。相反，有些核心资产行业成长性一般，公司业绩增长也并不高，那么这类股票就是被高估了。

当然，不管是哪类核心资产，短短一年时间有如此大的涨幅，除了基本面因素外，更多是基金抱团的结果。为什么会产生机构抱团效应呢？

按照罗伯特·希勒的观点，市场容易产生"从众效应"，股市是存在内在庞氏特征的，因为价格的上涨本身是一个信号，这个信号会激励更多投资者买入，从而继续推动股价上涨，形成一个循环，也就导致了加速上涨和抱团的现象。而泡沫也就在抱团的现象中出现。

公募基金的抱团行为就是在5000多只股票中，选择近百家公司进行集中买入。我们认为，我国公募基金典型的特点就是不具备纯粹的价值投资理念，很多基金经理追求短期效益，因为行业内的排名与考核都是以年度甚至季度为单位，如果与市场逆着走，所付出的代价会非常大。

电影《大空头》改编自真人真事，讲述了美国2007—2008年的房地产次贷危机。迈克尔·布瑞（Michael Burry）是全美第一个做空次贷的人，领先市场非常多，但正是因为他过早做空次贷，给自己的产品带来持续亏损，最终导致他的客户非常不满，在压力之下他平掉了做空头寸。他虽然看懂了市场，但没有看懂人性，以至于过早地做空市场，也没能说服投资人，最后功败垂成。

国内也有类似的案例：一位非常有名的基金经理，连续十几年保持两位数的年收益率，却在近两年持续跑输市场，原因是当时的市场风格并不符合这位基金经理的价值风格，尽管这位基金经理扛住压力，选择坚持他自身的投资理念，而不是跟随市场节奏，但结果是其管理的基金已有近90%的资金被赎回了。虽然拉长时间来看可能他的决策是正确的，但不参与抱团，短期内业绩就会不及预期。所以与市场逆向，对基金经理来说是非常危险的。

回顾历史，抱团现象屡见不鲜。美国历史上就有两次比较出名的抱团，一次是 20 世纪 70 年代的"漂亮 50"，还有一次是 2000 年的"科网泡沫"。

两次抱团的结果有很大的差异，美版"漂亮 50"中，约 1/3 的公司破产倒闭，1/3 被并购，剩下 1/3 的平均估值水平从几十倍回落至十几倍，而后经过数年股价再度创出历史新高。如果在 70 年代"漂亮 50"处于顶峰时买入，需要坚持近 20 年才能回到持仓成本。而"科网泡沫"抱团瓦解的杀伤力更大，95% 的公司都遭到竞争淘汰，仅剩不到 5% 的头部企业幸存。

回到 A 股市场，A 股历史上也曾出现过四次著名的抱团事件：

1. 2006—2009 年金融地产抱团。 2007 年工商银行发布年报，净利润增速达 60%，震惊了一众投资者。市场开始抱团追逐高增长的银行股，其中招商银行、宁波银行、平安银行等，都获得了非常惊人的走势与回报。值得注意的是，这种抱团并非无差别抱团整个行业，相反，当时很多银行股价表现也非常平庸，比如交通银行，即便持有 15 年也还是负收益。在地产行业中也有类似情况，拉长到 15 年来看，当年的"招保万金"也是分化明显的，保利地产、万科获得了穿越周期的股价走势，金地地产和招商地产则表现较弱。

2. 2010 年后，出现消费抱团。 所谓的"喝酒吃药买百货"，就是在这个时期喊出的口号。不过，这三个行业内部也出现很大的分化。其中，白酒穿越 20 年周期依旧屹立不倒；医药则分化严重，创新药、原研药等品种在震荡中脱颖而出，而中药、仿制药则走势相对疲软；百货受电子商务、互联网购物的影响，基本是全军覆没。虽说这批公司在2010年受市场追捧非常厉害，两年时间内股价能够上涨5~8倍，但回过头看，都已被卷入历史的尘埃。

3. 2014—2015年的移动互联网抱团。在这轮抱团中，投资者追捧的几个热门股票包括乐视网（目前濒临破产）、全通教育（最高超1000倍估值）等，不过这些股票在抱团瓦解后的结局都非常惨淡，非常类似2000年纳斯达克科网泡沫的抱团结果，90%的公司逐渐边缘化，极少数能够穿越周期。

4. 2017—2020年的核心资产抱团。当前市场对各个细分领域中的胜者进行抱团，不限行业，包括白酒、酱油、新能源汽车、光伏、医疗器械、创新药等，都出现了追逐头部公司，强化核心资产的现象。不过最终，这轮抱团也是土崩瓦解，很多在高点介入的基民至今都没能回本。

回头来看，A股的这几次抱团，背后都有大的历史背景：

第一次抱团金融地产的背景是，中国正处于重工业化发展进程最快的时期，当时中国经济实际增长率为12%~13%，名义增长率能达到20%，这就导致金融地产行业的抱团。

第二次消费抱团的背景是中国经济增长开始转型，从重工业化转向消费。

第三次科技抱团的背景则是"4G""5G"的相继推出，互联网产业风起云涌。

第四次抱团的背景是中国经济增速放缓，很多大公司竞争优势突出。这次抱团的特点有别于其他几轮行业抱团，广泛出现在各行各业的龙头股中，也与美国"漂亮50"抱团的背景最为类似。

一方面，中国经济增速放缓。2017年，资管新规推出，使流动性逐步收紧，资金更加追求确定性。2020年初，新冠疫情的暴发导致经济大幅动荡，也凸显龙头公司抗风险能力强劲，所以资金进一步强化追求确定性、拥抱确定性，避险的心态推动大家追逐核心资产。同时，注册制让很多小公司能以更低的门槛上市，市场越发鱼龙混杂，大家希望去寻找盈利能力强、确定性高的企业，相反，很多小市值股票的稀缺性就不复存在了。

泡沫终会破裂，抱团也不例外，让我们先回顾下美国"漂亮50"的抱团破裂。美国"漂亮50"的崩溃来自外部石油危机的冲击，石油危机带来输入性的通胀，美联储通过加息被动收紧流动性，泡沫就逐渐破裂了。

说了这么多，究竟普通投资者应该如何应对抱团行情呢？我们认为，首先需要了解自己的风险偏好，不同风险偏好的投资者，会在抱团行情中逐级下车，而后去寻找更高性价比的机会。另外，很多在抱团期间被"遗忘"的行业，因为不属于当时主流资金喜欢的投资风格，估值可能被杀到一个极具性价比的位置。它们中不乏基本面优秀、业绩增速良好的公司，这时候就需要大家擦亮眼睛，逆势布局。

当然，坦率说，虽然每场泡沫都注定走向破裂，但预测泡沫何时破灭是困难的。美联储前主席格林斯潘在其2007年出版的回忆录《动荡年代：勇闯新世界》中曾经说："作为美联储主席，我都不知道什么时候泡沫会破灭。更极端些地说，在泡沫破灭之前，你无法定义它是泡沫。但作为美联储应该做的是，泡沫破裂后，我们该如何收拾残局，而不是去预防它破灭。"

所以，预测抱团何时瓦解是非常难的，与其去预测这一类事情，不如根据自己的能力圈，根据自己的风险偏好不断地去调整你的投资组合，以应对可能出现的风险或者机会。

几百倍的牙科赛道股，值得买吗？

问：正畸第一股，时代天使为何上市即高点，此后"跌跌不休"？

答：上市初期盈率高达403倍，市场预期透支致估值泡沫破裂。另外，行业集采降价、隐适美扩张及国产竞品崛起，挤压了公司的利润空间。

2021年6月，时代天使以"中国隐形正畸第一股"的身份登陆港股市场，资本市场为其描绘出千亿市值的蓝图。上市首日股价暴涨131%的盛况，曾让投资者相信这将复制艾利科技（隐适美母公司）十年百倍的神话。然而这场资本狂欢仅持续18个月，其股价便从490港元雪崩式降至2025年4月的49.8港元，市值蒸发超90%。这场估值过山车的背后，折射出医疗消费赛道从资本宠儿到价值重估的残酷蜕变。

这一节，我们就来聊聊牙齿矫正这个赛道以及时代天使这家公司。

牙齿矫正，过去主要采用钢箍的诊疗手段。从专业角度看，钢箍的效果的确也是最好的，但是钢箍对医生的要求很高，医院须配备专业的正畸医生，经过专门的训练才能做钢箍。而且钢箍每隔一段时间就要去调整，这个调整就相当于一个工匠的手艺活，完全凭手感，所以对牙医的要求很高。中国有很多全科牙医，但主要是牙体、牙周等，专门正畸的医生数量是比较少的。所以，如果用钢箍矫正，医生每天能做的病例数量很有限。

不过，在20世纪90年代，有一家美国公司艾利科技，推出一款隐形牙套——隐适美，改变了这一痛点。之前的钢箍矫正是先做好几个零件，牙医再将其拼接起来，而隐形牙套采用3D打印技术，直接整体成型，代替了原来专业正畸牙医的手艺，大大降低了牙医的技能门槛，全科牙医也可以用这个方案来做正畸。前面我们提到，全科牙医没有经过正畸训练，做不了钢箍，但如今隐形牙套的出现，让能做正畸的牙医一下子就多了，每位牙医的产能也提高了，并且单个病例的收费和利润也提高了，这就是为什么牙医诊所会大力推荐隐形牙套。从病人的角度来看，隐形牙套带着美观，虽然比钢箍贵不少，但还是有很多人愿意选择。

另外，从过往80%左右的案例看，钢箍牙套和隐形牙套的效果差不多，只是少数比较复杂的情况隐形牙套没办法解决，从这个角度我们也看到技术进步给产业带来的变革。接下来，我们具体展开说说隐形牙套这个行业内几家公司的发展情况。

首先，一提到隐形牙套这个行业，就绕不开艾利科技这家公司。艾利科技是隐形牙套的开创者，2001年在纳斯达克上市。回顾公司的发展经历，整个新产品的推广过程非常曲折。公司从20世纪90年代开始推出自己的隐形牙套产品，刚开始被接受度比较低，因为公司没什么知名度，而且牙套是否有效并非马上可以验证，很少有人愿意花两年时间去测试这个新产品到底有没有效果。如果没有效果，两年的时间成本就浪费了，这不仅仅是钱的问题，所以消费者非常谨慎。

艾利科技在整个90年代的盈利一直反反复复。但2010年以后，经过不断的推广，隐形正畸在美国整个正畸市场的份额，从刚开始几乎为0，慢慢提升到现在的多于30%。公司开始慢慢地步入正轨，利润也开始稳定增长。从产品力上看，当时隐形正畸占据的1/3的市场中，80%以上的消费者用的都是艾利科技的产品。

隐形牙套在美国的推出也吸引了一些国内牙科医生的关注，这里就包括时代天使的创始人，他们在2003年买断了这项技术，在2006年拿到了医疗器械许可证。不过，时代天使也遭遇了当初艾利科技面对的推广难题，甚至比它更艰难。因为当时中国的消费者对于正畸的认知才刚开始，更不用提隐形牙套这种新产品了。到2008年，两年时间时代天使的销量仅1500副，创始人不得不抵押房子来支撑公司的运营，整个公司的人员也从70多人缩减至20人左右，可以说到了山穷水尽的地步。

直到2010年，国内一家比较很知名的投资机构——华平投资发现了这个商机，它联合其他投资机构，通过两轮融资给时代天使融了2000多万元。虽然时代天使拿到了钱，缓和了短期的焦灼，但整个推广进程还是非常缓慢，公司需要去说服医生，同时还要去说服顾客，最后才能达成一笔订单。这种痛苦且漫长的推广过程一直持续到2015年，之后公司才开始慢慢站稳脚跟，盈利也逐步稳定。2022年公司在香港上市，市值一度达到700亿港元，可谓苦尽甘来（见图6-2，图6-3）。

我们再具体分析一下时代天使的核心竞争力。有人说，时代天使是一家披着牙医外科的软件公司，因为它并不提供材料，也不提供3D打印机，提供的是一套正畸的解决方案，这套方案最核心的是和牙医配合，为患者设计诊疗手段。过去，这套方案的设计是根据医生的经验。现在，时代天使可以从不断积累的案例库中进行数据分析，

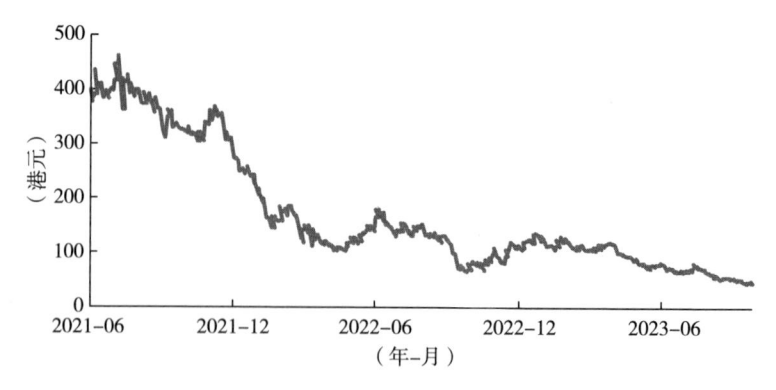

图 6-2 时代天使股价走势

资料来源：同花顺 iFinD。

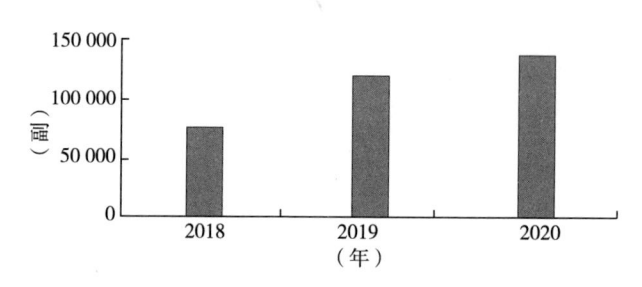

图 6-3 时代天使销量（2018—2020）

资料来源：时代天使公告。

3D打印成型，帮助医生做出方案。所以，时代天使的核心竞争力其实在于它的基础数据，以及与数据配套的运算。时代天使的研发队伍也可佐证这一点，130个人的研发团队中，有80多人是计算机部门，材料和牙医相关人员并不多。这么看，时代天使看似是做牙套的，实际上是一家大数据公司，据说它拥有世界最大的亚洲人种的数据库，有300万例的数据、1.7万名合作医生，随着越来越多的患者用了它的设备，其数据积累会越多，其建模可能越来越准确。

如果我们以制造业的视角去看时代天使，那制造业的护城河是成本、渠道，就要看谁的成本更低，谁的渠道更宽。但如果我们以软件公司或者大数据公司来看，它的核心竞争力或者护城河其实是数据量，时代天使在数据量的积累上无疑是行业领先的，这可能是它最核心的护城河。

可惜的是，技术壁垒的护城河在政策铁锤前不堪一击。2022年15省集采将隐形矫治器纳入，时代天使中标价骤降53.8%，单例收入从早期的8500元腰斩至2024年的3924元，侵蚀毛利率。同时，国内市场竞争也在加剧，我们从国家药监局官网查阅后发现，截至2024年11月，全国已有超100个隐形矫治器产品获批，而2021年以前每年新获批的产品数大多都在个位数。由于单个产品利润不高，"以价换量"成为不少尾部企业的共同选择，价格战难以避免。

为对冲国内风险，时代天使2023年启动"全球化"，斥资收购巴西Aditek，并在欧美建立8个办事处。不过这种激进扩张带来的却是增收不增利：2024年海外案例数暴增326%至14万例，但单例收入仅161美元，不足国内市场的1/3。原因是海外市场原本由隐适美主导，时代天使想分一杯羹只能采取"低价换份额"策略。

为了快速在海外推广自己的产品，公司的销售及营销开支从2020年的7010万美元飙升至2024年的1.05亿美元。海外市场推广费用占海外营收的比例超过40%！

公司激进的扩张战略反映在现金流上，就是2024年经营现金流净额同比锐减24%，现金短债比大幅下降。为维系扩张，公司不得不暂停分红、发行可转债，资本开支占比从15%飙升至32%。因此，尽管时代天使的营收保持增长，但其现金流的恶化引发市场对其盈利质量的质疑。

那么，如今的时代天使是否具备投资价值呢？

首先我们来回顾一下艾利科技，2001年公司在美国互联网泡沫时期登陆纳斯达克市场，市盈率最高有200多倍，随着泡沫破裂以及自身盈利能力不佳，股价一度下跌90%。直到2010年，公司才回归到一个比较正常的估值中枢，这时估值水平在30~50倍。之后又过了十年，随着盈利能力的抬升，公司股价一路上行，从3美元左右涨到700多美元，但在这个过程中公司的估值仍处于30~50倍的估值中枢，也就是说，之后公司的股价上涨，基本是靠盈利推动的。

再说回时代天使，公司上市初期，估值基本为300~400倍，这个价格确实高。如果按那个时候的市盈率买入时代天使，10年后公司市盈率回到40倍左右，即便未来10年公司盈利确实增长了10倍，你也并没有挣钱，因为这10年就是在消化估值。

如今公司估值已经较刚上市那会儿腰斩再腰斩，但依旧不便宜，当前定价已隐含"全球化逆袭"的预期。然而，全球化战略的推进并非一蹴而就。正如前面提到的，2024年时代天使的销售费用率和管理费用率显著提升，这表明公司在海外市场拓展过程中，投入了大量的资源和资金，短期内对盈利能力造成了较大压力。此外，海外市场的法规政策变化、文化差异等因素也可能对公司未来的发展产生不利影响。全球化进程中的不确定性和国内市场的激烈竞争，仍然是时代天使面临的两大挑战。

时代天使从行业佼佼者到如今内外夹击的局面是值得我们反思的，除了牙齿正畸，还有很多类似的赛道型公司。投资赛道型的公司，投资者应该具备较好的情绪控制能力，因为很容易就会被高涨的情绪裹挟。比如原本我们做的是基本面分析，但因为市场情绪的影响，抛弃了对公司内在价值的研究和坚守，跟风市场操作，这种情况在股价一路向上时自然是没有问题的，但是一旦股价出现波动，你就会无所适从。

正如时代天使，其早期的确是中国隐形矫治行业的领跑者，凭借先发优势和技术实力，迅速在国内市场占据了主导地位。然而，随着市场竞争加剧和政策环境的变化，公司面临着前所未有的挑战。高速成长的赛道行业在初期往往看不到风险，市场认为未来是一片蓝海，发展前景广阔，但总会有一些看不见的"黑天鹅"或是被你忽视的"灰犀牛"出现，打破你的预期。所以，我们切不可因为公司所处赛道非常诱人就忽视估值，毕竟，高估意味着容错率是极低的。

1500 元一股的茅台股票，可以抄底吗？

问：茅台股价都跌到 1500 元了，可以抄底了吗？

答：买股票买的不是行情软件上跳出的数字，而是股票背后公司未来的盈利能力。锚定过去的股价做决策，很容易让我们陷入价值陷阱或丧失投资良机。判断当前的茅台是否值得入手，核心是预测公司未来盈利的增长空间以及确定性。

茅台酒是贵州省茅台镇的特产，也是大曲酱香型白酒的鼻祖，已有 800 多年的历史，目前已经发展为中国白酒行业的绝对龙头。茅台镇作为中国酱酒的核心产区，酱香酒铺和酒厂随处可见。根据贵州酒业协会数据，2019 年茅台镇注册酒业公司 1900 多家，而到了 2020 年，又新增了 3000 多家，酱香酒热度持续火爆是其中的主要原因之一。作为茅台镇的代表茅台酒，更是受到这轮红利的推动，股价在 2021 年飙升至 2000 元（见图 6-4）。不过，随着近年经济周期变化，茅台的股价也经历了波动。2023 年以来，受房地产行业调整引发的旧经济模式转型、商务宴请场景收缩，叠加消费降级趋势显现的影响，茅台股价较历史高点有所回落。但相较于其他核心资产动辄腰斩的跌幅，茅台约 30% 的调整幅度仍显韧性，这与其深厚的品牌护城河密不可分。

纵观茅台的发展历史，从 2012 年至今，经历过几次重大的估值

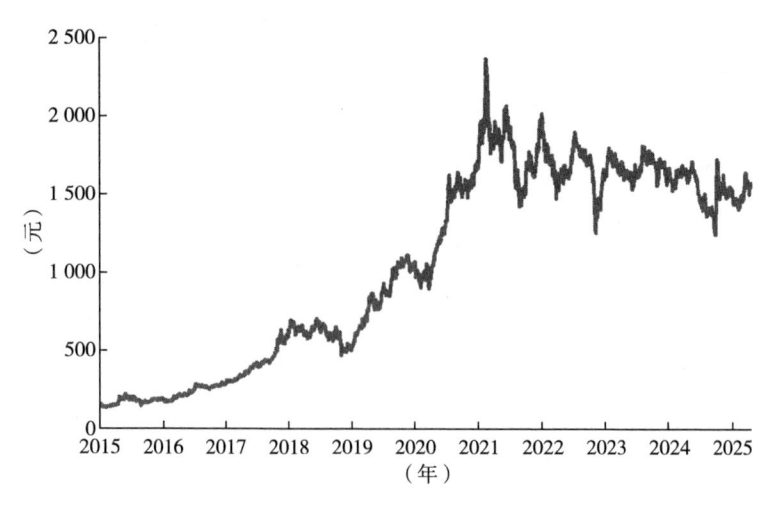

图 6-4　贵州茅台股价走势

资料来源：同花顺 iFinD。

变化。第一次是 2012 年的白酒塑化剂事件，紧接着是一年后的三公反腐，导致全市场的消费者、投资者都对白酒以及高端白酒未来的销量产生担忧，市场情绪低迷之下，当时茅台的最低市盈率只有 10 倍左右。而后又经历了 2018 年以来的机构抱团，茅台成为基金的首选。因为它既是白酒行业最优秀的龙头公司，同时也坐拥顶级的商业模式，茅台的各种产品长期供不应求，能够垄断消费者的心智，放眼整个 A 股市场，似乎找不到第二家能与茅台相媲美的好生意。机构的抱团导致茅台的估值从当时的 30 倍，一路拉升到 2021 年初的 60 倍。但 2021 年后，核心资产泡沫破裂让市场重新审视茅台的估值逻辑，受流动性收紧和消费降级影响，茅台的市盈率又从 60 倍回落至 30 倍以下。

估值从底部的 10 倍提升到 60 倍，锚定过去的话毫无疑问目前的估值水平是高的。而若是以 2021 年初的 60 倍为参考，那现在的估值又明显很便宜。但是，正确的估值计算方法是未来现金流的折现，一只股票的内在价值和公司的过去没有关系，和现在也没有关系，真正影响内在价值的是未来的盈利能力。所以，判断如今茅台的股价贵不贵，要充分考虑它未来的盈利能力以及发展空间。

那么未来茅台的盈利能力是什么趋势呢？先看价格。有些人相信茅台酒的价格就和通货膨胀一样，会逐年提价。这是一个简单粗暴的逻辑：20年前，盒饭才卖10元一盒，而到了现在，稍微精致一些的盒饭，要卖到50元一盒。按照这个趋势，再过10年，可能盒饭会卖到200元一盒。茅台目前的出厂价才1000元左右，难道10年后5个盒饭就能等价一瓶茅台吗？所以说茅台酒的价格也会随着时间的推移而水涨船高。

但如今这种看法已经有了很大的分歧，飞天茅台散瓶价格已从2021年的3000元高位回落至2025年4月的2500元以下，生肖酒等非标产品价格更是大幅缩水，比如蛇年生肖酒，从上市初期的3800元跌至2800元左右，令人唏嘘。茅台酒终端价格的松动折射出房地产周期调整带来的商务需求收缩，也反映了消费降级趋势下高端礼品市场的疲软。面对终端价承压，茅台采取的策略并非直接提价，而是通过结构性调整平衡利润与渠道稳定：一方面减少500ml飞天茅台的投放配额，通过控制产量维系品牌溢价；另一方面加大非标产品供给（如100ml小茅台、1L装飞天茅台、生肖酒等），使这类高毛利产品在直营渠道占比突破25%，既规避了提价对经销商的利润挤压，又实现了吨价隐性提升。但不管怎么说，经此一遭，对于茅台未来能否持续提升出厂价，市场的共识程度已经在下降。

再看产量，茅台正迎来新一轮产能释放周期。当前基酒储备已超20万吨，2026年技改完成后产能将达7.7万吨，可以保证未来5年年均销量增速维持在3%~5%，即完成3.5万吨到5万吨的销量爬坡。

所以综合来看，未来茅台大概率维持价平量小增速的趋势，如果没有提价，盈利很难回到过去的双位数增长。

回到茅台的估值究竟贵不贵的问题。前面提到，一部分人通过对比历史数据，认为茅台现在 60 倍的估值处在比较高的水平，所以会选择继续等待。还有一部分人会为了追求未来的确定性而去买入茅台股票。我们认为，如果通过逻辑判断和数据跟踪，茅台这家公司的质地以及产品的性质能够匹配 1000 亿元的净利润，且此时它的市值在 20 000 亿元以下，动态来看估值并不算太贵。

所以茅台估值贵不贵，不能简单地按照过去的股价或者过去的估值来评判，而是要基于未来。

不过，在现实操作中，仍然有很多散户投资者会被过去的股价所束缚，这种现象其实是心理学上的一种反应——锚定效应。锚定效应又被称为系统偏差，这是人类天生就有的一种自然反应，不是后天形成的，也很难通过后天教育来纠正。行为心理学家发现这是一种人人都会有的思维偏见。这个效应有一个特点，它会把一些不相关的东西当作决策因素。行为心理学家曾经在德国做过一个实验，他们请了一些经验丰富的法官，给他们看一个简单的案例：有一个人在商店里偷了东西，需要法官来判定这个人的服刑时间。在他们做决策之前，行为心理学家先让法官扔一个骰子。这个骰子是随机的，但是被做了手脚，数字不是 3 就是 9。当他们扔完以后，行为心理学家就问法官：你觉得刑期是比这个数字大还是小，你又准备给这个犯人判几个月呢？最后的结果非常有趣，扔到数字为 3 的法官平均给出的判决是 5 个月，而扔到数字为 9 的法官平均给出的判决是 8 个月。他们都是很有经验的法官，可还是被明显与此事无关的因素干扰了，被锚定在了初始的数字上。虽然他们也试图调整自己的思想，但是调整的幅度不大，所以显现出的效果也不明显。

这个故事告诉我们，人很容易受到初始信息的影响，给自身设定一个准则，然后再在这个准则上去做决定，也就是所谓的锚定效应。在股票投资中，这个初始的印象可能就是历史上的股价与估值，实际上这些初始印象对你的决策是没有太大帮助的。为什么茅台从2012年到现在涨了10倍，很多投资者却错失了所有的买入节点？就是因为他们先入为主地认为茅台的股价不应该这么贵。例如，股价从200元涨到了400元，有些投资者就觉得贵了，但实际上茅台的盈利能力已经从130亿元涨到200亿元了，这时候应该动态地根据盈利能力来调整茅台的市盈率，而不是被股价锚定在200元的价位。当你产生了这样的印象之后，毫无疑问地会觉得400元贵了，所以之后同样也会错过800元、1000元以及1600元的价位。锚定效应是投资中比较普遍的一个现象，也是经常会让大家产生决策失误的一个原因。

股票投资中，常见的锚定效应主要分为两类，一种是上行锚定，另一种是下行锚定，也就是所谓的看多与看空。相信很多投资者都有类似的经历：有人曾经给你推荐过一只股票，当时是10元一股，你没有特别在意也没有买入。过了一段时间，你发现这只标的已经涨到了13元，就会觉得自己错过了一个很好的买入时点。实际上13元的股价对应的估值可能比10元更低，因为业绩增长了50%，而股价只涨了30%。对于那些未来具有广阔前景且可持续发展的公司，高股价并不意味着差的买入节点。彼得·林奇曾说过：如果15年前错过了沃尔玛，那么15年后依然可以买入，因为它仍然是市场上最大的赢家。这句话的意思就是不要被历史上的股价所锚定。

投资中真正巨大的伤害往往来自下行锚定。例如，一只股票一开始是10元，投资者翻看了一些研报，觉得公司的盈利能力不错就买了。买了之后却发生了一些利空或者是其他"黑天鹅"事件，导致股价跌到了8元。这时候投资者会觉得股价比之前便宜，便决定加仓，然后又出现了一些其他因素导致股价跌到6元，为了摊薄成本投资者再次加仓。但实际上这个公司的盈利能力却在不断恶化，它的估值可能越来越高，可是光看价格会觉得越来越便宜。最后的结果可能就是公司股价持续下跌，甚至就退市了。股市里这样的例子不胜枚举，其中比较著名的例子就有乐视网，导致很多投资者眼睁睁看着全部的投资款蒸发了。下行锚定是投资中非常常见的现象，稍不注意可能就会被锚定效应牵着鼻子走，也是投资者必须克服的一个难题。

锚定效应是人的系统性偏差，这种偏差是发生在我们的直觉系统里的。行为心理学会把人分成双重自我，通俗来讲就是人体有两个系统，其中一个是快系统，另一个是慢系统。所谓的快系统就是直觉，而慢系统就是理性，我们在做理性分析时，其实都是慢系统在发挥作用，而锚定效应绝大多数是快系统的直觉反应。行为经济学之父——理查德·泰勒认为，这属于人的双重自我现象。人体通常有一个计划者和一个行动者，人们往往计划得很好，但行动的时候就会出现偏差。例如我们都知道吸烟有害健康，警示标语也用粗体字写在了外包装上，但是很多人还是无法戒烟。投资也一样，在分析的时候，我们会认真研究茅台的基本面和估值，可是一旦到了操作的时候，就可能会受到情绪的冲击，导致理性缺失。解决的方法其实并不难，其中的一个方法就是将之前做的决策以及理由记录下来。例如将买入股票的理由写在文档中，冲动想卖股票的时候拿出来读一遍，这个时候理性系统就会上线，而锚定效应的力度就会下降很多。通过一些类似的方法可以将自己的快系统抑制住，然后让慢系统发挥作用。

所谓的理性决策更应该关注机会成本，而不是看沉没成本，因为那是已经发生过的事。这个股票卖或不卖，决定因素应该是未来的收益。一旦买了某只股票之后，就应该彻底地忘记成本价，真正影响股票涨跌的是它未来基本面的情况。遗憾的是，很多人还是会被自己的买入成本所锚定，基于买入成本而做的决策往往是错误的。

　　以"价值锚"代替"价格锚"，就能克服锚定效应。在股票投资的分析中，投资者始终要把注意力放在现在的盈利能力以及未来的盈利能力变化上。投资者应当多阅读财报、研报，对公司的盈利能力有一个基本的认知，并且对未来这家公司的盈利能力变化趋势做到可理解、可跟踪、可展望。理解公司的利润产生方式和商业模式是其中的重中之重。例如茅台酒是如何酿造出来？通过什么方式卖出？消费者为什么会认可它？白酒产品的供需关系如何？明白了这些，你就会理解它为什么能够实现一年500亿元的净利润，以及未来这个利润水平能否持续提升，并对你的预测产生巨大的信赖。通过观察茅台现在的盈利能力，分析茅台未来盈利能力的变化趋势，并对茅台整个生命周期盈利总和的数量级有一个大概的感知，再结合自身的投资风格和风险偏好，就能明晰适合自己的买入时点，也从真正意义上理解了茅台的贵与不贵。

持续亏损的寒武纪为何能享受千亿元市值？

问：寒武纪持续亏损却能撑起千亿元市值，这种估值逻辑合理吗？

答：在AI芯片国产替代的宏大叙事下，市场对稀缺标的给予高溢价有其合理性。但当前市值已透支未来好多年的业绩预期，若技术迭代或市场竞争超预期，高估值将面临剧烈修正风险。

继贵州茅台和宁德时代之后，A股市场又诞生了一位"寒王"——寒武纪。但围绕在寒武纪周围的争议并不少，这家公司过去5年净亏损达到38亿元，却撬动了近3000亿元市值。那么，如今的寒武纪是否值得投资，这场资本盛宴背后是否存在泡沫风险？在这一小节，我们就来聊聊这家被冠上"中国英伟达"之名的明星股。

坦率说，从财务视角看，寒武纪是一家令人困惑的公司。过去5年，这家公司累计销售收入37.5亿元，研发投入却高达49.9亿元，净亏损累计38亿元。从传统财务分析的逻辑来看，这样的企业几乎不可能被贴上"优质资产"的标签。对财务分析师而言，这样的数据足以引发警报。在传统估值模型中，利润被视为企业价值的核心驱动力。利润的持续亏损意味着企业无法通过内生造血维持经营，必须依赖外部融资。然而，寒武纪的案例显然打破了这一常规认知。资本市场似乎完全无视其财务数据的"黯淡"，反而将其估值推高至千亿元级别。

这种现象其实也未必不能解释。财务分析中有一个重要前提：历史数据须具备预测未来的能力。然而，在寒武纪所处的 AI 芯片领域，过去不代表未来，所以过去数年的亏损不代表寒武纪未来不能盈利。那么，为何市场会如此笃定"寒王"终会迎来这一天呢？

回顾寒武纪的历史沿革，或许可以找到答案。寒武纪的诞生源于出身中国科学院计算所"天才少年班"的两兄弟——陈天石、陈云霁。他们主导研发的寒武纪 1A 处理器，在 2017 年成功搭载于华为麒麟 970 芯片，开创了手机端 AI 专用处理器的先河。正是这段"华为概念"加持的蜜月期，让寒武纪在资本眼中完成了从科研团队到商业化的华丽转身。

但 2020 年末，随着华为海思自主研发的达芬奇架构 NPU 横空出世，寒武纪的终端智能处理器 IP 授权业务遭遇断崖式下跌。财务数据显示，来自华为的营收占比从 2017 年的 98% 骤降至 2020 年的 10%。资本市场如梦初醒：这家被寄予厚望的"独角兽"企业，其核心技术壁垒竟如此脆弱。到 2022 年末，寒武纪市值已跌破 200 亿元，股价较最高点蒸发 80%。

命运的转折始于 2023 年 2 月 7 日。ChatGPT 的出现点燃了人工智能的星辰大海，A 股市场也掀起一波 AI 概念炒作狂潮。作为稀缺的纯正 AI 芯片标的，寒武纪股价从 60 元启动，3 个月内飙升至 266 元。但泡沫终归要面对现实：2023 年公司营收仅 1.14 亿元，亏损却扩大至 5.45 亿元。概念炒作退潮后，寒武纪股价再度腰斩。

真正的质变发生在 2024 年第三季度。中国移动 12 个省公司宣布完成向寒武纪思源系列芯片的迁移，这个标志性事件彻底改写了市场对寒武纪"空有概念，没有订单"的刻板印象。运营商集采订单的确定性，叠加三季度存货从 2.5 亿元暴增至 10.15 亿元的备货信号，让投资机构看到了寒武纪业绩爆发的曙光。更重磅的催化剂来自四季度业绩预告：全年营收预计 11 亿元，意味着第四季度单季营收达 7.7 亿元，环比增长 315%。这个数字不仅验证了备货逻辑，更暗示着国产替代进程开始进入收获期。

看上去，寒武纪似乎终于迎来了曙光，不再只是一家讲故事的公司。但即使算上未来两年的业绩，公司的估值仍不便宜。我们来做一个最乐观的情景分析：假设寒武纪能够全面替代英伟达在中国市场的份额。根据英伟达当前在中国市场 12.7% 的份额对应约 60 亿美元（420 亿元人民币）的营收规模推算，若寒武纪能够完全承接这部分业务，在维持 40% 净利润率的理想状态下，其年度净利润约 168 亿元人民币。按科技股常规的 30~50 倍市盈率估算，合理市值区间应为 5040 亿~8400 亿元人民币，这相比如今的 2500 多亿元市值也就 1~2 倍的空间。但是，如果寒武纪在这轮人工智能的技术奔跑中掉队，那代价是惨重的。科技行业就是这样，迭代随时会出现，还记得前面提到的华为终止与寒武纪合作的案例吗，当时寒武纪是以市值蒸发 80% 收场的。因此，如果未来寒武纪的领先优势不再，也有其他公司做出了类似技术，抑或出现新的方式完全颠覆了现有架构，那其市值可能面临 70%~90% 的缩水。所以，通过简单的计算，你会发现寒武纪的收益和风险并不对等，这就是公司的风险所在。

那么，复盘了寒武纪股价的大起大落，对我们有何投资启示呢？

其实，不同风格的投资者，对于寒武纪的感受是不同的。比如作为趋势者，他们对热点信号极为敏感，可能当 ChatGPT 点燃全球 AI 热潮，当中国移动的采购订单大幅提升时，就已经冲进去布局了。对他们来说，估值并非需要放在首要位置考量，情绪才是他们制胜的关键。用一句话可以很好地描述他们的心理——"泡沫初现时,我会毫不犹豫地冲上去火上浇油",这就是趋势投资者对市场情绪的把控。当然,在情绪达到顶端时,他们又能在泡沫破裂前从容抽身而退。这种在刀尖上起舞的艺术,恰如德州扑克高手在牌桌上的精准读牌,既要敢下重注,更要懂得适时离场。但是这种人少之又少,甚至可能并不存在。

再来看成长股投资的代表——费雪是如何做的。20世纪60年代亲历美国电子革命的费雪,最经典的投资案例之一是投资德州仪器。当年这家生产晶体管的小公司,正是因为洗衣机、电视机等消费电器的爆发式增长,成就了费雪10年30倍的资本神话。产品渗透率提升是成长股投资的真谛。所以,在成长股投资派眼中,中国移动对寒武纪的采购可能只是一个起点,之后订单会越来越多,估值泡沫也终会被成长性消化。

不过,对于彼得·林奇来说,并不急于在一开始就精准把握机会。这位曾在投资沃尔玛股票上"迟到5年却收获10倍"的传奇基金经理,用亲身经历证明了伟大企业的投资窗口从不轻易关闭。"当故事开始用数字说话时,才是真正值得下注的时刻"。如果寒武纪真的从讲故事转为看数字,那等公司估值回归合理,或者等一个错杀的时机再进去也不迟。

最后我们来看看巴菲特。相比前面几位,巴菲特的答案可能更简单直接。当被问及如何给科技股估值时,"股神"的回答直白得令人震惊:"如果有学生交上科技公司的估值报告,我会直接判他不及格。"这种近乎偏执的保守主义,源自对技术迭代不确定性的深刻敬畏。芒格也说过类似的话:"如果我知道我会死在哪里,那我一定不会去那个地方。"说白了,对于超出自己能力圈的机会,不碰也罢,因为你没有能力判断、跟踪、预测这到底是机会还是风险。

最后，我们做一个总结。寒武纪的股价神话并不是每一个人都能掌控的，科技股的投资特点就是高风险高收益，面对动辄数倍涨幅的诱惑，每一个投资者都要根据自己的风险承受能力以及自己的能力圈做出选择。

估值体系可以有中国特色吗？

问："中特估"（中国特色估值体系）的提出是为了拔高央国企的估值吗？

答：当然不是。不管是国企还是民企，市场最终衡量的还是经营效益及能否持续稳定地创造价值。国企需要继续深化改革，完善公司治理，提升核心竞争力，才能让市场认可其内在价值。

每当行情出现大幅波动，"中字头"股票总是"护盘"的重要力量之一。除了作为"国家队"的稳定资本市场的"定海神针"，这些央国企身上是否还有别的价值？2024年以来，不少高分红的"中字头"公司股价大放异彩，例如中国银行、中国移动等。似乎3年前提出的"中特估"如今已经被证实。本节我们就来回顾一下"中特估"提出的背景，以及部分央国企估值修复的原因。

2022年11月21日，证监会主席易会满在金融街论坛年会上的演讲中提出："我们要深刻认识我们的市场体制机制、行业产业结构、主体持续发展能力所体现的鲜明中国元素、发展阶段特征，深入研究成熟市场估值理论的适用场景，把握好不同类型上市公司的估值逻辑，探索建立具有中国特色的估值体系，促进市场资源配置功能更好发挥。"

"中国特色估值体系"一经提出，就引起全市场热议，特别是各路卖方研究机构纷纷对其做出解读，跟进推荐央国企上市公司，包括电信运营商、油气、金融等"中字头"蓝筹股也随之大幅上涨，自"中特估"提出后仅 2 个月时间央国企估值水平的历史分位数就提高了 20%。那么问题来了：在传统估值体系得到广泛认可和实践的今天，估值真的有"中国特色"吗？

先来看看"中国特色估值体系"提出的背景。如果你做过一定研究就会发现，A 股市场其实长期存在估值结构不合理不均衡的问题，而近几年这种不均衡在国有企业和民营企业、传统行业和新兴行业之间表现得尤为明显。截至 2022 年 11 月 21 日，也就是"中国特色估值体系"提出当天，上市非国有企业市盈率（TTM）为 34.3 倍，而国有企业市盈率为 11 倍；一些新兴行业（如计算机等）市盈率基本在 30 倍以上，而传统行业市盈率基本在 15 倍以下。

在这样的背景下，易会满主席在发言中提及的"目前国有上市公司和上市国有金融企业市值占比将近一半，体现了国有企业作为国民经济重要支柱的地位""要进一步强化公众公司意识，主动加强投资者关系管理，让市场更好地认识企业内在价值"等内容，我们推测有两个主要目的：一是提示国有企业作为中国资本市场的重要组成部分，理应受到更多的重视；二是监管部门认为当前国有企业估值确实是偏低，希望通过发言纠正投资者对国有企业的估值偏见。

估值理论告诉我们：股价围绕公司的内在价值波动，公司的内在价值是公司未来利润或现金流的折现。这个基本原理就像万有引力定律一样，不会因为国家不同、市场不同而有任何差异。

正是基于这样的基本原理，资本市场有了现金流折现法——DCF，这是最本质、最符合逻辑的估值方法。但由于 DCF 估值法过于复杂，难以广泛应用，在实践中结合估值对象的不同特征，发展出了不同的估值方法论，比如针对股利支付率高且稳定的公司用 DDM（股利折现模型）、成熟公司用 PE（市盈率）、初创公司用 PS（市销率）、高成长公司用 PEG（市盈增长比率）等。虽然落实到应用上的估值方法丰富多彩，但其本质都是相通的。

不过在实践中，估值在中国资本市场又极具"中国特色"。我在《常识的力量》一书中，曾经写过 A 股常见的估值谬误。

A 股常见的估值谬误包括标签溢价、垃圾股溢价、小盘股溢价、新股溢价等，导致相关公司的估值水平经常严重偏离内在价值。在 2017 年以前，我们可以看到小盘股、垃圾股等股票的估值很贵，而很多好公司的估值反而很便宜。2017 年以后，市场开始偏好大白马，好公司的估值得到快速提升，同时我们也看到，垃圾股、小盘股的估值逐步下降。优质龙头公司的估值水平逐渐提升，绩差股估值不断下降，估值谬误正处于被纠正的过程中。究其原因，我们认为有以下两点：

1. 以注册制为代表的资本市场制度变革。注册制改革一直以来受到各界人士的高度关注，经过科创板、创业板两个板块的试点，A 股已经全面推行注册制。与核准制相比，它对上市企业的"硬条件"更为放松，同时搭配更加严格的信息披露制度。注册制其实就是把价格发现机制让渡给市场，使得市场更加有效，同时消灭"壳公司"的价值。在注册制下，市场将会有更多的新股供给，资金将逐渐向优质龙头股集中，这就使得以往的炒作方式在以后越来越难获利。

2. 外资持续涌入 A 股市场。2017 年以来，外资通过陆港通、沪伦通和债券通逐步进入中国资本市场，加快中国资本市场与国际市场的接轨。随着外资占比不断提升，中国资本市场的国际化特征越来越明显，外资对 A 股市场的影响也越来越大。而外资偏好拥有核心竞争力的龙头公司，对标韩国和中国台湾资本市场的国际化进程，所以持股均集中于龙头企业，从而助推核心资产从估值折价走向估值溢价。

我国的资本市场改革与金融对外开放相辅相成，市场制度越发规范，越有利于海外机构配置A股。正是基于以上两个原因，我们看到从2017年以来，A股的估值谬误不断得到修正。

尽管2017年后，估值谬误不断被纠正，但相比国外成熟资本市场，A股估值结构依然存在很多不合理的地方。例如，国企央企长期被低估、新兴行业长期享受高估值、传统行业长期遭受折价。

所以，中国资本市场的估值体系确实存在"中国特色"，但这种"中国特色"更多地体现在不合理不均衡的估值结构上。就方法论而言，以DCF为核心的各种估值方法，在全世界任何一个资本市场都是通用的，我们需要做的是让A股估值结构回归理性。

监管机构的发声引发市场关注，卖方纷纷跟进强推央国企，各路研报纷至沓来。作为投资者，我们不禁要思考一系列问题：央国企真的被低估了吗？央国企能够估值回归吗？

从发声当日（2022年11月21日）A股上市公司估值数据看，央国企确实估值很低。无论按照市盈率还是市净率估值，国企（含央企）的估值大幅低于非国企，市盈率仅为非国企的1/3。以银行为代表的金融股，估值更是低得离谱。在港股市场，很多中字头国企，价格更是低得"令人发指"。根据上交所总经理蔡建春在2023年两会期间给出的数字：5年以来，央国企的净利润增长幅度为70%，而市值增长幅度仅为10%左右。可以看出，这几年央国企的市值增长是远远落后于价值创造的。

资本市场显得有些偏心，对于国企、非国企没有一视同仁，但国

第六章　估值是价值投资的核心

企被低估的背后实则有一定的合理性。

首先,央国企所从事的产业并不新颖。央国企所在的行业,大多数是基础性行业,如金融、电力、能源、交通、通信(运营商)、化工等。这些行业关系国计民生,对于国家来说是重要行业和关键领域,但在投资者眼中,这些产业过于传统,有些甚至是夕阳产业,缺乏想象空间。在技术日新月异、创新层出不穷的背景下,新兴产业的吸引力显然大于传统产业。

另一个重要原因在于央国企的股东回报机制的确存在改善空间。很多央国企虽然盈利不少,但过去长期不向股东分红或仅少量分红,投资者很难获取满意的分红回报率。这种机制虽保障了国家战略项目的资金留存,但客观上降低了股东现金回报的吸引力。

此外,央国企被低估还源于资本市场上一直存在的所有制偏见。有些人觉得央国企还没有建立真正意义上的现代企业制度,尤其体现在激励约束机制不够市场化,全社会仍旧将央国企视作安逸稳定的"铁饭碗",投资者自然不愿意给予央国企高估值。

尽管央国企被低估的原因未来依然会存在,但物极必反,一些过分被低估的央国企有可能会迎来估值回归。本质上,央国企的估值能否回归取决于央国企自身是否能够有所作为。

传统产业属性难以改变,央国企需要通过重视投资者回报,获得投资者认可。投资者把真金白银拿出来给上市公司融资提供支持,上市公司理所应当把投资者放在心上,做好市值管理,充分回报投资者。市值被低估时不能无动于衷,要通过回购提升市场信心;企业盈利时也不能一毛不拔,要通过稳定持续的分红提高投资者回报率。唯有如此,才能提高投资者购买和长期持有央国企股票的意愿。

此外,估值回归还需要央国企更加注重价值创造,全面深化改革，用实际行动消除市场上的所有制偏见。其中很重要的一点是要回答央国企是不是等同于低效率。在一些人的固有认知里，央国企就是低效率的代名词，人浮于事。但实事求是地讲，现在一些央国企正在努力发展，ROE、增长速度都很不错，尤其在经济增速放缓的背景下，表现出了优于民营企业的增长韧性。所以，做得好的央国企应着手重塑企业形象，改变大家的刻板印象；做得不好的央国企则需要把改革落到实处，提高经营管理的市场化程度，更好地为股东创造价值。

所以，如果央国企不在提升投资者回报上有所作为，那靠"中特估"概念炒作后随之而来的仍将是一地鸡毛，所谓的价值回归不过是昙花一现。

就现实情况而言，近年来央国企通过改革确实有一定效率的提升，经营业绩更加稳定，特别是在当前宏观环境压力较大的背景下，央国企作为国家经济的重要支柱将承担更重要的责任（如推动科技的突破，维护能源、粮食等关键产业链的安全），市场对其有重新认识，叠加本身估值极度便宜的优势，因而近期央国企的估值修复也具备一定的合理性。

2023年国资委也修改了对央国企的考核指标，从原来的"两利四率"改为"一利五率"，"一利"即利润总额、"五率"即资产负债率、营业现金比率、净资产收益率、研发经费投入强度、全员劳动生产率，相比此前：将"净利润"改为"净资产收益率"，将"营业收入利润率"改为"营业现金比率"。可以看出，央国企考核从追求绝对业绩数值改为兼顾股东回报和盈利质量情况，以推动央国企高质量发展，这与"中特估"的提出是一脉相承的。

尤其是2024年，国务院国资委将市值管理纳入央企负责人考核，政策倒逼下央国企加速转变。据统计，2024年央企控股上市公司现金分红总额达1.17万亿元，创历史新高。另外，股票回购与增持规模也爆发式增长。政策还推出"股票回购增持专项再贷款"工具，以2.25%的利率提供低成本资金支持。这些都将改变"中字头"股票的估值生态。

许多企业已经在行动，总体趋势向好，如中国移动、中国电信2024年实际分红比例分别达到73%和72%，并承诺2024年起3年内逐步提升至75%以上。

以近期电信运营商的"价值回归"为例，2024年三大运营商合计派息超600亿元，其中中国联通H股全年累计涨幅达50.82%，中国电信H股涨幅30.21%，中国移动H股涨幅18.21%，均呈现估值修复态势。从电信运营商本身来看，此前处于低估值、高分红状态，市盈率为个位数，市净率处于破净状态，中国移动H股、中国电信H股的分红率更是一度达到10%以上，很具有吸引力。

之前，资本市场普遍认为电信运营商的时代红利退去、运营效率低下。但2022年以来，情况发生了变化，大家逐步发现实际上电信运营商的运营效率也不低：传统业务已经稳定，价格战趋缓的背景下用户ARPU（每用户平均收入）有所提升；创新业务打开想象空间，在人工智能庞大的需求催化下，云业务更是高速增长。越来越多的投资者开始用新眼光看待电信运营商，自然使其比此前的极低估值得到了较大程度的回归。其他央国企也同理，运营效率提升，内部管理改善，股东回报更被重视，都是从"折价"到"价值回归"的理由。

如何对央国企这类公司进行投资？彼得·林奇有很好的策略。这一类公司通常属于稳定增长型，更看重分红率，进入时机一定要对。一般在低估值时买入，涨多了就换成其他同类型的低估值公司（如电信运营商近期涨多了，大家切换成建筑、银行、电力等央国企），总体看是一种偏波段（低买高卖）的投资策略。

最后，我们想讨论一下如何构建一个高效的资本市场。市场资源要得到合理高效地配置，价格发挥着重要作用，价格是一切经济行为的决策信号，是资源配置的基本指引。A股市场上存在的种种乱象，归根结底源于价格体系扭曲导致的资源配置失衡。A股要建成一个有效率的市场，需要多方共同努力，任何一方角色缺失，都难以有效提升市场的资源配置效率。

投资者，尤其是机构投资者要牢固树立长期投资、价值投资的理念。要想让市场回归理性，无论普通投资者还是专业投资者，都应该摆脱"散户化"特征，不过度投机炒作，不盲目跟风，回归投资的本质，在基本面分析的基础上以合理价格买入优秀公司的股票并长期持有，享受企业未来成长所带来的投资回报。

有效市场还需要研究机构理性研究、合理估值、客观发声。纵观A股市场上的卖方研究报告，长期以来存在着说多不说空、报喜不报忧的现象，更有甚者用各种"博眼球"的报告谋求快速出圈。证券研究的本质是"估值定价"，作为上市公司与机构投资者之间沟通的桥梁，研究机构应该专业专注，全面分析行业前景和公司情况，并给予客观的盈利预测和合理的估值，让独立判断和深度研究能力经受住市场检验，而不是人云亦云、急功近利，更不能哗众取宠、鼓吹泡沫。

股票市场价格回归价值离不开上市公司的努力。股票市场是一个信息市场，投资者基于自己获得的信息对上市公司进行估值，股票价格体现了市场参与者对其所掌握信息的反应。上市公司需要进一步强化信息披露工作，提升信息披露的及时性、完整性，减少信息不对称。除此之外，上市公司还应该在提升投资者回报上下功夫，在企业经营中稳定持续分红，在股价低迷的时候大力回购。

健康有序、充满活力的市场还依赖于有效有度的监管。"有效"需要监管层做好监管该做的。一直以来，投资者对上市公司财务造假、虚假陈述、内幕交易等行为深恶痛绝，但此类行为却屡禁不止，我们认为，原因就在于监管不到位、处罚不够重。监管需要进一步加大对违法违规行为的查处力度，大幅提高违法成本和监管震慑力。这些年，监管层提出"建制度、不干预、零容忍"的监管措施正在逐步完善。

"有效"之外，监管还要做到"有度"，这一点或许更难。在A股市场，"门口的野蛮人"在2014—2016年一度经常出现，险资等长期资金在股市低迷的时候大批量买入优质上市公司的股票，有些甚至掀起控制权之争。这些"门口的野蛮人"助推了低估的优质上市公司实现价值回归。在海外，"门口的野蛮人"是一股重要的博弈力量，但一度被贴上"害人精"的标签，真的是这样吗？未必！抛开偏见就会发现，以险资为代表的一批机构投资者是真正的长线价值投资者，正是这些所谓的"门口的野蛮人"的存在，资本市场的估值体系才变得更有效率。我们建议监管机构在规范的前提下，给"门口的野蛮人"松绑，借助市场这只"无形的手"，促进上市公司完善管理、主动作为、提高投资者回报，这也是监管的使命所在。如能借风驶船，监管何乐而不为？

最后，我们做一个总结。估值理论和方法论，是在全世界任何一个资本市场都要遵循的"估值万有引力定律"。当前的中国特色的估值结构（现状）恰恰是种种估值谬误的体现，管理层在努力推动央国企的价值创造（收入和利润）与价值实现（市值和股价）相匹配，而要建设一个高效理性的估值体系，需要投资者、研究机构、上市公司和监管层的共同努力。

第七章　价值投资为何知易行难？

"以合理的价格买入，然后陪伴好公司成长"，价值投资听起来似乎非常简单。巴菲特口中的"护城河""能力圈"等也并非什么晦涩的名词，都是一些基本常识，但为何我们总听到类似"价值投资的康庄大道上人烟稀少"的话呢？

很简单，因为人们总容易高估自己的理解力，止步于"表面意思"，而不深入思考背后的逻辑。例如"把长期持有理解为永远不卖出股票""把所有市盈率低的股票都归为烟蒂股""把好公司与好股票画等号"等。错误的理解，必然导致错误的实践。

在前面几章内容中，我们已经通过各种正面和反面的实例向大家介绍了何为真正的"好公司"，何为真正的"好价格"。本章，我们将讨论"价值投资为何知易行难"的另一个原因：人性。

投资是逆人性的。邓普顿的经典语录：行情总在绝望中诞生，在半信半疑中成长，在憧憬中成熟，在狂热中毁灭！还有巴菲特常挂在嘴边的：别人恐惧我贪婪，别人贪婪我恐惧。这些观点的背后都是投资大师在利用人性赚取超额回报。

当然，价值投资中的反人性并不是简单的"人弃我取，人夺我与"，定力、魄力、果敢、冷静等情绪控制的"软实力"背后，更需要"硬实力"做支撑。除了基础的财务分析，搭建估值模型外，更需要深刻领悟价值投资的核心理念，洞察公司内在的商业模式、护城河；要时刻跟踪变化，但又要从变化中去伪存真，抓住本质，坚守原则，方能从容应对投资中的"至暗时刻"。

在下面的几节内容中，我们将回顾中美股市历史上几轮极端行情，并与大家一起探讨应对之策。

克服恐惧和贪婪，容易吗？

问：投资中要克服恐惧和贪婪，容易吗？

答：恐惧和贪婪是人类的天性。只要是面对不确定性，我们就会产生恐惧和贪婪这两种情绪，所以克服恐惧和贪婪，道理大家都懂，但知易行难。不过尽管如此，并非不可能做到，办法是在投资前确定好投资策略，按计划执行，再根据事实和逻辑推理，合理调整策略。要克服恐惧和贪婪，需要时刻谨记：投资决策应该锚定公司的内在价值，而非市场先生的报价。

"别人恐惧我贪婪，别人贪婪我恐惧"，这听起来就像一句正确的废话，大部分人都做不到，而且在实操中往往反着来。之所以难以做到，是因为其本身就是逆人性的。人类是天生的社交动物，我们需要通过社交互动来满足社交需求，人多的地方往往会提供更多的社交沟通与可能性。这个道理，在股市也是一样的。打开股票吧里的讨论排行榜，最热门的一定是近期股价大幅拉升的公司。越来越多的人讨论，越来越多的人在唱多的声音中失去判断力，越来越多的人入局，股价越来越高，拥挤的地方会变得更拥挤，最终导致踩踏事件发生。

如果多数人做什么，你就做什么，那么你得到的结果就很难超越多数人。所以顺应人性做事时，大多会稳定地成为一个平庸的人，想要掌握逆人性的操作，我想至少要有三点底气：对自己的判断有信心，善于在市场恐慌时发现机会，拥有一个平稳的情绪内核。

盈利能力决定公司价值，公司价值决定股价。价值投资本质上投的是公司的盈利能力。选择一个远期来看有成长潜力的公司，在价格低估时买入，在价格高估时卖出。这话看上去非常简单，但是其背后是需要投资人有扎实的知识底蕴和极具前瞻性的眼光，这里可以通过3个问题对自己进行评估：

1. 你能找出具有持续成长能力的公司吗？

对于价值投资者来说，能否获得超额收益的核心，就是对于公司发展趋势的判断。

了解公司的前提是了解行业，这个行业未来的发展方向是什么？行业空间大不大？是否存在让整个行业发生颠覆性改变的技术？想完全把这些问题搞清楚并不容易，举个例子，单就基础化工行业来说，下面的分类有20多个子行业，你是否能找出它们中哪一个是最有前途的呢？你的学习能力是否能跟上技术的飞速迭代？而这些还只是个入门。

对于公司的了解就更考验一个人的研究能力了，公司的产品是否顺应市场需求？护城河在哪儿？公司上下游的议价能力怎么样？甚至财务是否造假？这都非常考验投资者在相关领域的知识积累。巴菲特能坚定地持有股票，离不开他有着良好的阅读习惯，平日里他最爱看的就是《华尔街日报》，甚至会半夜等待看第二天清晨的报纸，同时他也非常喜欢看行业报刊，为的就是关注政策动向、行业发展趋势。

最后，持续跟踪的能力也至关重要。纵观A股20多年，个股表现上更多的是"三十年河东，三十年河西"，鲜有公司在优势领域能保持领先超过十年。而持续跟踪，让我们在基本面向好时，持续地提供信心，在别人的质疑与不解中坚守，甚至逆势而行越跌越买；同时，也能在基本面发生变化时，提前预判，及时兑现利润离场。

2. 你的估值体系正确吗？

在价值投资理论中，我们认为股价是围绕着内在价值波动的，并且终会估值回归。所以其实大部分时间，价值投资者都只在做一件事——等待，等到股价低估时买入，等到股价高估时卖出。但判断股价高估或低估，你需要一个估值模型，对公司的内在价值有个计算和估量。

而每个人心中，都有一个非常个性化的估值模型，他们的投资偏好影响了估值模型中各种因子选择和因子权重。例如，有些人偏好成长性，在估值中会给予成长性因子更高权重；有些人则偏好确定性，在估值中会给予确定性因子更高权重。而且估值更是基于对公司未来盈利能力的预测，预测本身就是一件很难的事情。所以，即便你在买入股票之前认真做了估值，但你的估值是否合理正确，其实是要打个问号的。

如果你统计当前券商的报告，会发现90%的公司被给予买入增持评级。而实际上这么多的上市公司，足够优秀且价格被低估的，仅仅是少数。这些专业投资机构的估值结果尚且如此，想要正确估值，那么我们的估值模型一定要与时俱进，在一次次的跟踪和复盘中，评估自己的估值假设和结果是否合理，而不是守株待兔。

3. 如果股价几年不见反应甚至遭遇"黑天鹅"事件而下跌，你是否能坚持持有？

投资不仅仅考验投资者的知识底蕴和慧眼，同时也在考验一个人的操作和持股心态。

在这个信息爆炸的时代，每天都能听到各种各样的声音去解读市场。如果当你看好的股票，市场表现迟迟不见波澜，同时又听到各方的质疑声时，你是否有稳坐钓鱼台的胸怀呢？

第七章 价值投资为何知易行难？

霍华德·马克斯说过：正确，不等于正确性被立即证实。价值投资最忌讳的就是短视，投资者的验证周期不能太短。"三聚氰胺事件"发生于2008年8月，直至2009年1月，伊利股份的股价才结束下跌趋势。长生生物退市后，金河生物和康泰生物的股价也历经了半年时间才从震荡中走出。在这个过程中，你能否坚定看清这些公司的未来前景，不被股价大跌吓倒，坚定持股甚至加仓？

很多投资者希望买在股票的"最低点"，今天买入，明天没涨就会开始怀疑自己原来的逻辑。股票上市的生命周期短则几十年、多则上百年，股价最低点只是几个瞬间，我们买完股票之后，大部分时间要做的都是耐心等待。查理·芒格投资阿里巴巴，凶猛抄底，但一度也浮亏超45%。投资大师都很难把握最低点，何况我们大部分普通人呢？所以切莫如此苛求自己。

我们经常说，要买就买便宜的好公司、被低估的好公司，但我们往往基于"好货不便宜，便宜没好货"的直觉来做判断，其实这就是被股价波动牵着鼻子走。大部分时间里，市场先生的出价是基本合理的，体现了"好货不便宜，便宜没好货"；但少部分时间里，特别是当市场被恐惧和贪婪所左右的时候，好货也有便宜的时候，烂货也有昂贵的时候。

1987年10月19日，美国股市经历了一场空前的暴跌。这一天被称为"黑色星期一"，道琼斯工业平均指数当天暴跌22.6%。在这场金融风暴之后，许多公司的股票价格出现了大幅度的下跌。当时，巴菲特的投资公司伯克希尔-哈撒韦拥有大量现金储备，而巴菲特也一直在寻找合适的投资机会，以便将这些现金投入具有长期投资价值的公司。次年，巴菲特开始购买可口可乐的股票。在接下来的12个月内，伯克希尔-哈撒韦累计投资约10亿美元，购买了可口可乐约7%

的股份，持股至今。目前，可口可乐仍然是巴菲特的第三大持仓。而自 1988 年以来，可口可乐的股价实现了多次翻倍。截至 2024 年底，可口可乐的股价已经比巴菲特最初购买时上涨了约 20 倍。同时，综合股价上涨和股息收入，这笔投资的总回报率已经超过了 4000%。巴菲特的可口可乐投资案例被广泛认为是价值投资的经典范例。

回顾巴菲特持股的这 30 多年，在市场恐慌时入市，经历了 1998 年的金融危机、2008 年的次贷危机，巴菲特都选择坚定持有，因为他认为，早在几十年前，可口可乐已经在饮料市场上占据了主导地位，同时这样平民化的廉价饮料在经济环境下滑时也不会受到重创，未来发展有较大的确定性。

2008 年，三鹿"毒奶粉"事件闹得沸沸扬扬，当时整个牛奶板块暴跌，伊利、蒙牛、光明均未逃过此劫。但现在看来，"喝牛奶有益健康"的理念早已在消费者心智中占有一席之地，"黑天鹅"事件过后国人还是要喝牛奶。板块遭遇"黑天鹅"事件后引发的恐慌性下跌，对于基本面向好的个股就是机会。随后的 2009—2015 年，伊利股份股价涨超 30 倍，其中近 20 倍的涨幅离不开当时市场恐慌情绪下的股价大跌。

我们再来看一个案例。2018 年 7 月长生公司涉嫌违法违规生产狂犬病疫苗，生产存在记录造假，产品不合规一事被曝光。7 月 13 日，长生生物一字板跌停，接着就是连续 32 个跌停板，公司从此退出历史舞台。其竞争对手金河生物、康泰生物也没有幸免于难，股价一路下跌。可是长生生物造假，难道就意味着竞品也不安全吗？被动物咬伤或抓伤的患者，以后难道就不去医院注射疫苗了吗？丑闻风波平息后，2019—2020 年，金河生物股价翻倍，康泰生物股价更是涨超 500%。

纵观这些经典案例，不难看出，只有在市场陷入恐慌的时候，好公司才会给我们这样的低价买入机会，而我们要做的，是拥有一个平稳的情绪内核。

诺贝尔经济学奖得主丹尼尔·卡尼曼在他的经典作品《思考快与慢》中对人类的下意识行为进行了科学的解释：我们的大脑有快与慢两种做决定的方式。常用的无意识的"快系统"依赖情感、记忆和经验迅速做出判断，它很快，但也很容易出错，我们常称它为直觉。而有意识的"慢系统"通过调动注意力来分析和解决问题，但它很懒惰，经常走捷径，直接采纳快系统的直觉来做判断。

所以当情绪来时，我们做决定更应慎重，甚至可以人为地让"做决定"这件事变得更加困难。我们曾拜访过一位著名基金经理，他为自己的交易室安了三道门，他说当他越是慌张时越难开门，当他不得不花时间找到钥匙，穿过一道又一道的门后，人就会冷静不少，减少冲动情绪下可能做出的错误交易决策。平稳情绪的方法当然还有很多，大家也可以选择适合自己的其他方法。

2022年，AIGC（人工智能生成内容）的热潮，引发了对人工智能能替代人类的哪些工作这类话题的思考。人类与机器的区别，就在于人类有情绪。恐惧与贪婪作为情绪的一种，与生俱来地会在特定环境下被激活，也很难被克服。其实市场贪婪时，你可以贪婪，也可以恐惧；市场恐惧时，你可以恐惧，也可以贪婪。而唯一的定海神针是你对于投资标的内在价值的判断，以此来决定自己应该恐惧还是贪婪。

所以，在资本市场起起落落的波涛中，在恐惧与贪婪的浪花中，只有不被人性弱点左右，保持自己的投资定力，锚定公司基本面和内在价值，避免自己的情绪被股价波动牵着鼻子走，坚守认知，严格自律，才能到达成功的彼岸。

从暴跌到大涨，你学到了什么？

问：我们做投资，有办法躲过股市暴跌吗？

答：很难，几乎不可能。暴跌往往来自宏观层面难以预测的危机，抑或市场变幻莫测的风格轮动，就连投资大师巴菲特、彼得·林奇都难以避免。股价难以预测，但股价背后的公司内在价值却是有迹可循，好公司最终能带领你穿越周期。

2024年初，上证指数从3000点一路跌破2700点，市场情绪极度悲观。在悲观到极点后，9月24日政策"组合拳"点燃市场，指数在6个交易日暴涨了33%至3674点。短短3个多月的时间，大盘跌宕起伏。从暴跌到大涨，我们从中能吸取什么经验教训呢？

让我们先回到2024年初的低迷行情。下跌主要是国内经济复苏动能依旧不足，尽管2024初推出了"两新"政策，但政策落地到实体修复仍比较缓慢，尤其物价指数一直较为低迷，削弱了企业的盈利预期。

除宏观因素外，流动性和估值也是很重要的因素。在流动性方面，由于2021年发行的3年封闭基金普遍亏损严重，这些基金在2024年集中到期开放赎回，直接转化为股票抛压。在估值方面，2023年AI板块高歌猛进，积累了很多涨幅，和较差的实体经济形成了鲜明对比，部分公司业绩明显匹配不上市值，流动性的收紧也带来科技板块的大幅回撤。

至于为什么大跌后很快又涨回去,从价值投资的角度看,这次反弹主要是政策的推动。在 2024 年 9 月之前造成下跌的原因中,资金面是一个核心,封闭型基金集中到期抛售,场外资金又不愿意入场,导致买盘枯竭。这个时候,9 月 24 日发布的政策及时输血,降准释放 1 万亿元流动性,存量房贷利率普降 0.5%,创设 5000 亿元机构互换便利和 3000 亿元股票回购增持再贷款,四箭齐发形成资金面"高压注水",市场情绪被点燃,成交量迅速攀升。

当然,虽然指数已收回失地,但考虑到国内经济长期面临的压力(如房地产、地方债等)以及外围的不确定性(如中美竞争和冲突),后续可能仍存在反复震荡的可能。在市场动荡之中,如何调整心态,如何正确地处理和应对,是每位投资者都必须面对的问题。

让我们先来看看海外知名的投资大师是怎么做的。

1987 年股市崩盘时,彼得·林奇在采访中这样说:"我的基金在两个工作日里缩水了 1/3。按照这种速率,这周肯定很难过。如果有投资人打电话来问,林奇正在干什么?他们想听到的答案是我正在看盘,研究对策。但实际上,对于这种崩盘我几乎无能为力。"

连彼得·林奇这样的投资大师也回避不了回撤、预测不了大跌,只能痛苦、懊恼、恐惧,作为一个普通投资者,有一些情绪上的反应是很正常的。但懊恼之后,我们还是要冷静思考:自己手里的股票,是不是优秀公司的股票?经过一轮暴跌,估值是不是更有吸引力了?不要把短期的波动,哪怕大幅回撤,当作自己决策正确或者错误的判断标准,这是不科学的。

彼得·林奇还有句名言:回顾美国股票市场过去 100 年,有 40 次比较大级别的下跌,即便前面 39 次我都预测对了,提前卖出,最后我也会后悔不已,因为这些股票又涨回来了,而且涨得还更高。彼得·林奇的逻辑是，优质的公司，是能够穿越周期的。正如前文提到1987年的"黑色星期一"，虽然当时很多公司都经历了猛烈下跌，但拉长时间看，这些跌幅在股价的历史长河当中就像一朵朵小小的浪花，马上就被后面更大的涨幅掩盖了。参考道琼斯指数我们能看得更清楚，虽然1987年的那几个交易日，指数经历了20%多的下跌，在当时的确非常吓人，但此后美国就进入了超级大牛市。那些曾经的"惊心动魄"，也只是"过眼云烟"而已（见图7-1）。

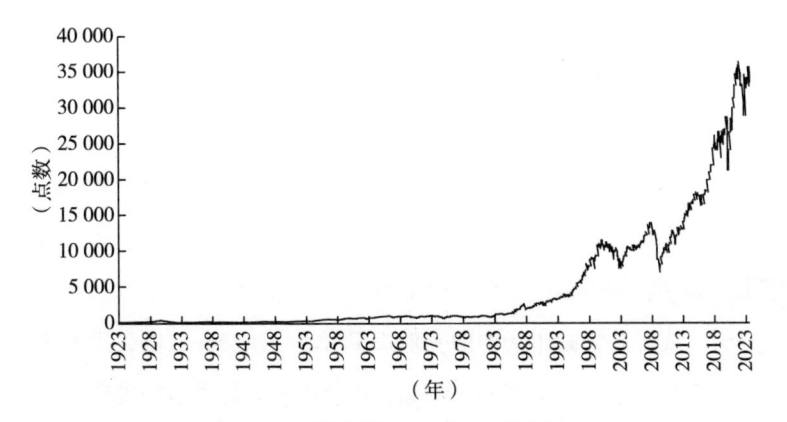

图7-1 道琼斯工业平均指数走势

资料来源：同花顺iFinD。

丘吉尔说过，永远不要浪费每一次危机。在危机来临时，我们往往无法预测和回避，我们能做的，是通过基本面判断到底是机会大于风险，还是风险大于机会，以及我们可以把握的方向有哪些。

例如现在，俄乌纷争已经对新能源、电动汽车行业产生了明显的影响。但是站在当下往前看，还有很多可以发掘的机会。举个例子，因为欧洲的断气和少油，让大量的化工巨头拉响了能源警报，它们将减少产量或者缩减产能，这让中国的高端精细化工公司有了一次扩张全球份额的机会。这个机会与电动汽车赶超原来的燃油车道理是一样的，只不过市场反应的节奏有先有后而已。另外，中国很多的精密结构制造件以及机电产品出口数量大幅增长，因为能源危机让欧洲厂商在生产成本端遭受了非常大的冲击。这一次的能源危机很可能加快了中国进口替代的进程，甚至加快了国内优秀企业的全球化扩张进程。

最后，我们做一个总结。市场的暴跌，通常会和宏观经济、地缘政治，或是市场预期相关，这是很难提前预测或者完美躲过的。对普通投资者而言，认清自己的能力边界是很重要的。分析宏观是投入精力非常大却收效甚微的事情，但是对少量公司进行深入研究，理解其商业模式，弄清楚公司到底质地如何却是一件相对容易实现的事情。投资者只有找到自己能力的边界，才能更好地找到适合自己的投资策略。

投资策略可以分成两大类：一类是只跟上市公司进行博弈，或者说只研究上市公司，不去关心市场，也不关心其他投资者怎么看待这家上市公司。像彼得·林奇、巴菲特都在使用这一类策略。

另一类，是去猜市场中的其他投资者下一步会怎么做，用术语来说，就是预期别人怎么预期。例如，你预测下一阶段市场投资者可能会喜欢电动汽车股，于是提前"埋伏"进去，等着别人来"抬轿子"。这种策略市场上有很多机构投资者在使用，因为他们的考核周期短，经常是两三年，甚至一年，业绩落后的基金经理会被淘汰。这一制度就逼着一些基金经理去琢磨别人怎么想："我不在乎我的长期业绩怎么样，但是我短期的排名一定不能落后。"其实这种策略对于绝大多数人来说是很难操作的，包括绝大多数机构投资者，也很难操作。要预测别人的预测，这真的很难。相反，重点关注一两个特定行业的优秀公司，研究难度会显著降低。我从来不去预测市场会怎么样，因为那个变量太多了，像巴菲特、彼得·林奇这样的投资大师都说过类似的话。

如何应对大分化的行情？

问：投资者最糟心的事情，莫过于别人买的股票天天涨，而自己的股票却天天跌。这就是所谓的大分化行情。面对大分化行情，投资者是该"顺势追涨"还是"逆向抄底"？

答：顺势追涨和逆向抄底，都能赚钱也都能亏钱，但两者需要的核心技能是不一样的。"顺势追涨"侧重跟踪景气度的变化和确定性，需要判断公司未来的业绩增长能否消化目前的估值。"逆向抄底"则需要重视公司护城河，只有护城河足够深厚的公司才能走出逆境，凤凰涅槃。

在资本市场的历史上，极端分化的行情屡见不鲜：

- 2003—2004 年的"五朵金花"（石油石化、汽车、银行、钢铁和电力板块）行情。
- 2006—2007 年的金融地产有色行情。
- 2013—2015 年的 TMT（科技、媒体和通信板块）行情。

每一次的极端分化，市场都是冰火两重天，一边是主线板块一路上涨，估值高企；另一边是大量横盘甚至下跌的板块，却有极具吸引力的估值。最近这几年，市场也出现极端分化行情，光伏、新能源汽车、智能制造等行业的股票涨幅惊人，而银行、基建、传统制造等行业的股票表现平平，甚至屡创新低。极端分化行情背后的原因是什么？未来是否会持续？投资中应该如何抉择，是顺势追涨还是逆向抄底呢？

让我们先回顾一下历史上的那些二八分化。

老股民对2003年的"五朵金花"行情印象深刻。当时，"五朵金花"所代表的板块，在2003年底到2004年期间涨幅非常惊人，而惊人涨幅的背后，是行业景气度的提升。进一步深究，行业景气度提升的背后，则是中国工业化的大繁荣。当时公募基金对五朵金花的配置比例高达65%，此后，再也没出现过公募基金对某个行业的配置达到65%以上的规模。景气度驱动叠加公募抱团，那年的行情演绎几乎到了极致。当然，结局也可想而知，凡是泡沫总有破裂的一天，在2004年的短短3个月内，"五朵金花"纷纷凋零。极端分化的行情，往往都是过度的、超涨的或泡沫化的，之后必然会伴随一个非常痛苦的泡沫破裂的过程。

马克·吐温曾说：历史不会重复自己，但总是押着同样的韵脚。2003年如此，此后的每一次分化亦然。

极端分化行情背后蕴含着两层逻辑。

其一，主线板块有逻辑支撑。 复盘每一次的大分化行情，主线板块的行业景气度和公司基本面都表现得较为优秀，在当时也有较强的逻辑支撑。这些景气度的攀升，往往来源于中国的产业升级，并且是在产业升级的关键时间点。

其二，分化行情由大众行为造成。 有一个金融学理论叫市场分割理论，主要用来分析债券市场。其原理是：不同的投资者对债券和其他证券期限长短的偏好程度不同（例如商业银行和企业偏好短期资金，贷款机构偏好中期资金，养老金及保险公司偏好长期资金），由于投资者对证券期限的不同偏好,资本市场形成不同的分市场——短期证券的利率由短期资金市场的供求关系决定,中长期证券的利率由中长期资金市场的供求关系决定。

利用这个理论,可以把极端分化行情的参与者简单分成两部分。一部分是非常注重短期涨跌的投资者,股票短期能涨对他们特别重要,在他们的分析框架里,要不断地寻找短期能涨的股票,累积下来的涨幅就是收益。另一部分注重长期投资,他们觉得这些非常热门、短期内涨得特别好的股票估值太高,累计涨幅太大,风险也很大,所以他们宁可去选择那些长期不涨的,等待价值回归。从市场参与者的结构来说,百分之七八十的人是追求短期收益的,正如巴菲特那句名言,"大多数人不愿意慢慢变富"。我们知道,在任何一个时间周期里,短期能涨的股票,必然符合成长逻辑顺畅、景气度高等条件。符合这样条件的股票,在整个市场中占比是有限的,可能每年只有10%~20%。这就会造成供需关系的错配,70%~80%的投资者,去追逐10%~20%的少数行业;而10%~20%的投资者,却在买其余70%~80%的行业,这样也就形成了极端分化行情。

值得一提的是,公募基金作为"典型的基本面投资者",却常常在这样的行情中推波助澜。其中有偶然性,但更有必然性——这是因为基金的考核周期太短,最多也就两三年,如果业绩不好就"下岗"了,这就逼着基金去追逐那批短期内会涨10%~20%的股票。

不管是在A股,还是在世界各地的股票市场上,都有一个非常明显的现象,就是成长与价值这两种风格,长期而言总是交替出现的。为什么成长跟价值交替出现呢?我们做个简单分析:在经济前景没有那么确定的时候,投资者一般会追逐新兴行业,因为传统行业更容易受宏观经济的影响,但新兴行业则受宏观经济影响较少。由于市场分割的存在，投资者过度追逐这些新兴行业，就会催生泡沫。泡沫总有破的一天，投资者会很受伤，受伤之后就痛定思痛，转身又去拥抱价值，去找稳妥的低估值的投资标的。当投资者都去追逐价值的时候，价值股的估值就提升了，价值股的投资吸引力也就越来越小。当价值股吸引力不大，宏观经济又不是很景气的时候，新一轮周期就又开始了，价值股泡沫破裂，大家又去追逐成长……这是一个周而复始、躲不开的周期，这个周期不仅是宏观经济周期，也是心理周期，更是整个社会群体的周期。

既然市场分化是常态，那么对投资者来说，应该选择顺势投资，还是逆势投资？这两种投资，都能赚到钱，也都会亏钱，但所需考量的核心因素是不一样的。

顺势投资，需要投资者侧重于对投资机会未来的持续性和预期空间进行综合评估。举个简单的例子：有两个题材，一个是2022年新冠疫情期间核酸亭建设的概念股，另一个是新能源的股票，对比研究就会发现这两类股票的持续性完全不一样。核酸亭概念，伴随着我们疫情防控的需要，在短期内会成为市场焦点。新能源股票则是跨度长达10年，有产业支撑，有业绩兑现。持续性不一样，在股价上涨时的决策就不一样。如果一个机会未来的持续性较差，预期空间和预期收益率都不大，就不应该参与。如果持续性很强，预期收益率很大，就应该积极参与，哪怕是极端行情下的右侧机会。比如人工智能，虽然已经连续大涨，也是极端分化行情中的主线，但是展望未来，部分公司仍有产业支撑，未来的预期空间还很大，可投资机会还是很大的，但是大家需要仔细甄别哪些是真正能落地产生业绩的公司。所以投资者站在当下，在评估市场上那些热门的10%~20%的股票时，必须考虑它们是不是有产业支撑，是不是未来很长时间看不到天花板；如果现在的估值通过一两年业绩增长加以消化，能够降到合理估值，也是具备投资价值的。总之，对投资者而言，顺势投资非常考验眼光和魄力。

做顺势投资，空间和景气度是排第一位的；但做逆向投资，公司竞争力是排第一位的，景气度是排在第二位的。只有竞争力足够强的公司，才能以较高的概率，在未来的市场竞争中获取更多的市场份额，获取更多的议价能力，产生更高的利润。逆和顺的分析维度不一样，当投资者能把行业的竞争格局研究好，把行业中竞争力最强的公司挑出来，就可以去做逆向投资。做逆向投资与做顺势投资相比最大的好处，是可以买到更高估值性价比的股票。巴菲特很喜欢做逆向投资，那句"别人恐惧我贪婪"就是最好的印证。在恐慌的时候，在逆势的时候，好股票的估值性价比是最高的，但这也是最考验投资者的定力和耐性的时候。

逆向投资的机会，通常会出现在两种情况下，一种是行业景气度出现拐点，另一种则是发掘出那些优秀的但被市场忽略的公司。

景气拐点出现时，公司基本面先出现由弱转强的迹象，然后出现逆向投资的机会。景气弱的股票是不被市场关注的，但走强时，市场会越来越关注，这是一个由少数人知道向多数人知道的扩散过程，趋势会在这个过程中形成。一个投资者想要前瞻地布局景气由弱转强的投资机会，需要对行业有较深入的了解，要有一定的感知和判断，可以不用很精确但大致知道什么因素能推升公司的景气度回升。

要应对大分化行情，特别是大家耳熟能详的好公司都变得很贵的时候，除了"顺"和"逆"的选择，还可以在市场还未关注到的地方发现好的投资机会。A股每年有大量的新公司上市，经常会出现质地优良、估值便宜的公司却因刚上市而被忽略的情况，投资者需要做的，就是像彼得·林奇一样，大量翻石头，通过勤奋去发掘投资机会。

投资大师如何度过至暗时刻？

问：至暗时刻来临时，投资者应该如何应对？

答：在暴跌中我们有情绪焦虑是非常正常的，但我们仍要保持清醒，既不可自怨自艾，也不可做鸵鸟。危机危机，危中有机，我们要利用危机带来的股价下跌，趁机调入原先估值偏贵但现在已经估值合理甚至低估的优质公司，然后等待其价值回归。

在很多股民心中，2022年恐怕是近年来最灰暗的一年，那一年，A股遭遇巨幅下跌，沪深300距离2021年高点下跌了40%，许多明星基金经理发出"道歉信"，投资者可以说是经历了"至暗时刻"。那么，这个"至暗时刻"出现的原因是什么？投资大师又是如何度过"至暗时刻"的呢？

首先我们来看看市场低迷的原因。

首要的原因是新冠疫情导致上市公司业绩下滑严重。2022年三季度，上市公司利润多出现不同程度的下滑，就连我们认知中的"卓越公司"归母净利润都出现了较大的负增长：比如中国中免2022年三季度归母净利润下降45%，三一重工归母净利润下降71%，科大讯飞归母净利润下降42%，金龙鱼归母净利润下降38%（见表7-1）。在2022年半年报中，A股31个行业有一半以上利润负增长，可见疫情确实在很大程度上影响了A股上市公司的业绩。在这样的情况下，市场出现一些调整和波动也就不足为奇了。

表7-1　部分龙头公司2022年三季度归母净利润同比增速　（%）

公司	2022年三季度归母净利润同比
中国中免	-45.48
三一重工	-71.38
科大讯飞	-42.34
金龙鱼	-36.07
东方雨虹	-38.20

资料来源：同花顺iFinD。

其次，当前中国经济正处于新旧动能切换的过程中，传统行业如房地产、银行等体量大，但增速低；而少数新兴行业如新能源、太阳能、电动汽车等业绩则表现非常亮眼，但由于这些新兴行业在A股市场占比尚小，对市场的影响有限，因此整体来看市场依然比较低迷。

那么，当"至暗时刻"来临时，那些投资大师又是如何度过的呢？

彼得·林奇：即便很恐慌，也应该保持清醒

彼得·林奇是著名的公募基金"一哥"，1977—1990年，彼得·林奇管理的麦哲伦基金13年的年化复合收益率达到39%，持有人数量超过100万人，基金规模由最初的2000万美元成长至140亿美元，是当时全球规模最大的共同基金。

然而，就是这样一位投资大师，在面对暴跌时也不免焦虑。1987年10月16日，彼得·林奇前往爱尔兰度假，但就在3天后的10月19日，也就是著名的"黑色星期一"，股市一天之内就跌了508个

点,彼得·林奇120亿美元规模的基金在一天之内就损失了20亿美元,因此他不得不在10月20日提早动身回家。在《彼得·林奇的成功投资》一书中,他写道:"我的高尔夫球打得比平时糟得多,这种情况在股市形势好的时候简直是不可能发生的,当你掌管的共同基金的市值损失相当于一个小海上岛国的国民生产总值时,心如刀割的你根本无法弄清嘴里吃的究竟是鳕鱼还是大虾。"

可见,在股灾之中,产生恐慌情绪是非常正常的,就连投资大师在面对大幅下跌时也免不了恐慌和焦虑。事后,彼得·林奇也总结了从这次股灾中吸取的一些教训:

1. 即便很恐慌,也应该保持清醒。如果你对股票走势感到惊恐不安,也不必在这一两天把股票全部抛出,可以逐步减持你的投资组合,从而可以获得比由于恐慌而将股票全部抛出的人更高的投资回报。

2. 不要因为短期的波动影响毁掉一个好的投资组合。如果在股市暴跌中绝望地卖出股票,那么你的卖出价格往往会非常低,实际上当时股市从1987年11月就开始稳步上扬,到1988年6月涨幅已经超过了23%。

3. 优秀的公司会取得最终胜利。不管某一天股市下跌508点还是108点,最终优秀的公司将会胜利,而普通的公司将会失败,投资于这两类完全不同的公司的投资者也将会得到完全不同的回报。

巴菲特:扛住、抄底

和其他基金经理不一样,巴菲特在每一轮的至暗时刻反而有更好的表现,这是由其公司特殊的资金性质和商业模式决定的。

同样经历了1987年10月的"黑色星期一",巴菲特却没有像其他人一样恐慌,而是依然和平时一样在办公室阅读公司财报,并抓住这个良机抄底了可口可乐；2008 年金融危机时期，巴菲特同时接到了 AIG（美国国际集团）和雷曼兄弟的救助电话，在连夜看了财务报表之后，巴菲特最终选择救助 AIG。在雷曼兄弟倒闭的那一天，当所有人都在恐慌谁会是下一个雷曼兄弟的时候，巴菲特在《纽约时报》发了一篇文章，标题为"买入美国，正当时"。

事实证明，巴菲特是完全正确的。从雷曼兄弟倒闭的那一天开始算起，一年之后，有 98% 的股票都能回本，再之后是盈利，拉长时间维度看，那时候抄底是一定不会错的决定，即使巴菲特的公司伯格希尔-哈撒韦的股价在金融危机时期也跌去了 59%，也不影响巴菲特继续创富、股价继续上涨。

对于巴菲特来说，大跌反而是难得的机会，在"至暗时刻"，巴菲特选择扛住下跌，抄底优质公司，获取更大的盈利。

那么，当"至暗时刻"来临时，我们这些普通投资者又该如何应对呢？我们能否从投资大师的应对方法中吸取一些经验教训呢？

首先，巴菲特的模式固然理想，但对于我们普通人而言参考意义可能不是很大。巴菲特遵循"别人恐惧我贪婪，别人贪婪我恐惧"的投资原则，但这是有前提的——在需要抄底时，你手头上有足够的资金。对于巴菲特而言，能够抄底是由他的公司的商业模式决定的：巴菲特的保险公司源源不断为其输送大量的浮存金，且巴菲特本人也偏好高分红的投资标的，这就使得巴菲特在每次股市大跌的时候都有资金去抄底。但对于我们普通投资者来说，很多人在股市大跌时往往都是满仓套牢，就算知道应该抄底也没有资金。那么在这种情况下又该怎么办呢？我们在这里提供三个应对方法：

1. 保持平常心。如果以历史的视角去看待问题，我们就会发现，A 股历史上的大幅波动其实是非常常见的，即便现在大家耳熟能详的明星成长公司，在历史上也都有过不小的回撤：例如茅台在2008—2009年跌幅达到60%以上，区间跌幅超过30%的也有3~4次；三一重工过去20年涨幅超百倍，但区间回撤达到60%以上的有4次。2000—2020年，A股市场有20多只百倍成长股，这些股票区间最大回撤均在60%以上，有的甚至超过90%。就算是优质的百倍成长股，也有投资的"至暗时刻"，因此面对大幅波动时，我们最应该做的是保持平常心，如果是优质资产，该回来的早晚还是会回来的。

2. 趁机优化投资组合。即便满仓套牢，对于资产组合来说，我们还是可以做一些优化调整。比如我们之前很看好的一些板块或公司，但价格太贵，舍不得下手，于是买了次优品种，那么，当市场下跌时，完全可以将这些资产置换掉，以更便宜、更优惠的价格买入更好的公司，而这些公司则是未来弹性的来源。但要注意，在优化的过程中，我们一定要注意风险，千万不要以相同或更高的价格买了更差的资产。总之，就算是满仓套牢，我们也有优化组合，获取更大收益弹性的机会，千万不要做"鸵鸟"，被套牢就什么都不管了。以最便宜的价格拥抱优质资产，是投资的根本原则。

3. 根据环境迭代选股标准。现阶段，中国经济正处于转型的关键时期，房地产增速不断下降，国家经济亟待找到未来的支柱性产业。而现在有很多正处于快速增长的新兴行业，如绿色能源、创新医药等，这些行业顺应中国经济转型的需要，未来极有可能替代房地产，成为新的"支柱"。我们可以多在这些顺应时代潮流的板块挖掘机会。

总之，在面对"至暗时刻"时，我们要尽量忽视股市短期的涨跌，因为不管股市是下跌还是上涨，最终都是优秀的公司胜出。我们的任务就是要找到这个时代最优秀的公司，然后以便宜的价格下注，等待其为我们带来丰厚的回报。

靠运气赚来的钱，迟早靠能力输回去？

问：自己做股票投资太难了，我们选择那些业绩优秀的明星基金经理来帮助自己投资理财，可以吗？

答：当然可以！而且对大部分人来说，选择基金投资是比自己做股票投资更明智的做法。但我们要学会识别，明星基金经理业绩优秀，是因为运气好还是能力强。我们要回避那些仅仅因为运气好、重仓押对某些行业或赛道而使得业绩"优秀"的明星基金经理。

2020年底和2021年初，很多投资者被公募基金特别是部分明星基金经理的骄人业绩所吸引，大量买入明星基金。这段时间，新老基民跑步入场，基金发行量屡创新高，日光基、百亿基屡见不鲜，大家茶余饭后聊的都是基金，甚至连教人投资基金的财商教育也随之大热，可以说是形成一股全民投基的大热潮。

但在随后的几年时间里，很多明星基金的净值都出现大幅回撤，那些冲着业绩好而购买基金的基民损失惨重。那么，明星基金经理业绩好，是因为能力好还是运气好？对于基金投资者来说，如何区分基金经理的能力与运气？如何做好基金投资？

基民选购基金，最关注的就是基金的过往业绩，如果过往业绩好，就会线性外推其未来业绩也好。但是研究表明，基金的过往业绩和未来业绩之间并没有相关性。朱雀基金做过一个很有意思的研究，它以 2020 年前成立的 397 只普通股票型基金为样本，在 2011—2020 年的区间内实验两种策略：

策略一：每年初买入上一年度的冠军基金。举个例子，2011 年初买入 2010 年的冠军基金，持有一年，在 2012 年初重新将基金转换成 2011 年的冠军基金，依次滚动 10 年。

策略二：每年初买入上一年度的垫底基金。举个例子，2011 年初买入 2010 年的垫底基金，持有一年，在 2012 年初重新将基金转换成 2011 年的垫底基金，依次滚动 10 年。

结果令人意外：首先，两个策略在 10 年间的累计涨幅分别达到 101% 和 87%，但都低于同期偏股混合型基金指数 171% 的涨幅；其次，两个完全相反的策略长期年化收益居然差不多（见表 7-2）。这背后的原因是什么呢？

表 7-2 每年分别买入上一年度冠军基金与垫底基金的业绩表现（%）

年份	策略一收益	策略二收益
2011	-33.56	-21.69
2012	4.52	1.44
2013	-8.18	17.40
2014	4.61	32.33
2015	35.18	16.74
2016	-11.879	-16.79
2017	24.53	-11.15
2018	-23.47	-29.36
2019	62.40	58.61
2020	63.46	56.99
累计涨幅	101.04	87.37
年化收益	7.23	6.48

资料来源：朱雀基金。

1. 买入年度冠军基金和垫底基金，长期业绩比较接近，说明两类基金本质上看可能都倾向于集中押注单一板块或同一风格的资产。可能当年的冠军基金踩对了风口，从而业绩爆发，但是未来复制相同表现的概率较小，而垫底的基金也并非实力不济，只是重仓的板块不在市场风格上。

2. 在风格切换的市场中，押注单一赛道的策略显然波动巨大，短期业绩靠前的基金存在"反转效应"，持续性不强。海通证券之前有个统计，业绩处于第一梯队的基金，仅有 18.55% 在下一年能保持第一梯队，而有 24.13% 的基金跌入了第五梯队。

不仅国内如此，国外情况也类似。著名基金经理比尔·米勒管理的基金——价值信托基金曾连续 15 年跑赢标普 500 指数，创下历史纪录，基金规模从 1990 年的 7.5 亿美元增长到了 2006 年的 200 亿美元。如果一个人全靠猜测，获得 15 年连胜的概率仅有 0.03%，显然这说明比尔·米勒并非简单的运气好。不过，在 15 年连胜的辉煌之后，这位明星基金经理就遭遇了"滑铁卢"，进入了 6 年的低谷期，这 6 年间有 5 年跑输大盘，尤其是在 2008 年的金融危机中损失惨重，最后基金规模下跌至 20 多亿美元。更有趣的是，过了几年，比尔·米勒东山再起，他自己运作的两只基金又跑赢了大盘，排名前列，投资的亚马逊、比特币等收获颇丰。

比尔·米勒并非只靠运气的基金经理，可即使是这样优秀的机构投资人，也会遭遇业绩的波动。用比尔·米勒本人的话来说：我所谓的连年跑赢大盘的传奇，主要是因为日历效应。是因为每年在 12 月结束，而不是在 11 月结束。如果每年在 11 月结束，我的连赢早就结束了。归根到底，是因为我的幸运。的确，有好几年，比尔·米勒管理的基金在 11 月还处于亏损的状态，但是到 12 月就翻盘了。

那么，投资究竟是能力更重要，还是运气更重要呢？

我们可以把投资分成两个因素：一个因素是主观无法控制的运气，例如谁也无法预测到新冠疫情、"9·11"事件、金融危机这类难以预测的"黑天鹅"事件；另一个因素是投资者可以操控的能力。这两个因素是糅合在一起，难以分辨的。当投资者买了股票之后赚了钱，有时候会无法判断究竟是因为能力强还是运气好。

巴菲特曾经讲过这么一个故事：假如美国有两亿人每人拿出1美元，形成一个两亿美元的资金池。大家猜硬币，猜准了才能进入下一轮。在猜了20次之后，两亿人只剩下200人，也就是说这200人连续猜对了20次。把这两亿美元均分给200人，每人可得到100万美元，最初投入的1美元变成了100万美元。这时所有的电视媒体都会争相采访这200个人，会把他们称为猜硬币的大神。这200人也会认为自己有天赋有能力，是猜硬币的天才，于是他们会总结各种猜硬币的经验。而实际上，即使让两亿只猴子猜硬币，猜上20轮，也会剩下200只连续猜对的猴子！这个故事告诉我们：有时候单独从结果来倒推，哪怕连胜十几年，也不能说明这个人一定有能力，很多时候这只是由大数定律决定的。

巴菲特的这个故事还有下半段。假设这200只猴子遍布在全美各地的动物园，那基本上证明这是靠运气的。但是如果通过分析发现，这200只猴子当中，有一大半是来自一家叫奥马哈的动物园，这个动物园的园长叫格雷厄姆（格雷厄姆是价值投资的鼻祖）。那就需要想一想，奥马哈动物园的猴子是否有遗传因素，是否饮食结构不一样，是否有饲养员在教它们猜硬币的技能，那么这可能就不仅仅是由于运气了。他的言下之意是：投资业绩好可能是因为运气，也可能是因为能力。这说明，价值投资能够长期取得胜利，可能不仅仅是因为运气，而是有它的内在逻辑。

从结果来看，我们无法倒推基金经理是否具有持续战胜市场的能力。但是基金投资者最容易获得的就是过往业绩，所以我们需要去分析过往业绩是如何获得的。

基金业绩好有两种可能：一种可能是基金经理能力强，能够选出好股票；另一种可能是基金重仓在某一个行业，而这个行业正好在过去一段时间表现好，这种情况下就无法判断基金经理是因为能力强而选对公司，还是因为选中的行业正巧表现好。

那么，我们如何判断基金的业绩好是因为能力还是运气呢？判断基金的能力和运气，要从三个角度入手：长期业绩、行业均衡配置能力及选股能力。

1. 长期业绩。

如果一位基金经理在某一年业绩好，运气成分很难拆分开来。但是人不可能每年的运气都很好，如果拉长时间维度，在过去的 8~10 年，基金经理的业绩都很好，那么能力因素的占比可能就比较高了。

但是基金长期业绩好不一定代表基金经理能力强。如果一位基金经理在做研究时覆盖的行业就是表现好的行业，如白酒行业，那么在他成为基金经理之后，他所管理的基金就倾向于配置他之前研究覆盖的行业，在过去白酒表现非常好的 10 年间，这位基金经理的业绩就是非常好的。但是对于做研究时覆盖的是纺织服装、钢铁这类行业的基金经理来说，他们的业绩可能就不会像前者一样好了。

总而言之，长期业绩好是判断基金经理能力强的必要条件，而不是充分条件。

2. 行业均衡配置能力。

如果一位基金经理业绩好是因为他集中投资了某一个表现优异的

行业,那么他的业绩好并不一定是因为能力强。如果一位基金经理并不是集中投资某一类特定行业,而是均衡配置在不同行业,在不同行业都能选出这个行业的龙头公司,并且有优秀的长期业绩,那么可以说这位基金经理能力强。

3. 选股能力。

除了长期业绩和均衡配置视角之外,还有哪些其他因素可以区分一个基金经理是能力强还是运气好?我们需要探索"能力"在投资上的作用机制是什么。例如,现在有两台机器用来掷骰子,且这两台机器的初始设定是不一样的,一台的胜率是51%以上,另一台的胜率低于49%。如果能够区分开这两台机器,选择其中胜率更高的那一台,这就叫能力。

格雷厄姆、巴菲特所代表的价值投资体系背后的机制是:上市公司的股价和市值是围绕着一家公司的盈利能力波动的。如果这家公司的盈利能力不断变大,股价就会震荡走高、市值变大;如果盈利能力差,它的价值就会陨落,股价下跌。这是非常重要的内在机制。

因此,如果基金经理有非常强的选股能力,不管是通过行业竞争格局还是财务指标,总能在各行业里找到盈利能力持续向上、跑赢同行的公司,那么可以说他是有选股能力的。我们在判断基金经理的选股能力时,有一个非常重要的参考指标:观察他过往 5~8 年每个季度的持仓股票,他买的股票的盈利能力是否在持续增长,是否是行业里的头部领先公司。选股能力强的标准是能够在各行各业中找到最优秀的公司。

比如,2021 年某基金业绩好,第一种可能是因为基金重仓新能源押对了,当然重仓买新能源这件事情,本身可能是因为能力,也可能是因为运气。第二种可能是在各行各业的配置中能够买到有显著超额收益的股票，那就更能够证明基金经理的选股能力。如果在2021年某位基金经理买的是银行股，那么他的业绩肯定远不如重仓新能源的基金经理。但是如果他买的是招商银行、平安银行、宁波银行，这些行业龙头公司显著地跑赢行业指数，即使没有像买新能源的基金经理获得很高的收益，也能证明他的选股能力。

前面讲到，基金经理的能力需要从长期业绩、行业均衡配置能力和选股能力三个方面进行判断，但是这些对大多数个人投资者来说是比较难的。个人投资者把资金交给专业投资者打理，能够做的最简单的事情就是看业绩、看排名，可这是远远不够的。

如果无法识别基金经理的能力及运气，不如去买宽基指数基金，或者进行基金组合配置，而不要全押在某一种风格的基金上。

最后我们回答一个"现实"的问题：高点买入明星基金套牢的投资者应该怎么办？

虽然一些基金长期来看业绩较好，但是基民往往在高点买入，导致亏损。对于热销的明星基金，投资者需要保持冷静。

买了股票被套牢，我们要去评估股票的基本面有没有发生恶化；买了基金被套牢，我们要去复盘基金经理业绩不好，是能力不行还是运气不好。如果能力强，即使短期内业绩差，以后可能还会取得良好的业绩。巴菲特曾说过：如果你在牌桌上打牌，打了几轮之后，你始终不知道谁是傻瓜，那么你就是那个傻瓜。打牌能力强的人（如善于记牌、算牌），可能在某几把拿到的牌不好，就会输掉，但是如果记牌、算牌的能力在，长期来看，他总是会赢的多。

对于投资明星基金被套牢的投资者来说，当前需要做的事情是：对基金经理做归因分析，看他的能力如何，是否是牌桌上能赢的人。如果觉得是，那就继续持有他的基金，甚至还可以追加投资。如果分析之后发现,他的历史业绩可能是因为运气好,那就需要特别谨慎了。这跟股票套牢之后是相似的,股票套牢之后需要去分析基本面、盈利能力是否发生变化,如果没有发生变化、继续看好,那就在股价下跌时继续加仓。针对基金经理,要分析他的投资能力如何,如果认为基金经理能力强,那就可以多给他一点时间、耐心,甚至是资金。在投资领域不能偷懒,要么研究人,要么研究股,两者都不想研究,想不花时间不花精力就能赚钱,那天上是不会掉馅饼的。倒不如去买一些指数基金,指数能战胜绝大多数的普通投资者,这也是很多投资大师推荐普通投资者去买指数基金的原因。

最后,我们做一个总结。区分基金经理的运气和能力,有几个标准:业绩要长期好,而不只是一两年好;业绩好是因为均衡的行业配置,而不是因为押注在某几个行业或赛道中取得好业绩;总能在各行业里找到盈利能力持续向上、跑赢同行的公司。这三个标准组合起来能够证明这个基金经理的业绩好是因为他的能力强。

第三篇
多彩的价值投资

前文我们介绍了价值投资中"简单"的理念，与"不简单"的实践和坚守，本篇我们将和大家一起探讨各个行业可能出现的投资机会和风险。

提到 A 股的价值投资，多数人脑海中浮现的都是贵州茅台和其所在的高端白酒行业。诚然茅台的确在几轮周期中验证了自身极为深厚的护城河，让曾经坚守茅台的投资者收获了时间的玫瑰。但若将价值投资圈定在白酒这样的"传统行业"，就未免太过狭隘了。

价值投资的康庄大道，既能容纳传统产业的推陈出新，也能接受新兴产业的长线价值。中国经济在转型升级中，既有新技术的突破，也有新业态的诞生，其中孕育的大牛股也不在少数。从来不碰科技股的巴菲特也开始重仓苹果，所以价值投资与科技创新从不是对立的，价值投资更不等于故步自封，一劳永逸，我们需要不断学习，拓展自己的能力圈，才能更好地适应当前这个"新世界"。

第八章　从生活中发现机会

提到投资机会，大部分人脑海中浮现的都是人工智能、碳中和、创新药等新科技抑或与国家战略相关的产业。但实际上，投资也可以很有"烟火气"。彼得·林奇曾说过：一丈之内皆财富。尤其在日用消费领域，普通人比基金经理具有更敏锐的嗅觉，只要细心观察，扎实研究，也能够发现大牛股。

当你发现朋友圈里越来越多的人开始晒出搭帐篷野炊的照片时，背后隐藏的投资线索是精致露营从"0"到"1"的渗透率提升。

当你看到"夺命大乌苏"走红朋友圈，背后是一家公司从"关灯吃面"到"王者归来"的重新崛起。

当你看到办公室同事手中捧着的不再是星巴克，而是喊出"9.9元喝咖啡"口号的瑞幸时，背后是一家公司从被迫退市到浴火重生的反转。

当你看到年轻人生小孩越来越少但养宠物越来越多时，背后是一个千亿元级的大市场。

当你发现女朋友护肤时用的精华水不再是兰蔻而是珀莱雅，当你发现男朋友打篮球时穿的球衣不再是耐克而是李宁，背后代表的是国潮品牌的兴起。

"世界上并不缺少美，缺少的是发现美的眼睛"。同样，生活中也并不乏投资机会，但面对同一件事物或同一条信息，有的人会洞察秋毫、抽丝剥茧，有的人则是熟视无睹、置若罔闻。这之间的差异来源于是否有投资意识、积极主动思考，以及对生活的敏锐度不同。

当然，从生活中发现机会并不意味着草率决策。喜欢穿某一品牌的衣服，喜欢喝某一品牌的饮料，这些是你对一家公司产生兴趣并将其股票列入备选池的切入点，而绝非你买入公司股票的最终理由。在还没有对一家公司的行业空间、竞争格局、财务状态等进行充分研究分析之前，贸然投资的后果是致命的。

世事洞明皆学问，发现机会靠留心，但要想把机会转为投资收益，则需要一套完整、严谨的分析决策框架去执行、验证。下面，我们就通过几节内容抛砖引玉，和大家一起探讨那些生活中的投资机会。

精致露营大火，如何从生活中发现投资机会？

问：彼得·林奇说"从生活中发现投资机会"，那我们可以在日常生活中发现投资机会吗？

答：当然可以，做个有心人，留意生活中的细节，确实可以发现很多投资线索。但我们要切记，从生活当中发现的仅仅是线索，要经过系统研究和验证，线索才可能变成机会。

精致露营已经走进大众的生活，朋友圈里越来越多的人在展示露营的照片。当然，露营最火的那一年其实是2022年。受当时的封控政策影响，国际出行，甚至是跨省出行都大幅下降，本地周边游成为大家休闲娱乐的新方式。自然，与露营相关的上市公司也在当年有了不俗的表现，成为少数"受益"于疫情的行业。龙头牧高笛在2021年收入同比增长43.6%，净利润同比增长71.0%（见图8-1、图8-2）。

这是时代风尚转变带来的投资机会。虽然此后随着疫情管控的放开，短途和长途旅行重新回到大家的视野，精致露营也慢慢淡出大家的生活，龙头公司在短期暴涨后估值也开始回归均值，但不得不承认，2021年那波露营行情的确值得我们反思。露营并非"高深莫测""晦涩难懂"的科技领域，它和我们的生活息息相关，但很多人却错过了这波露营潮带来的行情。所以，普通投资者该如何从生活中发现类似"精致露营"这样的投资机会呢？

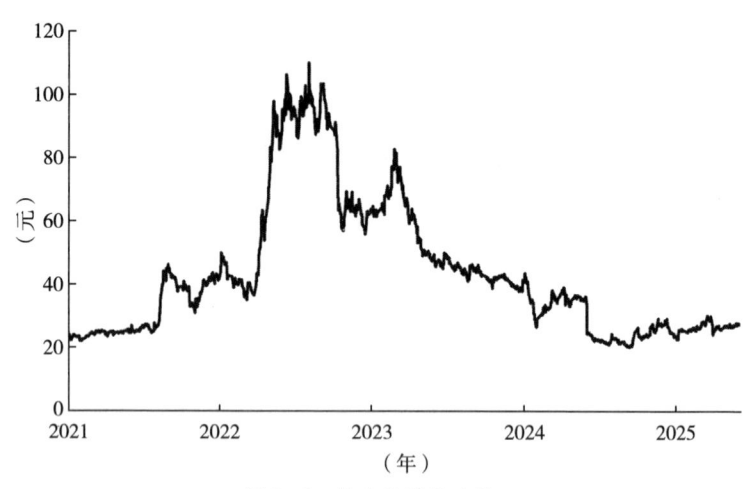

图 8-1　牧高笛股价走势

资料来源：同花顺 iFinD。

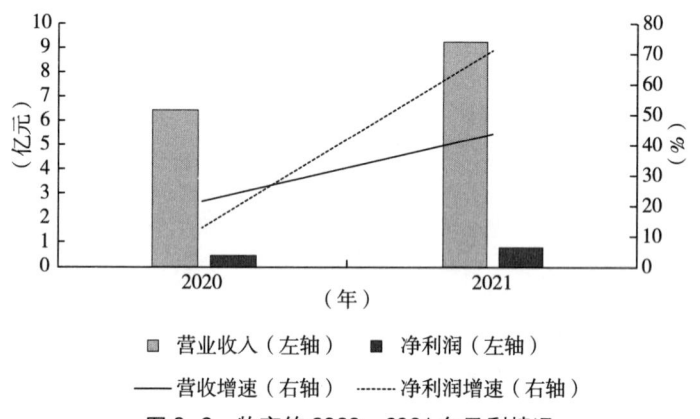

图 8-2　牧高笛 2020—2021 年盈利情况

资料来源：同花顺 iFinD。

其实精致露营能在当时走进普罗大众的生活圈，最根本的原因是消费者生活水平的提升，使得精致露营这种休闲方式成为一种时尚，成为人们亲近大自然的方式。

除了精致露营，还有其他时尚风尚变化的案例。例如李宁的控股股东非凡中国收购了英国百年鞋履品牌 Clarks（其乐）。李宁卖的是运动鞋，Clarks 主要卖的是皮鞋，而且价格不算便宜。在 20 年前，皮鞋是时尚，尤其人们上班的时候肯定要穿皮鞋。而现在，运动休闲鞋成为新的潮流，越来越多的人觉得舒适才是最重要的。这是一种时尚潮流的转变，运动变成了一种时尚。对应到二级资本市场，国内体育鞋服品牌也走出了如同安踏、李宁的长期大牛股，市值遥遥领先。

另一个例子是春风动力——一家做摩托车的企业。摩托车看起来并不是一个好生意，尽管中国的产能产量都是世界第一，但是受城市禁摩令所限，以及产能过剩大打价格战影响，摩托车一度陷入按斤卖的尴尬境地。但有意思的是，春风动力这家公司的收入和利润都在高速增长。春风动力做的是大排量的体娱摩托车，而非运输工具。虽然大众的、代步的摩托车已经很少见了，但是作为潮玩的摩托车正在大行其道，也体现了时尚潮流的转变。露营、运动服饰、摩托车这几个案例都反映了时尚变迁带来的投资机会，让我们开始重新审视一些传统行业内孕育新机会的公司。

彼得·林奇说要善于从生活中发现投资机会。对于投资者来说，应该更多地关注生活中的细节。例如 10 年前，家庭安装的一般都是传统的燃气灶和油烟机，然而随着房价越来越贵，为了更好地利用家里的每一寸空间，就需要把灶台不断地集成，让它实现拥有更多的功能和更小的体积，这个时候集成灶就逐渐走进了人们的生活，替代了一部分传统燃气灶。集成灶也让一些相关上市公司，比如浙江美大、火星人赚到了不少钱。

还有一个例子，近几年愿意接受消费医美的人也越来越多了。之前的风尚是人们更崇尚自然美，整形过的脸在很多情况下是不被喜欢的，然而现在人们愿意接受医美。医美行业中的爱美客、华熙生物都是大牛股。从生活中我们看到，时代变迁可以造就很多行业的兴衰，如果我们仔细观察生活，会帮助我们发现这些投资机会。

不过，虽说彼得·林奇表示要善于从生活中捕捉投资机会，但他说的这个话是有一定前提的。作为普通投资者，平时没有很多时间去了解各种行业，所以要善于在熟悉的领域发现投资线索，但线索并不代表是投资机会，一定要经过仔细地研究来判断公司是否是好的投资标的。彼得·林奇讲过两个"15倍股"的故事。一个故事是他听亲戚说，有一家公司的清洁剂能很好地清除衣服上因潮湿而长的霉点，这一点其他公司都做不到。于是他马上就去研究这家公司，发现这家公司的增速很快，且有行业壁垒。之后彼得·林奇就买了这家公司的股票，赚了15倍。另一个故事则是彼得·林奇对一家三明治店的投资。这家三明治店坐落于波士顿，彼得·林奇认为这家店做的三明治味道很好，观察之后发现这家店特别赚钱。因此，当这家三明治店要IPO进行全国扩展时，彼得·林奇毫不犹豫地认购了股票，结果却赔了15倍。事后彼得·林奇反思这个投资经历，发现虽然这家店在波士顿做得很好，但是否有"复制"到全国范围的能力还没有得到证实，这是自己没有考虑到的，而事实也证明这家公司的复制能力的确不行，因此股价大幅下跌。

那么，站在当下，我们可以从生活中展望哪些值得研究和把握的投资机会呢？

其一是新能源行业。新能源是显而易见的朝阳行业。我们观察到周围购买新能源车的人越来越多，它既是世界潮流，也是国家战略。除了新能源车，我国在风电、光伏的产业链上也有优势，行业确定性较高。

其二是"银发经济"（老龄化问题）。观察老年人使用的物品，比如制氧机在过去10年的产销量从40万台增加到了300万台，机构预测产销量未来还能达到千万台以上的规模。虽说制氧机品牌的竞争者比较多，但是产业链上有些环节是可以完成进口替代的，这里就蕴藏着可以发现的投资机会。

另外还有国潮国货。随着国力的提升，现在的年轻人更加认可国货，我们将在后面的小节讨论国潮国货的投资机会。

总之，我们应该带着一双善于发现机会的眼睛观察生活方式的变化，若是行业成长空间大、竞争格局好，并且又在我们的能力圈内，这可能就是生活经验、常识带给我们的投资机会。

从"关灯吃面"到"王者归来",重庆啤酒发生了啥?

问:从"关灯吃面"到"王者归来",重庆啤酒发生了啥?

答:重庆啤酒的重新崛起,没有蹭任何热门概念,而是凭借嘉士伯赋能,聚焦主业、稳扎稳打,从一家区域酒企走向全国,实现"王者归来"。

重庆啤酒曾在2011年12月遭遇9个跌停板。当时重庆啤酒股吧有用户发了一个帖子:今天回到家,煮了点面吃,一边吃面一边哭,泪水滴落在碗里,没有开灯。于是"关灯吃面"这个词横空出世。可2019年以来,重庆啤酒的股价却屡创新高,已然"王者归来"(见图8-3)。此后受核心资产泡沫破裂,以及消费整体需求疲软影响,公司股价遭遇了回撤,相较高点下跌超60%,市值蒸发近700亿元。尽管如此,其仍保持西南市场55%的市占率,展现了嘉士伯战略布局的韧性。

重庆啤酒唯一不变的可能只有那个股票代码了。因为它已经不是十年前的重啤股份,更不是上市之初的那个重庆啤酒厂了。下面我们来聊一聊重庆啤酒的"前世今生",重新认识一下这个涅槃重生的公司。

1958年重庆啤酒厂成立,成为当时仅次于青岛啤酒的第二大啤

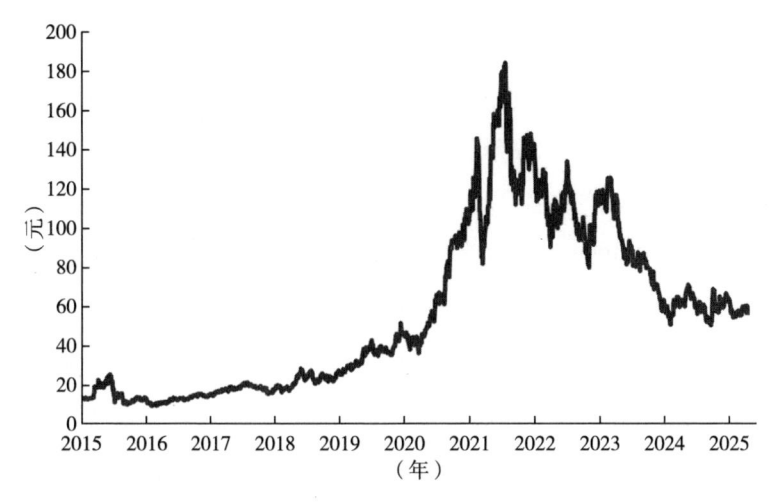

图 8-3 重庆啤酒股价走势

资料来源：同花顺 iFinD。

酒厂，并于 1997 年上市。

1999 年 4 月 5 日，重庆啤酒公告称花 1435.2 万元购买重庆佳辰生物 52%的股权，开启乙型肝炎疫苗研发之路。同年 5 月 11 日，重庆啤酒通过投资 8710 万元对佳辰生物增资，用于开发乙肝治疗疫苗项目。仅 3 个月左右的时间，股价涨幅高达 140%。

2009 年 8 月 25 日，重庆啤酒公告了二期乙肝疫苗的研究进展。此后，几家券商的研究报告改写了重庆啤酒的命运。证券分析师认为，生物工程是重庆啤酒未来的增长点，未来其股价存在翻倍的空间。

在大多数情况下，乙肝是一种终身疾病，没有有效的治疗方法，所以啤酒厂跨界做乙肝疫苗听起来有点"不太靠谱"。但是，当分析师写下"强烈推荐"的评级之后，资本市场的投资者热血沸腾，纷纷摩拳擦掌。在疯狂追捧下，重庆啤酒的股价节节上涨，一年多时间，涨幅超过 300%。

第八章　从生活中发现机会

2011年12月8日,公司发布了致歉公告并宣布停止乙肝疫苗研究,因为乙肝疫苗二期临床研究结果显示,疫苗揭盲数据低于预期。也就是说,重庆啤酒对乙肝疫苗的研究结果完全无效。结果,股价连续9个交易日一字跌停。

其实,从1999年收购重庆佳辰生物以来,重庆啤酒就成为乙肝疫苗概念股,借着乙肝疫苗的东风,其股价获得了巨额涨幅。其中,估值的抬升是重要因素。我们统计了2009年8月25日(重庆啤酒公告二期乙肝疫苗的研究进展)至2011年11月25日停牌区间,公司的市盈率情况。统计后发现,重庆啤酒在此区间内,动态市盈率的中位值是88.67,最高值更是高达197.43倍,远高于同时期的青岛啤酒和燕京啤酒,且2011年青岛啤酒的营业收入和净利润是重庆啤酒的10倍左右(见表8-1)。

表8-1 2009年8月25日—2011年11月25日三家啤酒企业股票的市盈率

股票名称	区间市盈率(TTM)中位值	区间市盈率(TTM)最高值	区间市盈率(TTM)最低值
重庆啤酒	88.67	197.43	53.38
青岛啤酒	32.47	43.65	25.36
燕京啤酒	32.45	45.70	21.70

资料来源:同花顺iFinD。

回到20世纪90年代,中国1亿多人口携带乙肝病毒。当时,重庆啤酒上市不到两年,受"饮酒伤身,制药救人"的影响,试图发展自己的第二主业,刚好某高校老师正在研究乙肝的治疗性疫苗。重庆啤酒通过收购佳辰生物延伸至生物工程领域,市场对此抱有较大的期待,并一边倒地认为疫苗将成为公司的第二增长点。

证券分析师越来越乐观的预测,加上大量积极正面的财经报道——信息轰炸、从众心理，煽动并抬高了股价。

当重庆啤酒宣布乙肝疫苗三期不再推进时，估值的泡沫破裂了。仅仅20个交易日，股价跌了72%，动态市盈率从107倍回落至28倍，令人唏嘘。

重庆啤酒的神话，不由得让人想到罗伯特·希勒教授在《非理性繁荣》一书中的观点：股市的放大机制是一种自然形成的庞氏骗局，过去的价格上涨增强了投资者的信心和期望，这些投资者进一步抬升股价以吸引更多的投资者，这种循环不断进行下去，造成对原始诱发因素的过激反应。

此外，科学实验是一个探索过程，不能说研发了就一定能成功。国外同类型研究成功率也很低，失败在所难免。投资者应当对业绩预期保持清醒，对市场保持敬畏。

重庆啤酒的"生物工程梦"碎了，但给嘉士伯留下了机会。

早在2008年嘉士伯已经入股重庆啤酒17.46%的股权，2013年嘉士伯累计持股60%，成为重庆啤酒的控股股东，同时承诺在要约收购完成后的4~7年，将其在国内的啤酒资产和业务注入重庆啤酒上市公司体内。彼时，重庆啤酒已经是一家外资企业。

值得一提的是，嘉士伯曾经进军过中国的啤酒市场，但是因为"水土不服"而狼狈退场，还把工厂卖给了青岛啤酒。但是，嘉士伯作为实力派外资啤酒品牌，不甘心放弃中国市场，于是卷土重来。

嘉士伯接手重庆啤酒后，首先关闭了大量工厂，进行产能优化。重庆啤酒2013年的工厂数量为23个，到2019年只剩14个，产能利用率处于行业领先水平。

嘉士伯选择重庆啤酒，实质上是选择了竞争相对不激烈的西南地区作为自己的基地，持续深耕西南市场。除了掌控重庆啤酒60%的股权，嘉士伯还拥有山城啤酒、大理啤酒、风花雪月啤酒、乌苏啤酒、黄河啤酒、西夏啤酒、拉萨啤酒等品牌。可见，嘉士伯外延并购的啤酒品牌多集中于西部地区。它聚焦西南，稳扎稳打，是啤酒行业的"西南之王"。

经过2014—2017年的收缩聚焦、整合优化，重庆啤酒2018年开始恢复正增长，净利润率显著提升，对比青岛啤酒和燕京啤酒，重庆啤酒近几年的净利润率可谓遥遥领先。

2016年前后，嘉士伯看到了新疆乌苏啤酒的与众不同，并开始为之赋能：

1. "夺命大乌苏"主要的产品特性：酒精浓度>4% vol，容量620ml。
2. "大乌苏、小烧烤，一顿烧烤刚刚好"：锁定了烧烤场景。
3. "NSNM"：借助短视频等媒体，极具话题性和娱乐性的传播。

大西北的异域风情和狂野，搭配烧烤场景和多元化的营销方式，让乌苏啤酒成功破圈。

不可否认，嘉士伯精准的战略眼光是乌苏啤酒成功的重要推力，从某种程度上看，打造乌苏大单品是嘉士伯综合实力提升的结果而非原因。

实际上，乌苏能成为今天这个样子，背后更深层次的原因是市场和消费者的选择。据统计，中国20~45岁年龄段的人群占比从2011年的42%，萎缩到了2020年的35%。主力消费人群的数量下降，叠加互联网世代消费者追求个性、时尚的消费理念，啤酒行业不仅面临机会，也面临挑战。

在分析啤酒行业的现状之前，我们先简单聊一聊中国啤酒行业的变迁。

1900年俄商乌卢布列夫斯基在哈尔滨建立了中国境内的第一家啤酒厂，也就是哈尔滨啤酒的前身。随后，啤酒厂在全国遍地开花，每一个城市都曾经有一瓶专属的啤酒。但是随着市场经济的发展和外国资本的入驻，中国的啤酒市场在过去的30年发生了翻天覆地的变化。

青岛啤酒诞生于1903年，在1993年上市后开启了疯狂收购，将华北的很多小酒厂收入囊中。据不完全统计，1997—2001年，青岛啤酒收购了36家啤酒厂，均改名为"青岛啤酒"。华润雪花后来居上，2001—2007年整合多个区域啤酒厂至雪花旗下，强势地区集中在华南和华东，另外还在2019年收购了喜力（中国）。

百威英博在2003年进入中国，收购了福建的雪津、吉林的金士百、湖北的金龙泉、湖南的白沙，此外，还有大雪啤酒、南昌啤酒、唐山啤酒、大富豪啤酒等。其中，百威英博全资收购哈尔滨啤酒，并增资珠江啤酒成为第二大股东。

大鱼吃小鱼，不断并购，截至2021年，中国啤酒行业基本被五大巨头瓜分：华润雪花、青岛啤酒、燕京啤酒，以及百威英博和嘉士伯。

值得一提的是，燕京啤酒是唯一一家没有被外资参股、控股，完全由国资控股的企业。

随着人口数量和年龄结构的变化，2013年我国的啤酒产量已经见顶，约5000万千升，到了2020年仅有3411万千升。且目前我国人均啤酒消费量达36.2L/年，与消费习惯相近的日本（43.8L/年）和韩国（37.2L/年）差异已经不大，提升空间相对有限。

简单来说，啤酒行业进入量减价增阶段，结构升级成为新的方向，高端化已经成为行业共识。从 2019 年开始，啤酒巨头们已经纷纷采取措施希望打开高端市场，比如拓展品牌矩阵、发展有实力的经销商、创新营销方式等。

消费水平的提升是高端化的前提，生活好了，大家越来越愿意接受消费升级，更想要能够悦己的消费。消费者对品质、精神更有追求，那么有故事、有意义的啤酒会更占上风，这也是乌苏啤酒成功的重要底层逻辑之一。

此外，精酿、鲜啤、无醇等种类的啤酒的崛起，从另一个层面加速了高端化进程，为啤酒企业带来新的增长空间。根据前瞻产业研究院的研究，精酿啤酒的消费量是在逐步增长的，且渗透率目前仅 2.2%（对比欧美 10% 以上），仍有较大市场空间。

但不容小觑的是，精酿啤酒的兴起使竞争更加激烈。近年来，中国各地的小型啤酒厂出现了前所未有的增长，精酿啤酒呈指数级增长。2015 年我国仅拥有精酿啤酒企业 74 家，2016 年增长到 293 家，截至 2024 年 12 月，我国精酿啤酒相关企业数量已超 1 万家。

总的来说，啤酒行业的消费量已经见顶，高端化、多元化的趋势将继续加深。同时，啤酒企业想要获取高附加值，须回归产品本质，做尊重消费者喜好的产品并进行相应的创新。

2013 年，嘉士伯入主重庆啤酒，带其走出困境，迎来新生。

2020 年，嘉士伯履行解决同业竞争承诺，在当年 12 月 12 日公告完成重大资产重组，将嘉士伯在中国控制的优质啤酒资产注入重庆啤酒。重庆啤酒通过 24.4 亿元现金和对价为 43.65 亿元的业务，获得"嘉士伯重庆啤酒有限公司"51.42% 的股权，成为嘉士伯在中国运营啤酒资产的唯一平台。

可以看到，重组完成后，重庆啤酒的营业收入从2019年的35.82亿元变成了109.42亿元，净利润从7.29亿元变成了17.52亿元。

重组之前，重庆啤酒的营收比不上珠江啤酒，是燕京啤酒的1/3；重组之后，重庆啤酒的营业收入追平燕京啤酒，利润更是燕京啤酒的6倍。2020年，重庆啤酒的主营业务收入不到青岛啤酒的40%，但净利润是青啤的75%，盈利能力强劲。

如今的重庆啤酒已经不再是昔日的重庆啤酒，而是嘉士伯中国。由此，重啤股份从一家区域啤酒公司成长为全国性啤酒企业，可谓王者归来！

目前，嘉士伯中国已形成"6+6"的本地强势品牌+国际高端品牌的多品牌矩阵。公司注重各品牌的差异化运作，通过单品牌单团队的运作模式，精准定位，积极布局。

乌苏是啤酒行业近年来少有的爆品，仍处于快速成长期，有潜力成为全国性的大单品；超高端白啤"1664"和新品果酒"夏日纷"，卡位高端价格带，后续表现值得期待。

不知不觉间，嘉士伯坐稳西南王座，并用高端产品作为敲门砖进军中部、东部市场。不得不说，嘉士伯管理层有精准的战略眼光，是一个很严谨的组织，不光踏准了高端化战略，对利润有诉求，而且对企业发展极有耐心。

不过，进入2024年，由于消费低迷，重庆啤酒似乎开始陷入"高端化与本土化"的战略困局。尽管通过嘉士伯的资产重组跻身行业第四，但公司的高端化进程受阻，高端产品线（如"1664"、"夏日纷"果酒）在西南市场接受度低，导致渠道强制搭售和库存积压，2024年高端酒收入同比下滑2.97%。与重庆啤酒形成鲜明对比的是珠江啤酒的崛起。2024年其营收同比增长6.56%至57.31亿元，净利润大增29.95%至8.1亿元。

我们来做一个总结。重庆啤酒曾经是一家国有的区域啤酒厂，因跨界失败而跌落神坛。落难的重庆啤酒遇上嘉士伯，逐渐走出困境并"脱胎换骨"。但如今挑战再一次出现，嘉士伯主导的高端化路径出现水土不服，"1664"白啤等国际品牌在西南市场接受度低。未来公司需要思考如何培育兼具国际品质与本土口感的高端产品，因为单纯移植国际品牌已被证明是难以为继的。

最后，我们再谈一谈消费行业与这个时代。

随着经济的发展和人口结构的改变，大生产大消费的时代已经结束，消费升级带来品牌化、个性化是不可逆的趋势。啤酒、白酒、奶粉等行业的总需求量逐年下滑，大家都在寻找结构性的机会。

白酒有社交和历史文化属性，且没有保质期，越久越值钱，因此头部的名酒企业可以持续提价，赚取更多的超额收益。

回到啤酒行业，受限于运输半径，有一定的区域性；单品价值低，更偏消费属性。在消费降级的大背景下，谁能成功做到产品结构升级，谁就能取得业绩的逆势提升。

当下，啤酒市场早已结束了跑马圈地的时代，但局部的战火仍在蔓延。以华润、青岛、燕京为代表的中国啤酒正与以百威英博、嘉士伯为代表的国外啤酒品牌开展一场没有硝烟的啤酒之战。中国的啤酒市场未来是否会迎来新的变局？一切都还是未知。

瑞幸咖啡的浴火重生

问：从深陷"造假风波"到上演"浴火重生"，瑞幸做对了什么？

答：两手抓：一手提升产品力，推陈出新打造"爆品"；一手持续扩张门店，扩大规模以摊薄成本。而这背后，是瑞幸咖啡强大的数字化能力。

2022年11月7日，雪湖资本创始人兼首席执行官马自铭，在网络上发表了一份瑞幸咖啡研报。报告开篇第一句是："瑞幸咖啡的重生是中国商业史上的奇迹。"值得注意的是，雪湖资本正是业内普遍推测在2020年做空瑞幸，引爆瑞幸财务造假丑闻的"幕后推手"。

2023年9月4日，瑞幸咖啡和茅台联手推出的"酱香拿铁"在咖啡市场引起轰动，火爆出圈。开卖当天，酱香拿铁刷新了瑞幸的单品纪录，卖了542万杯，销售额破1亿元。2024年，瑞幸继续交出靓丽的经营答卷，全年营收破300亿元，同比增长35.4%，利润超过35亿元，同比增长16.9%。

短短三四年的时间，瑞幸可以说是凤凰涅槃、浴火重生，它身上到底发生了什么故事？本节，我们就来重温瑞幸的商业历程，探究瑞幸奇迹背后的秘密。

几年前，瑞幸咖啡的创始人陆正耀和愉悦资本的创始人刘二海在北美一起喝咖啡时，萌生了进军咖啡市场的想法，后来得知下属钱治亚也有创业的打算，于是几个人就一起做出了瑞幸咖啡。瑞幸咖啡2017年10月才有了第一家门店，相比于1999年就进军中国、称霸中国咖啡市场近20年的星巴克，瑞幸咖啡就像个初出茅庐的毛头小子。但是正是这个毛头小子，引爆了后来中国咖啡市场的变革，锋芒直指星巴克。而且瑞幸的做法和传统的咖啡零售商截然不同，为咖啡市场带来了全新的变革。

第一，瑞幸采用小店模式，舍弃了咖啡馆的空间属性，为市场提供高性价比、高便利性的咖啡，这种打法直接挑战了星巴克的"第三空间"经营理念。

星巴克进入中国的20年也是中国咖啡文化逐渐形成的20年。星巴克的"第三空间"理念也随着咖啡渗透率的提升而逐步被中国咖啡爱好者所接受。"第三空间"的概念是由美国社会学家雷·欧登伯格（Ray Oldenburg）提出，他称家庭居住空间为第一空间，职场为第二空间，而城市的酒吧、咖啡店、博物馆、图书馆、公园等公共空间为第三空间。

星巴克就希望为用户提供舒适的"第三空间"，星巴克咖啡店里欧美经典的背景音乐、流行时尚的报纸杂志，给消费者营造了高贵、时尚、浪漫的文化氛围，打造了一个除工作单位和家庭以外的新的场所。但是营造"第三空间"的舒适环境是有成本的，在星巴克喝一杯咖啡需要花三四十元，这里面的很多成本都来自"第三空间"，所以在星巴克喝一杯咖啡往往被插上了"有生活品质"的标签。

但是瑞幸对此提出了质疑，联合创始人钱治亚曾说，咖啡本质是饮料，星巴克过分售卖了第三空间的概念和品牌溢价，获得了过高的利润。

事实也是如此，星巴克其实有两类用户，第一类用户会在星巴克坐下来点一杯咖啡，充分享受星巴克的"第三空间"服务，但是星巴克其实并不能靠这一类用户赚钱，因为这些用户导致星巴克翻台率下降，而翻台率是餐饮企业的命脉。星巴克赚钱真正依靠的是第二类用户，这类用户在星巴克买了咖啡后会打包带走，他们只享受了星巴克的咖啡，而没有享受到星巴克精心营造的"第三空间"，但是他们付出的成本却是一样的，远远超出了咖啡本身的制备成本。

瑞幸针对的就是这第二类用户。瑞幸的小店模式相比于传统咖啡馆节省了大量空间，门店只承担制作和出餐任务，不需要和用户进行过多交互。这使得瑞幸咖啡的售价明显低于星巴克，对于星巴克的第二类用户有非常强的吸引力。

第二，瑞幸是高度数字化的产物。瑞幸成立之初，创始团队大多来自陆正耀的"神州系"，他提出"数字化高于一切"。

所以一开始，瑞幸所有的交易都放在 App 上，执行都是标准化，自动计算进货量以及设备物联网化，通过各种补贴优惠促进交易完成，同时获取完整数据，在门店选址、运营、供应链等环节结合互联网技术，进一步降低可能存在的损耗，通过大数据分析得出门店盈利的最低指标，来实现最大坪效等。

这种数字化系统的搭建，一方面帮助瑞幸提升供应链和管理效率，降低成本；另一方面帮助瑞幸获得大量私域流量，能够更好地把控用户的需求。这个从一开始就在积累的数字化优势是瑞幸的宝贵财富，也是瑞幸未来能够逆风翻盘的基础。

与瑞幸相反，星巴克面对迎面而来的数字化需求，始终显得有些笨拙。举个例子：2017 年 11 月，瑞幸咖啡成立之时，星巴克中国就已经开始与阿里巴巴商讨外卖合作，但直到 2018 年 8 月，合作才最终敲定，一项最为普通的线上外卖业务，竟然耗时9个月。此前，星巴克一度不提供外卖服务，原因是中国市场要与全球保持一致性，中国区要做决策必须得到全球总部的同意，改革推进较为缓慢。

第三，瑞幸采用了互联网的"烧钱"打法。从中关村出来的陆正耀有着浓厚的互联网基因，互联网大投入铺规模的基本操作，也成了瑞幸最初的底色。从试营业开始，瑞幸就仿照当时的互联网公司，将大额补贴引入咖啡零售领域，首杯免费的瑞幸很快吸引了大批白领、大学生消费者。这种打法和早年外卖软件、打车软件的打法是一样的，就是让用户先养成习惯，扩大规模，然后再融新的钱，继续投入，等上市以后继续融资投入扩大规模。

从2019年瑞幸的招股书来看，截至当年3月，瑞幸咖啡已有2370家直营店，分布在全国28个城市中。别忘了，瑞幸在2017年11月才开了第一家店！这是多么迅猛的扩张速度！

通过这些新的打法，瑞幸在中国的咖啡市场上快速崛起。2019年5月17日，瑞幸咖啡正式登陆美国纳斯达克交易所，从成立到上市仅19个月，成为全球最快IPO公司。那是瑞幸的高光时刻，但是致命的危机也已经在酝酿。

2020年，瑞幸咖啡还在纳斯达克向投资者描绘着超越星巴克的美好蓝图，可1月底春节刚过，却遭遇了知名做空机构浑水的暴击。

浑水是一家专门做空的投资公司，老板是个中国通，公司名就取自"浑水摸鱼"的意思，主要做空在海外上市的中国股票。这一次，浑水盯上了瑞幸。浑水发布了一份由"匿名信源"提供的做空报告，报告多达89页，数据翔实，多为第一手资料，直指瑞幸咖啡伪造营收、财务造假。

2020年4月2日，瑞幸承认公司财务造假，涉及资金21亿元，舆论哗然。当天，瑞幸咖啡股价暴跌80%，市值蒸发超过50亿美元。

2020年5月，瑞幸咖啡终止时任CEO和COO的职位。2020年6月29日，瑞幸咖啡因无法递交年报，进而从美国纳斯达克退市。

2020年7月，瑞幸公布调查结果，瑞幸财务交易于2019年4月开始编造，瑞幸咖啡2019年的净收入虚增约21.2亿元，其中第二季度虚增2.5亿元，第三季度虚增7亿元，第四季度虚增11.7亿元。瑞幸解除对陆正耀的董事长任命，解除对黎辉、刘二海的董事任命，任命董事兼原代理CEO郭谨一为公司董事长兼CEO。

瑞幸咖啡进入至暗时刻。

为什么瑞幸咖啡要财务造假？问题很可能出在瑞幸咖啡的管理团队上。瑞幸咖啡的商业模式本身是可以走通的，虽然互联网烧钱的打法被很多人质疑，但是陆正耀团队从2005年创立UAA（联合汽车俱乐部）到后来的神州租车和神州优车，一路走来，都是通过大量投入，发起超低价促销战来快速占领市场。经过十几年的实战演练，到瑞幸项目，这一技能已经被发挥到了极致。

但是问题在于当时瑞幸的管理团队摊子铺得很大，旗下并不是只有瑞幸这一个项目，还有其他重资产的项目等着投资。所以瑞幸在纳斯达克上市以后，陆正耀曾以他自己和钱治亚名下的公司所持有的瑞幸股票为担保，从瑞信、摩根士丹利、中金、海通、巴克莱银行和高盛6家金融机构获得5.33亿美元贷款。

这个时候，为了维持高股价，就必然需要始终给资本市场描绘一个极具想象力的未来，这个未来不能有瑕疵，经营数据也必须光鲜亮丽，为了维持高增长的假象，最终导致管理团队出了"歪招"。

就在大家都认为瑞幸会就此没落之时，一份靓眼的财报让其重新回到投资者的视野。2022年三季报，公司营收38.95亿元、同比增长

65.7%。在第三季度中，瑞幸咖啡月均交易客户数为2510万，较2021年同期的1470万增长70.5%。2024年报显示，瑞幸在高基数下继续实现增长。这无疑宣告：瑞幸咖啡回来了！那个被做空的瑞幸咖啡，用了不到两年时间，就卷土重来了，并且证明了自己的持续成长能力。

雪湖资本发布的瑞幸咖啡研报表示，能在如此短时间内扭转业务局面，瑞幸咖啡靠的是"天时、地利、人和"。

瑞幸为什么能够重新崛起？有以下几方面的原因：

第一，新冠疫情重塑了咖啡市场的竞争格局。2020年新冠疫情传播，很多餐饮门店关闭堂食，对于以"第三空间"为卖点的星巴克来说，无异于致命打击。而瑞幸这种咖啡点单自提的销售模式，受到疫情传播的打击更小，相比于更多作为办公场所的星巴克，瑞幸可以夺取更多市场份额。

第二，瑞幸的产品迭代和变革。早期的瑞幸咖啡产品是非常单一的，除了陨石拿铁，主要就是美式、拿铁，产品本身缺乏创新。所以很多人虽然被低价吸引去喝瑞幸咖啡，喝完却吐槽瑞幸咖啡真的不好喝。通过大投资的打法确实可以吸引很多用户，但是产品本身如果没有办法真正把用户留住，那当补贴不再的时候，很多用户退出，最终能够留下来的用户会很少，为了改变这种境况，瑞幸这两年在产品上开始发力。

公司在2020年9月推出了厚乳拿铁，是瑞幸标志性的创新产品之一，截至2020年第二季度售出超过1亿杯。2021年4月，推出生椰拿铁，是瑞幸最成功的饮料咖啡产品，2021年卖出了超过7000万杯，占现制饮品总量的16%。瑞幸的产品创新速度，别说星巴克，连以创新能力著称的新茶饮头部品牌都自叹不如。据公开报道，瑞幸在

2024年共推出119款新品，超过奈雪的105款。

第三，持续的门店扩张。根据最新统计，瑞幸的门店数量已经过万，在中国超越星巴克成为门店数量最多的咖啡连锁公司。在连锁消费行业，门店数量代表了行业地位。在中国，要想在一个细分领域取得龙头地位，并进而取得规模效应、抢占消费者心智，万家门店是一个门槛。鸭脖龙头品牌绝味食品的门店数量也是1万多家。

第四，瑞幸高效的新管理层。瑞幸在财务爆雷后，快速地重整了管理层。2022年4月，瑞幸脱离了破产保护，现在由总部位于北京的私募股权投资公司大钲资本控股，该公司也是瑞幸的早期投资者。大钲资本已撤换了瑞幸的大部分高层管理人员，并解雇了前董事长、首席执行官和其他早期实施造假的员工。新管理团队并不追求门店扩张和"新零售"模式，而是专注于业务基础和盈利能力提升。

第五，消费者的持续支持。一般来说，如果一家公司财务造假，这家公司会被消费者抛弃，但是瑞幸的案例有所不同。很多消费者认为："瑞幸的咖啡本身没出什么问题，还能补贴我们消费者。"所以财务造假的事情对于业务本身没有什么冲击，消费者向来非常务实，瑞幸没有食品安全问题，他们还愿意喝瑞幸的咖啡，不会像投资者一样感觉被出卖了。只要用户没有抛弃瑞幸，瑞幸便获得了喘息的时间，得以继续在经营上发力。

总的来说，瑞幸已经度过了艰难时刻，从现在的财务数据来看，瑞幸已经进入了实现正收益、不断拓店的良性循环。而这背后，公司一成立就坚持的数字化策略功不可没。在门店选址方面，瑞幸的数字化系统会根据App的订单数据计算出热门商圈位置，指导开店。在门店运营管理方面，瑞幸的数字化系统囊括了制作流程、设备状态监控、销售记录、食品有效期等多项运营指标，由系统代替人脑记录关键运营数据，有效地提升了门店运营效率，降低了门店的用人成本，也更便于店长了解门店情况，做出决策。

据沪上阿姨招股说明书的预测数据，过去 5 年中，中国现磨咖啡的增速最快，从 2018 年的 366 亿元增至 2023 年的 1721 亿元，复合年增长率达到 36.3%，后续将以 17.6% 的速度增至 2028 年的 4242 亿元。中国的咖啡市场还在扩容，但是对于曾经的"霸主"星巴克来说，竞争也在加剧，"躺赢"的时代已经结束了。

未来的星巴克至少会面临两个巨大的挑战：

第一，消费者的价格敏感度会提升。由于选择变多，三四十元的星巴克咖啡更容易被消费者抛弃。

第二，新时代消费群体的消费习惯发生变化。由于 95 后、00 后消费者成长于"茶饮黄金时代"，茶饮深度影响了这代年轻人的"饮品消费观"：他们不仅喜欢更甜的产品，也会更喜欢好看好玩的新东西。如何应对这种新的消费潮流将是星巴克的巨大挑战。

当然，虽然星巴克面临挑战，但是它在未来依然会是中国咖啡市场的重要一员。而且不论是瑞幸还是星巴克，都会成为中国多元化咖啡市场的一分子。

展望未来，瑞幸还有多大的成长空间？

2024 年中国人均咖啡消费杯量达 20～22 杯，这个数据远低于全球咖啡消费量均值 75.2 杯/年。随着中国可支配收入的提升，中国的人均咖啡消费量不应该低于世界平均水平，甚至可能会在未来向日韩超过 200 杯/年的水平看齐。换句话说，中国的咖啡市场还有 10 倍以上的空间。对于瑞幸来说，如果能够保持市占率不变，那么未来可能会有超 1000 亿元的市场空间。

瑞幸的浴火重生对我们做投资有哪些启发？

第一，从成长股研究的角度来思考，成长类公司不一定来自科技赛道，也可能来自传统赛道，传统赛道中也会有一些需求被忽视，或者一些新的需求产生，如果能够抓住这些需求，同样可能创造高速成长。而且由于市场对于传统赛道的偏见，其价格也会更加便宜，潜在收益更大。比如这几年异军突起的饮料品牌元气森林，它抓住了零糖、健康这样的新消费趋势，所以获得了巨大的成功。

第二，瑞幸能够在财务造假这么大的负面冲击下活下来，是因为瑞幸这门生意依然是一门好生意。瑞幸的创投团队看到了这一点，所以没有选择放弃离场，而是重整了管理层，继续押注在这个赛道。所以在瑞幸这样的案例中，我们可以看到逆向投资的机会。当一个公司遇到"黑天鹅"危机的时候，我们需要界定这个危机到底影不影响未来的盈利能力？如果不影响未来的盈利能力，不打断投资逻辑，那么就不是风险，而是一个投资机会。

第三，选择大于努力。我们作为投资者，不可能直接介入公司的管理，也没有办法干预公司的经营，但是我们可以选择那些容错性大、长坡厚雪的好赛道，即便后面遭遇了"黑天鹅"，也有浴火重生的可能。

未来的中国咖啡市场会更加多元。星巴克代表了腔调、文化、体验，依然拥有一大批"死忠粉"。而瑞幸咖啡靠着更年轻的产品、更年轻的品牌、更年轻的战略，有望吸引更年轻的互联网世代咖啡消费者。更多的精品咖啡连锁，哪怕只有几百家店，但是只要做出特色，也能获得生存空间。瑞幸的案例是中国咖啡市场崛起的一个生动写照，虽有波折有坎坷，但是一路向前，前景光明！

国潮兴起，投资该如何布局？

问：为啥国货品牌越来越受人青睐，国潮兴起下有哪些投资机会？

答："国潮"热的背后不仅是中国制造、中国品牌的崛起，更是中国情怀、文化自信的彰显。不过，潮牌爆品的生命周期相对较短，起来快衰落也快，难以把握。国潮兴起之下，我们可以找一些"卖铲子"的公司，比如代工、电商运营等，它们的稳定性可能更好，更适合普通投资者。

这些年潮牌国货不断兴起，各行各业都可以看到国货的崛起，例如服装行业的李宁、波司登，饮料行业的喜茶、元气森林，化妆品行业的故宫口红、完美日记等。接下为，我们来聊一聊国货崛起的原因，以及其中酝酿的投资机会和风险。

曾经很多人觉得好的品牌都在国外，比如饮料和化妆品大部分选择的都是洋品牌。但是现在不同了，国货越来越潮，尤其是在年轻人当中，接受国货的人越来越多。我们认为，这个现象的产生有以下几个原因：

1. 人均 GDP 的显著提升。2000 年中国人均 GDP 为 950 美元，2020 年为 10 800 美元，20 年间人均 GDP 上涨了 10 倍。

2. 国货品质的提升。在很多领域国货产品的品质和国外的品质已经没有区别。

3. 现在的年轻一代没有经历过比较贫穷的年代。他们从一出生所接触到的中国产品就是好的，和外国产品在功能上没有本质的差异。

这3点是国货近年来崛起的主要原因。此外，国货崛起与Z世代崛起并成为当前消费的主力之一也有关，他们倾向于购买国货。Z世代是指1995—2010年出生的人，这些年轻的消费群体经历了互联网的快速发展。因为互联网，年轻人获得信息的渠道越来越多（淘宝、拼多多、抖音、小红书等），所以注意力比较分散，在这种情况下，浏览的目的性不是特别强。除此之外，Z世代的消费是比较谨慎的，购买之前会做测评，会把各种对于产品的观点进行罗列，比好价格之后再去购买。也有部分Z世代以社交为目的去购物，追求个性，所以价格敏感度不是特别高。

以前的消费者更多受广告的影响，但是Z世代接触的信息非常多元，消费行为发生了一些改变，所以催生出了一些新的玩法、新的商业模式。

例如完美日记，这家公司只管创意、品牌和渠道，生产都是外包的。由于现在的化妆品产业链很成熟，各个环节都有专业化的参与者，所以对于潮牌企业来说，不用再关注生产、包装、分销渠道，只需要关注创意和客户关系的营销，这种轻资产模式实现了企业的快速扩张。作为国货美妆品牌的代表，完美日记曾凭借"大牌平替"的定位，以及撒网式的营销迅速崛起。完美日记3年就实现了50亿元的销售收入，而要达到这个规模的收入，传统化妆品企业可能需要十几年甚至几十年的发展。完美日记可谓增速惊人，其母公司逸仙电商更是备受资本市场青睐，市值一度过百亿美元，甚至带动了国内新消费赛道的投资热潮。

再来看另一个曾经崭露头角的新锐品牌——贝泰妮。贝泰妮的薇诺娜品牌是专注于敏感肌的护肤品，所处的细分赛道非常具有想象力。亚洲女性有很多都是敏感肌，敏感肌护肤品赛道在 2021 年前五大公司市占率为 63%，薇诺娜在巅峰时期的市占率超过 20%，竞争格局在当时看较好。公司发展之初就和一些医疗研究院合作，有医生背书，增加了消费者的信赖感。此外，发力线上也是贝泰妮走出的正确一步。我们接触到的大部分海外化妆品都是主攻线下专柜的，消费者适应了这种体验方式，习惯在线下购买产品，就很少在线上购买海外品牌的产品，例如欧莱雅 2019 年线上收入占比不到 20%，与之相对，贝泰妮的线上收入基本占 80%。受益于互联网崛起以及新冠疫情催化、消费者向线上迁移，很多传统品牌的影响力和销售模式都面临挑战，这给了新的国货品牌发展的机会。

那么，从投资的角度看，国潮国货热会带来什么样的投资机会呢？

化妆品曾经是国潮国货热的主角之一。从上游材料到代工、电商代运营、品牌运营，化妆品产业链有很多上市公司。作为普通投资者，新锐品牌对于谨慎型投资者不太合适，因为波动性大，并且潮牌爆品的生命周期相对较短，崛起快但是衰落也快。例如完美日记上市后也收购了很多其他品牌，目的就是能不断打造出爆品，但成功率并不算高。这几年，完美日记市场口碑下滑，业绩增长乏力，连年亏损。逸仙电商的股价最高曾攀升至 25.47 美元/股，市值接近 160 亿美元，但在 2024 年初股价只剩下 1 美元，市值不到 6 亿美元。贝泰妮也是类似的股价走势，公司过度依赖薇诺娜单一品牌，但敏感肌赛道如今的竞争格局已大不如前，竞品公司诸如珀莱雅、华熙生物等均推出类似产品，且功效更加多元，兼顾修复+抗老/美白需求，导致贝泰妮的市占率被侵蚀。

相反，并不新颖的代工领域，可能反而是化妆品产业链中确定性更高的环节。参考一些其他行业的代工公司，走出了很多大市值的公司，比如服装代工龙头申洲国际，以及苹果产业链的代工龙头富士康和立讯精密。正如前面提到的，贝泰妮的特点就是搞研发，但是生产都是给代工去做，这种模式下可能会催生出一批较大体量的代工企业。

此外，也可以关注一下电商运营公司。如今，很多化妆品大牌也开始往线上转，但并不是自己运营线上销售，而是请电商代运营。电商代运营也有很多上市公司，如壹网壹创、丽人丽妆。

除了化妆品产业链，其他行业也有很多投资机会，如服装、奶粉和啤酒。

在服装行业，如羽绒服品牌波司登，这些年一改过去传统、老气、低端的形象，而是跟"国潮，大牌，专业"等词汇联系在一起，背后是公司在产品升级、品牌升级、渠道升级等方面的成功运营。

在奶粉行业，飞鹤在品牌影响力这方面做得非常好，那句经典的广告语"最适合中国宝宝的奶粉"非常吸引消费者。除此之外，飞鹤还深耕线下，例如开设"妈妈班"等。

在啤酒行业，啤酒虽然是个舶来品，但是国内的品牌效应并不差。青岛啤酒也打出了国潮的口号，推出了福禄寿的包装，与天猫合作推出很有创意的广告，以20世纪30年代到21世纪的时光流转为背景，青岛啤酒的瓶盖一直流转其中，吸引了不少消费者关注。

从波司登、飞鹤和青岛啤酒身上，我们看到国产品牌也开始注重品牌设计以及品牌故事，期待后续有越来越多的国货在世界的舞台崭露头角。

  最后，我们做一个总结。这些年国货品牌的崛起，是多个因素共同导致的结果，例如综合国力的提升，年轻人对于国货的认同度越来越高，互联网经济的崛起，新的商业模式的崛起等。不过，就投资来说，新品牌的生命周期能维持多久，对于普通投资者来说会比较难确定，反而是那些被我们忽略的"貌似比较传统"的公司可能估值性价比更高，会产生一些投资机会。

一个欣欣向荣的千亿级赛道——宠物食品

问：2000亿元规模的宠物经济，为何没有巨头诞生？

答：从理论上来说，一个千亿级别的市场容量，足以孕育出一两家巨头企业。但受政策影响，中国宠物市场发展较晚，国内企业起初主要以代工为主，品牌性不强。如何突破洋品牌在品牌形象和产品口碑上构筑的护城河，通过创新营销抢占消费者的心智，是国内宠物行业的企业需要解决的问题。

宠物经济是当下的热门概念之一，包含了一条服务于宠物的完整产业链：宠物饲养场、宠物医院、宠物美容店、宠物食品店、宠物寄养店、宠物网站等。走进超市，可以非常直观地感受到宠物食品占据了货架上更多的空间，不同品牌各种包装的宠物食品琳琅满目。宠物店、宠物医院也变得随处可见，各大百货商场总能见到几家与宠物产业相关的店面。

年轻人越来越喜欢养宠物，特别是猫和狗。养宠物能给主人带来什么？我的朋友饶钢教授分享了他的养狗心路历程。饶教授表示，养狗是自己人生中非常重要的一个体验，特别是刚开始养狗的那段时间。因为家里的孩子比较叛逆，有时工作也挺烦闷，所以饶教授就养了第一条狗。之后他发现，养宠物能够很好地提升自己的生活质量。例如工作遇到不开心的事情——遇到不讲理的客户、不讲理的老板等，当迈入家门的那一刻，狗就会过来抱他的腿，将它抱起会得到情感上的慰藉。因此，养狗对于改善自身的精神状态是很有帮助的。包括在写论文时遇到了瓶颈，饶教授就会和狗一起玩耍放松大脑，直到灵感来了再接着写。有一次在填写养狗证明时，其中一个问题是"狗的用途是什么"。饶教授一开始有些懵，不知道填什么，后来警察说填陪伴，他顿时觉得非常有道理，说宠物就像是家庭成员，陪伴你，满足你的精神需求。

通过饶教授分享的养狗经历，我们认为，养宠人数增多的现象与现代都市化的进程相关。以前大家生活在农村，兄弟姐妹构成了一个大家庭，其乐融融。现在家庭这个单位越来越小了，大家可能会觉得孤单，很多人目前是一个人生活在大都市。另外，人们的工作压力很大，就想在宠物这里得到心灵慰藉。通过这两个原因，我们可以得出一个普遍性规律，当城镇化的进程越显著，或者人们的竞争压力越大时，养宠物的人也会越多。

不光是在国内，海外也是如此。当人均 GDP 达到 1 万美元左右时，城镇化率的快速发展开始放缓，这时西方国家就出现了较高的宠物保有率，并且人们在宠物身上花的钱也越来越多。相关数据显示，海外宠物行业的增长率高达 18%，这是一个非常高的数值，毕竟当一个国家的 GDP 增长率在 4%~5%时，多数行业的增长率就只有个位数了。

不过，依据宠物行业的数据，养宠物在中国的渗透率还比较低。受各种影响，中国宠物市场的发展比较晚。在 20 世纪 70 年代，狂犬病是比较高发的一个病种，且有相当高的致命性，令人闻风丧胆。于是从 80 年代开始，政府明令禁止在城镇内养狗，直到 90 年代推持证养狗，这些政策在短期约束了宠物市场的发展。

后来随着人均 GDP 的提高，可支配收入的提升，医疗和生活保障越来越完善，养宠物的需求出现了爆发式增长。目前，国内家养的猫狗数量已经超过 1 亿只，美国大概有 1.8 亿只。从绝对数量上来看，我们养宠物的数量已经不小了。但单户养宠的渗透率还比较低，美国人口只有 3 亿多，从户均角度看，美国的一户人家大概有 1.5 只宠物，而中国是 0.4~0.5 只，差距还比较大。

但这可能并不意味着我们在日后会达到美国的户均养宠水平。因为美国地广人稀，而中国主要以城市环境为主，养猫养狗的空间会很有限。相比之下，同样以城市生活为主的日本，可能具有比美国更高的对比价值。

参考日本的数据，受城市环境的影响，养狗的需求在慢慢减少，养猫的需求还在增加。此外，有意思的是，研究表明当养宠物的数量达到一定程度后，渗透率可能会不增反降。日本是个典型代表，其经经历过一个宠物渗透率快速提升的过程，但这几年正在逐步下降。

回到中国，我们判断未来国内宠物猫狗的增速会逐步放缓，不会像前几年那样爆发式地增长。不过，养宠数量增速下降，并不意味着宠物市场在缩小。随着人均收入水平的提升，消费者在猫狗身上花的钱会增加。例如买狗粮，不同品质的狗粮价格可能会有 8 倍的差距。同时，为了满足宠物主的需求，当猫狗吃饱以后，还要考虑它们的身体健康，所以除了主粮之外，又催生了宠物零食的市场、宠物用品的市场以及宠物医疗的市场。

我们再聊回投资。《2025 年中国宠物行业白皮书》的调研数据显示，2024 年中国犬主人数量为 3601 万人，同比增长 2.3%；猫主人数量为 4088 万人，同比增长 2.5%。从单只宠物的消费能力上看，单只犬的年消费是 2961 元，同比增长 3.0%；单只猫的年消费为 2020 元，同比增长 4.9%。中商产业研究院的统计数据也显示，2024 年宠物食品市场规模达到 1668 亿元，预计 2025 年将达到 1755 亿元。整个宠物行业规模在 2024 年突破 3002 亿元，到了 2027 年有望达到 4042 亿元。千亿级别的规模，加上 7.5% 的增长率，表明这已经是一个很好的赛道了。

但这个赛道的特点是特别分散、还处于白热化的竞争状态。根据统计，2024 年我国宠物食品行业排名前 10 的企业仅占 25%~30 的市场份额，集中度较低，而韩、日、美排名前 10 的企业市场占有率均在 60% 以上（见图 8-4）。

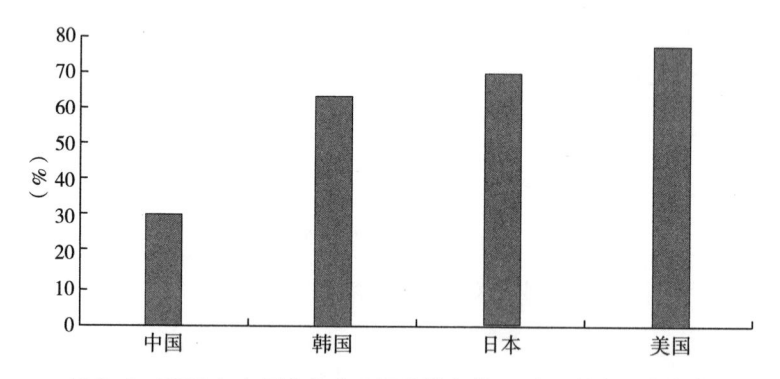

图 8-4 2024 年各国宠物食品行业排名前 10 企业的市场占有率
资料来源：国海证券。

虽然外企目前的市占率最大，但其实是在持续萎缩，玛氏的市占率从 2014 年的 17.6% 降至 2019 年的 11.4%，雀巢的市占率从 2014 年的 5.7% 降至 2019 年的 2.2%（见表 8-2）。外企市占率萎缩的主要原因有二：一是政策限制了宠物食品进口，导致进口货源很不稳定；二是外企很难把握快速变化的中国市场，我国的商品销售渠道经历了从线下到线上再到多流量平台的转变，目前线上渠道的销售额占据宠物食品的一半以上，营销手段也多种多样，而国外以线下渠道为主，同时中国的消费者画像也较为多元，变化较快。目前一些国外品牌正在进行调整和放权,以适应中国的市场,国产品牌若能抓住这个窗口期,便有机会实现弯道超车(见表8-3)。

表8-2 中国宠物食品市占率前10的企业 (%)

	2014年	2015年	2016年	2017年	2018年	2019年
玛氏(美国)	17.6	16.9	15.3	13.8	12.6	11.4
上海比瑞吉(中国)	7.4	8.0	7.6	6.6	5.0	3.9
华兴(中国)	1.2	1.8	2.1	2.2	2.4	2.5
河北荣喜(中国)	1.6	2.2	2.9	2.8	2.6	2.4
徐州苏宠(中国)	0.0	0.3	0.7	1.3	1.9	2.3
上海依蕴(中国)	—	0.4	1.1	1.5	1.9	2.2
雀巢(瑞士)	5.7	4.0	3.1	2.7	2.5	2.2
山东乖宝(中国)	0.9	1.0	0.9	1.0	1.3	1.6
烟台中宠(中国)	1.0	1.1	1.1	1.2	1.3	1.4
加拿大冠军	—	—	0.2	0.3	0.9	1.2

资料来源:华安证券。

表8-3 中国宠物食品市占率前10的品牌 (%)

品牌	所属公司	2014年	2015年	2016年	2017年	2018年	2019年
皇家	玛氏(美国)	7.3	7.6	8.8	8.1	7.7	7.2
比瑞吉(中国)	上海比瑞吉	5.0	5.6	5.4	4.7	3.8	3.0
疯狂小狗(中国)	徐州苏宠	0.0	0.3	0.7	1.3	1.9	2.3
伯纳天纯(中国)	上海依蕴	—	0.4	1.1	1.5	1.9	2.2
麦富迪(中国)	山东乖宝	0.9	1.0	0.9	1.0	1.3	1.6
伟嘉	玛氏(美国)	3.4	3.1	2.6	2.1	1.8	1.6
宝路	玛氏(美国)	3.6	3.2	2.5	2.1	1.8	1.6
顽皮(中国)	烟台中宠	1.0	1.1	1.1	1.2	1.3	1.4
玫斯(中国)	河北荣喜	0.9	1.3	1.8	1.6	1.5	1.4
力狼(中国)	华兴	0.6	1.0	1.2	1.2	1.3	1.3

资料来源:华安证券。

而且,有一个有趣的现象是,在其他消费品领域中,例如服装、食品等,占据主导地位的都是国内的公司,例如茅台在白酒行业中是绝对龙头，而伊利在乳制品行业的地位也不可动摇。但是在宠物食品行业，很多年轻人则更倾向于买进口的产品。他们给出的理由不外乎国外的品牌知名度更广，产品的质量较好。这可能和宠物食品公司刚刚从代工模式走向自主品牌有关系，尚未真正抢占消费者心智，构建起强大的品牌护城河。

目前活跃的国产品牌可分为四类：一是以中宠、佩蒂、乖宝为代表，从海外代工厂转型的企业；二是以比瑞吉、伯纳天纯为代表，拥有自有品牌和工厂，不做代工；三是以河北荣喜、华兴为代表的"河北粮"，也拥有自有品牌和工厂，但因起家时的"毒猫粮"事件频发，目前品牌已被定位为低端产品，难以突围至中高端；四是网红品牌，无自有工厂，依靠线上新营销形式树立早期品牌知名度，代表品牌是疯狂小狗。

这几类企业的对应商业模式可分为三种：代工、自有品牌+无工厂、自有品牌+自有工厂。

模式一：代工。

代工不是一个好的商业模式，毛利率低，对下游客户无议价权，生产制造本身几乎没有壁垒。

大部分制造业的核心竞争力是成本优势，而宠物食品生产显然无法具备这种优势。以我国的宠物食品结构中目前占比最大的干粮为例，其成本中原材料和直接人工占比在60%以上，宠物零食中最主要的肉干类零食亦如此。这些都属于可变成本，难以通过扩大生产规模来将其摊薄。因此，中宠股份的境外代工毛利率长期在20%出头，且2020年因鸡肉涨价而降至20%以下（见图8-5）。

代工厂的客户以大品牌为主，优势是大客户黏性高，不会轻易更换供应商，劣势也很明显，客户过于强势，工厂议价权很弱。2019

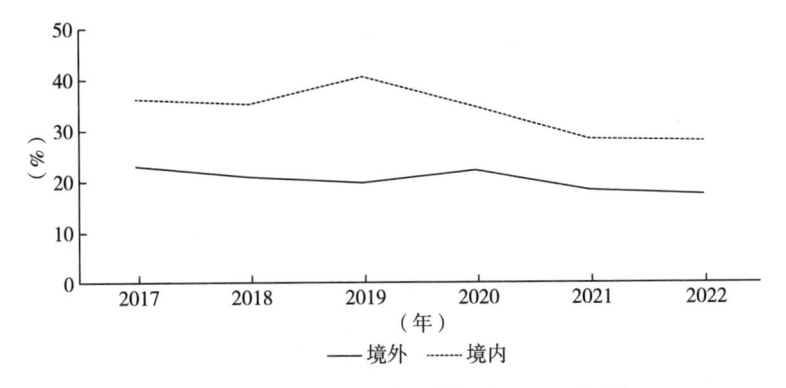

图 8-5　中宠股份境内外毛利率（2017—2022）

资料来源：同花顺 iFinD。

年中美贸易冲突升级，中国出口关税加至 25%，佩蒂股份不得不将代工产品降价以帮客户承担部分关税，导致其 2019 年净利润下跌超 60%，至今尚未回到 2018 年时的净利润水平。中宠股份在出厂价格上并未受到关税影响，因为客户集中度相比佩蒂而言低，加上在海外宠物食品市场仍在增长的情况下，客户仍有较大需求。而随着市场的进一步成熟，客户需求增速放缓，代工企业的议价权将进一步减小。

因此，中宠、佩蒂等代工企业纷纷转型，打造国内自主品牌。海外大品牌的形象已经相当牢固，而国内市场尚未分出胜负。作为面向消费者的消费品，企业拥有定价权，毛利率更高，品牌也能够成为企业未来最深的护城河。宠物食品消费者虽不在意品牌本身的价值，但品牌可以为食品安全背书，并因此获得相应的溢价和消费者黏性。中宠股份的境内毛利率最高曾超过 40%，若是已经打造出相应的品牌价值，毛利率将进一步提升。

模式二：自有品牌+无工厂。

国内网红品牌多采用此模式，不生产，纯做营销，优势是能依靠其擅长的新营销手段，快速提升品牌早期知名度；劣势是可能不利于其打造"食品安全代名词"的品牌形象,未来可能也难以进入中高端市场,在线下刚需渠道也会遇到瓶颈,此外,未来也容易出现被竞争对手切断供应链的风险。

宠物食品类似于婴儿奶粉,直接消费者无法表达,一旦曝出食品安全问题,多是因为造成了宠物生病乃至死亡的严重后果,去宠物医院救治的难度也较大,因此消费者对待宠物食品的安全问题大多是零容忍。由代工厂生产的产品,质量往往更难控制,消费者自然很难信任。

模式三:自有品牌+自有工厂。

该模式比无自有工厂的企业在产品力上相对更强,相关企业在线下渠道也更有优势,但在线上营销方面目前弱于网红品牌。产品力强只是基础,更关键的是产品触达消费者的能力。"双微一抖"① 是消费者接触宠物相关信息最主要的渠道来源,线上也是占比更大的销售渠道,因此必然是相关企业需要大力克服的短板。

目前相关企业已经在加速国内线上渠道的布局,中宠股份在2020年投资了擅长线上营销的公司,包括做电子商务的华元德贝和线上宠物食品新锐品牌杭州领先。2021年又直接收购了杭州领先,希望借助其线上营销优势弥补自身短板。

总的来说,宠物经济是一个高成长的好赛道。展望未来,单身经济和银发经济将带来养宠人群的不断增加和养宠渗透率的不断提升,叠加消费升级的大趋势,预计宠物经济的市场规模还将继续扩大。在这个过程中,谁能抢占消费者心智,构筑起品牌护城河,谁就将成为行业的大赢家。

---

① 双微一抖指微信、微博、抖音这三个社交媒体平台。

第九章　大象能否再次起舞？

很多 A 股投资者向来喜新厌旧，重视科技、成长赛道，轻视传统、成熟行业。但是，投资一个成熟行业的公司，一定不会赚大钱吗？

海螺水泥，在 2014 年全国水泥销量达到顶峰后，股价最高上涨了 9 倍左右（前复权）；即便如今股价较高点回撤不少，相较 2014 年行业见顶后仍涨了 5 倍左右。

美的集团，在 2018 年全国空调销量达到顶峰后，股价最高上涨了 3.6 倍左右（前复权），即便如今股价较高点回撤不少，相较 2018 年行业见顶后仍涨了 2 倍。

贵州茅台，在 2016 年全国白酒销量达到顶峰后，股价最高上涨了 9.8 倍（前复权），即便如今股价较高点回撤不少，相较 2016 年行业见顶后还是涨了 7 倍。

所以，一个行业是否成熟，是否传统，不该成为你投资的限制条件。相反，正因为这个行业已经跨过高速增长阶段，可能会导致市场对其产生偏见，从而出现一个好价格。

当然，"捡便宜"的同时也要防范陷入"估值陷阱"，如何从这些不再新鲜的行业中,挖掘出盈利能够持续增长的公司,找到真正的"价值馅饼",是投资传统行业最大的难点。在本章中,我们总结了几种可能令传统行业老树开花、大象再起舞的机会:例如主业稳健、反哺第二曲线成长的微软;从资本弃儿到香饽饽的银行;在供给侧改革下,竞争格局有望优化的房地产、医药;主业稳健,护城河深厚,静待周期反转的牧原;供给受限,周期弱化的石油股等。

总之,投资不应该戴着"有色眼镜",只有摒弃对传统行业的偏见,回归对公司护城河、竞争格局、盈利能力的分析与判断,才能做好价值投资。

微软为何能重登全球市值巅峰?

问：老牌巨头重回巅峰，微软为何能经久不衰？

答：微软的转型成功主要是抓住了云计算的变革潮流，但这并不是偶然。公司在面对技术变革时，积极拥抱，敢于尝试，而不是因循守旧，故步自封。此外，微软此前在PC时代积累的客户优势和充沛的现金流，也为公司不断试错提供了足够的空间，最终找到前进的方向。传统公司也能老树开花，那些老业务具有深厚护城河，管理层创新求变，且新老业务有协同效应的公司，迎来第二增长曲线的概率更大。

在20世纪90年代，比尔·盖茨和微软是公认的创业英雄。但随着移动互联网时代的兴起，微软的势头慢慢被苹果所超越。2010年，苹果市值首次超过微软（见图9-1），《纽约时报》发表评论称：这是新时代的开始，也是旧时代的结束。就在外界认为微软会随着PC时代的衰退，就此没落之时，公司的业绩和市值却重回巅峰。2021年底，微软市值超越苹果，重新回到全球市值龙头宝座上。虽不久后又被苹果赶超，但两家公司的市值差距并不太大，微软始终在美股"七姐妹"中占据重要的一席之地。接下来我们就复盘一下微软的二次成功之路，和其中对于投资的启发。

在PC时代，微软的地位可以用"垄断"二字来形容。首先是操

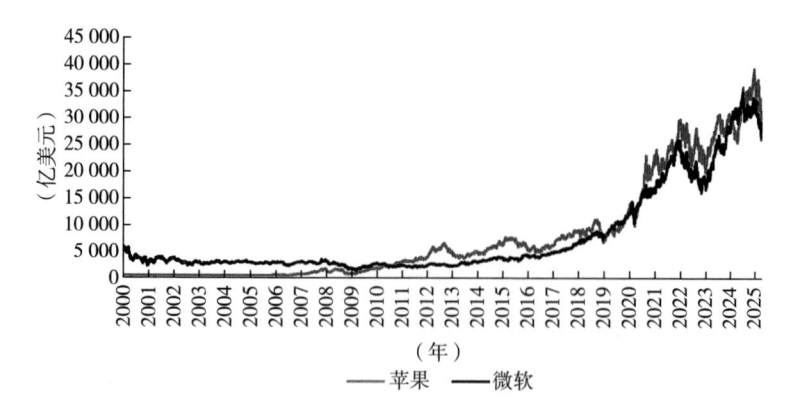

图 9-1　微软和苹果的总市值对比（2020—2025）
资料来源：同花顺 iFinD。

作系统，微软的 Windows（视窗）操作系统凭借一开始和 IBM 的计算机绑定，迅速铺开市场，并依靠 Wintel 的战略联盟，成为毫无争议的 PC 时代王者。如今，在全球桌面操作系统中，微软的市占率依旧高达 75%。

除了 Windows 系统，Office 办公软件也是微软保持垄断的关键。电脑的核心需求之一就是办公，微软借助 Windows 操作系统的兼容性，推出了 Office 办公软件。受益于网络效应，Windows 和 Office 这对黄金搭档牢牢霸占 PC 行业第一的位置。

从商业模式上看，微软从事的也是一门极好的生意。Windows 操作系统和 Office 办公软件作为微软的核心产品，其边际成本趋向于零，从最开始的磁盘光盘，到现在用一串密钥即可激活系统，每新增一个用户，微软几乎没有成本支出，用户增长带来的收入几乎都是利润。虽说大部分人可能并没有购买操作系统抑或办公软件的经历，但其实我们已经为其付费了，这是因为微软的产品绑定了我们购买的台式机或者笔记本。PC 时代超高的市占率，让商家每卖出一台电脑，都为微软贡献了大量的利润和现金流，堪称"现金牛"业务（见图9-2）。

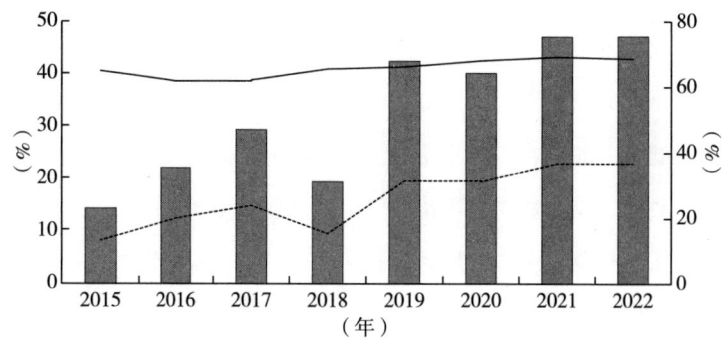

图9-2 微软净资产收益率、销售毛利率及销售净利率（2015—2022）
资料来源：同花顺iFinD。

微软的高光时刻一直持续到21世纪，另一位商业天才乔布斯带着革命性产品iPhone开启了移动互联网时代，互联网浪潮从PC端转向了移动端。彼时微软仍在吃老本，除了早期推出的操作系统和办公软件，在很长的一段时间都没推出什么划时代的新产品，昔日的PC巨头开始逐渐在大家的视野中消失。2008年，全球PC出货量增长停滞，微软的营收再也涨不动了，当时金融危机还未爆发，可微软的股价已经暴跌不止。

虽然微软凭借操作系统和办公软件，在PC时代获得了垄断地位和持续稳健的利润和现金流，但船大难掉头，随着移动互联网大趋势的到来，微软开始掉队。

微软不是没有努力过，例如把Windows系统搬到手机上，用键盘和手写笔操作，但这种形式并没有得到用户的认可。要实现第二增长曲线不是一件容易的事，很多时候甚至要对第一增长曲线砍一刀才行，这是一种革命。微软在PC时代的成功导致它在移动互联网时代

第九章 大象能否再次起舞？

来临时，不能痛下决心革掉自己的命去适应这个大潮。虽然微软尝试推出移动端操作系统，也推出各种移动应用去迎合移动互联网，但都没掀起太大风浪。

更要命的是，微软也患上了巨人病，内部各业务线相互倾轧，组织效率低下。2011年，科技漫画家马努·科尔内（Manu Cornet）画了一张漫画，以呈现顶级科技公司组织架构的本质，一度在业内流传甚广。在这幅漫画中，最具讽刺意味的是微软各部门互相拿手枪指向对方（见图9-3）。

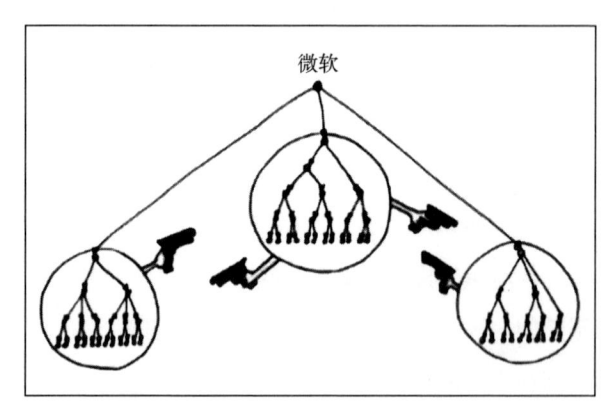

图9-3　马努·科尔内在2011年用漫画总结微软的组织架构
资料来源：同花顺iFinD。

不过，虽然错过了移动互联网的浪潮，但微软抓住了云计算的崛起。当PC进入存量市场后，微软在操作系统和办公软件的面向个人的产品已经看到了"天花板"，公司开始寻找新的增长点。2014年，微软确立了"移动为先，云为先"的发展战略，瞄准企业端客户，全力投入云计算领域。在当时新任CEO萨蒂亚·纳德拉的带领下，微软已从盖茨时代的软件公司成功转型为一家云计算公司，云计算业务取代了Office成为公司营收最大的部分，微软也成为全球市占率第二的云服务厂商，仅次于亚马逊。

云业务占比的提升，使得微软的轻资产逐渐变重。以前卖软件，产品交付形式就是一个密钥，边际成本几乎为零。如今转型切入云服务市场，商业模式与之前大不相同，微软需要购买大量的服务器作为基础设施，才能奠定其在云服务领域的地位。财务报表也能佐证这一点，微软的固定资产投入从 2011 年的 20 亿美元逐渐增长到 2025 年的 800 多亿美元，看得出微软转型的决心是坚定的。

为什么微软的转型能成功？其实这并不是偶然，云服务业务的快速起步离不开微软过去凭借操作系统和办公软件带来的庞大用户基础。

在微软决心布局云计算之时，亚马逊的云服务已经发展得相当迅猛，是当仁不让的行业领头羊。而微软的起步则较晚，不过公司选择了一条差异化的竞争路线，从过去在 PC 时代积累的大型企业客户的需求端发力，绕开与亚马逊的正面竞争。当时，亚马逊云的主要客户是中小公司和创新企业，这类客户的 IT 架构相对简单，历史数据量也不多，比较容易迁移。但对于已经有多年 IT 系统使用经验的大型企业来说，要把整个系统迁移到云上非常麻烦。一些金融、政府机构等，基于保护数据隐私的考虑，也不可能把所有数据都放到云端。

针对这些客户，微软给出了混合云模式的解决方案：把最核心机密的数据放在自有系统上，其他数据放在公有云上处理，在兼顾隐私的同时，最大化地提升效率。以此为切入口，微软成功解决了大型企业客户上云的痛点，市场占有率快速提升。微软的成功转型，让资本市场也对其表现出很大的改观，估值上也趋向了 SaaS（软件即服务）企业的 PS（市销率）估值达到 10 倍以上。

复盘微软的转型之路，其并非一帆风顺，公司同样经历了错过移动互联网时期的懊恼。其曾在 2013 年花 72 亿美元收购诺基亚的手机业务，想与苹果的 iPhone 一争高下；2004 年推出数字音乐播放器 Zune，想和苹果的 iPod 竞争；2007 年又花 63 亿美元买了在线广告公司 aQuantive，想抢占广告市场，对抗谷歌。但这些全部以失败告终，最终公司在云计算上找到了继续前进的方向。

那么，为什么微软有能力不断试错？一个企业想要进行各种各样的试错，都是需要资本的。如果企业本身的主业已经没落，没有持续利润来源，那么靠风投、靠砸钱，不断尝试新主业，迟早难以为继。微软在这十多年间也有不少失败的产品，手机 Windows 系统被 IOS 等排挤，必应搜索引擎和 Edge 浏览器难以撼动谷歌的霸主地位，一直在社交领域不断尝试也依然没掀起风浪。但是，纵然移动互联网时代手机兴起，也并不能完全替代电脑，微软凭借 PC 时代积累的稳健利润和现金流，为后续布局新业务提供了充足的弹药。

当然，微软再次站上浪潮之巅，表面看是战略转型成功，背后离不开现任 CEO 萨蒂亚·纳德拉对微软文化基因的改造。前微软员工回忆，萨蒂亚·纳德拉升任 CEO 后主推成长型思维，其核心理念是开放、谦虚和包容。与之相对的则是固化思维。

2014 年 3 月，纳德拉上任第二个月，首先把 Office 套件带入苹果的 iOS。在 iPad Pro 发布会现场，苹果副总裁请来了一位特别的开发者——Office 365 的副总裁。"有谁比微软更了解生产力呢？"苹果副总裁的一句打趣背后，是两个"宿敌"的握手言和。微软一直将苹果视为最主要的竞争对手，但纳德拉围绕"移动为先"的战略，将 Office 套件植入苹果 iOS，以及谷歌旗下的安卓系统。

在 XR（扩展现实）技术支线，微软的游戏应用《我们的世界》接入了 Meta 阵营的 VR（虚拟现实）设备 Oculus Rift，尽管后者是微软自家 MR（混合现实）产品 HoloLens 最有力的竞争对手。

最令外界意外的一次合作，是微软跟 Red Hat（红帽）的同台。当纳德拉站在"Microsoft ♥ Linux"的幻灯片面前，有分析师惊掉了下巴——太阳从西边出来了，因为微软的操作系统和 Linux 是最直接的竞争对手，微软曾经一路"追杀"Linux，现在两个竞争对手居然走在了一起。

最后，我们做一个总结。通过微软重回巅峰，我们获得的启发有：

1. 要投资拥有宽阔护城河的公司。护城河是公司可持续获得盈利的保证，只有拥有深厚护城河的公司，才有能力抵御竞争，在未来维持甚至增强赚钱能力。复盘微软的成功之路，一家护城河宽阔的公司能为自身建立起很强的壁垒和可持续的盈利能力，微软在 PC 时代凭借网络效应达到的垄断地位，直到今天都仍然为其贡献稳定的利润和现金流，也为公司不断试错，最后在云计算领域的成功打下了坚实基础。

2. 抓住优秀传统企业的二次增长机会。A 股资本市场中也有很多传统的公司。如果它们的主营业务非常稳固，能够带来持续且稳健的现金流和净利润，同时资本市场因为偏见而没有看到它们的新增长潜力，估值可能会被压得非常低，那么，这里面可能就蕴含了好的投资机会。因为一旦它们借助原有业务的客户优势、资金优势，转型切入一个新赛道，并让市场看到公司开创新增长曲线的能力，那么估值和业绩提升触发的戴维斯双击，就会带来股价梦幻般的涨幅。

医药股否极泰来了吗？

问：医药行业曾是市场公认的长坡厚雪赛道，为何过去三四年股价"跌跌不休"？

答：政府集采导致医药行业的基本面出现巨大变化，灵魂砍价令投资者望而却步。但长期看，人口老龄化趋势不变，医药行业需求仍有强力支撑。集采带来的供给侧出清最终会利好龙头公司提升份额。此外，国产创新药投入多年，在这两年迎来了收获期，中国创新药BD（商务拓展）出海交易和金额的全球占比逐年提升，打破国际垄断。市场低迷时，恰是我们捡便宜的机会，找到那些真正具有创新实力的药企，会收获时间的玫瑰。

医药赛道是长期牛股的集中营，也是股市关注的焦点。不过，这些年，医药股经历了很大的波动。以恒瑞医药为例，股价从高点回撤了70%~80%。但最近两年，一批医药股又慢慢涨起来了，包括恒瑞医药从股价低点也大幅反弹，那么，医药股是不是到了否极泰来的时候？

首先，我们来看看上一轮医药股为什么会下跌？

2020年是医药股投资逻辑的分水岭。2020年之前，医药行业是一个长坡厚雪的好赛道，人口老龄化趋势背景下用药需求越来越大，生物医药公司也不断推出创新产品解决更多老百姓的健康问题，行业一片欣欣向荣，行业内公司的市值也不断增长。

但集采政策的出台，改变了市场预期，政策鼓励创新药，抑制仿制药和平价药的过度利润，导致很多企业的业绩发生了巨大变化。

冠脉支架就是器械集采最惨重的一役。2020年11月，我国首次开展的高值医用耗材集中带量采购在天津市开标，在这次集采中，冠状动脉支架的均价从13 000元下降到700元左右，降幅达到了93%，堪称"脚踝斩"。

作为心血管植入支架领域的龙头，集采前，微创医疗的心血管介入业务收入是2.65亿美元（2019），净利润为1.11亿美元（2019），是公司旗下造血能力最强的业务板块。集采后，微创医药的心血管收入已经萎缩至2022年上半年的6022万美元，亏损433万美元。

政策转向下，唯有不断研发出更加创新的产品，才能在这场砍价追逐战中保持领先的身位。换句话说，要让集采的杀价节奏追不上创新的步伐，方能破除内卷，获得高增长。

乐普医疗就是当时从"集采"坑中爬出来的代表企业之一。在传统金属药物支架营收显著下降的背景下，2021年，乐普的介入创新产品组合（可降解支架、切割球囊、药物球囊）营收同比增长827.36%。2022年上半年，其介入创新产品组合增速仍保持50%的高增长，创新器械占冠脉收入的比重提升到69%，而传统的金属药物支架收入则下降至12%，公司的净利润率基本回到集采前的水平，平稳度过集采"阵痛期"（见图9-4）。

不过，真正拥有持续创新能力的企业毕竟是少数，彻底转型创新药/器械绝非易事。尽管乐普在2021—2022年通过可降解支架等创新器械实现营收增长，但这些创新产品的生命周期并不长。2023年药物球囊、切割球囊也陆续进入集采名单，其中药物球囊在广东联盟集

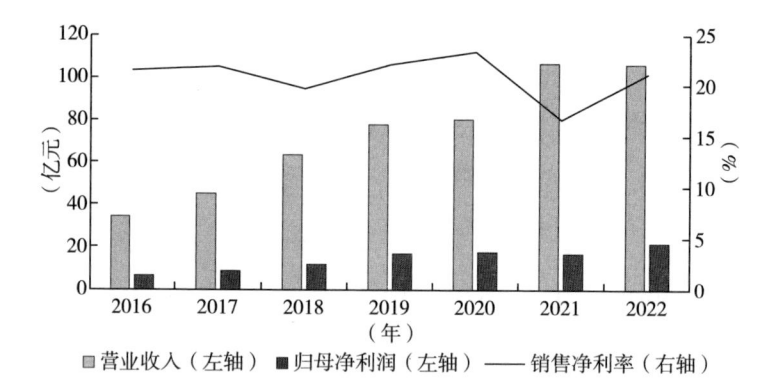

图 9-4 乐普医疗营收、净利润及净利润率（2016—2022）
资料来源：同花顺 iFinD。

采中的价格从 6285 元降至 4870 元，降幅超过 20%。单次产品创新难以构筑持续竞争优势，集采的常态化倒逼企业陷入"研发—集采—再研发"的循环中。

老牌龙头恒瑞医药的转型同样不轻松，公司此前主要靠仿制药赚钱，营销体系也非常强大。如今在政策的引导下，战略已聚焦创新药，仿制药逐步退出。但全部投身于创新药需要增加投入研发新管线，回报周期长，公司的业绩同样在 2021—2022 年遭遇重创，连续两年业绩下滑。

除了政策的转向，中美关系的紧张也是医药股表现萎靡的原因之一。最典型的是 CXO[①] 赛道，比如药明生物被美国加入制裁观察名单后，市场开始产生观望心理。

当然，无论是集采政策，还是中美关系，这些都只是催化因素。从投资角度看，导致股价变化的实质性因素还是盈利的变化。在医药股单边下跌之前，行业的盈利能力是长期向上的，但受集采政策等因

---

① CXO 是对医药研发生产外包领域各类专业服务企业的统称。

素影响，行业盈利能力出现阶段性拐点，开始下滑。

股票市场短期看是投票器，市场按照盈利能力的边际变化来交易，导致股价的上涨或下跌；长期看则是称重机，公司最终盈利能力的量级会决定市值的量级。站在当前时点，判断医药股是反转还是反弹，需要调查背后原因是未来行业盈利能力的系统性回升，还是市场的短暂情绪回暖。

我们认为，集采导致药品或器械的价格大幅度下跌，使原来量价齐升逻辑中"价"的这部分逻辑被破坏，但是"量"的部分依旧有人口老龄化的长期趋势来支撑。中国每年依旧会新增1000万左右的65岁老年人口，这个进程是不断加速的，人的年纪越大，疾病发生率越高，对医药的需求也会越多。我们预计，集采刚推出时，市场的关注点往往是短期"价"的负面逻辑，即集采导致短期收入和利润的收缩，但当整个事件尘埃落定后，市场的关注点会转移到长期"量"的正面逻辑上，即究竟哪些公司能够在进入集采后实现市场份额的扩大。

回到恒瑞等医药股的股价上涨。一部分原因是超跌后的反弹，经过2021年的暴跌，医药行业估值已经处于20%的历史分位数附近，是非常便宜的。另一部分原因是，市场对国产创新药业务发展有了更好的预期。2024年，国产创新药BD（商务拓展）总额突破640亿美元，首付款比例提升至15%~20%。典型如恒瑞医药与默沙东达成的GLP-1药物组合协议，开创了"风险共担、利益共享"的新型合作范式；康方生物的PD-1/VEGF双抗以20万美元/疗程的定价进入美国市场，首年销售额突破5亿美元，标志着中国创新药开始参与全球高端市场竞争。

此外，美联储降息周期的开启也有望为创新药板块注入强效催化剂。历史数据显示，创新药指数与联邦基金利率呈现强负相关性，降息周期内板块平均涨幅达 35%。资本成本的下降将提升企业研发动能。

纵观国内外，医药行业都可以被称为长期牛股"集中营"，原因主要有 3 点：

1. 医药行业所满足的需求是刚需。如果某种药品能解决患者的临床需求，它就是一个重要的刚需。对于患者来说，保命是比买房、买车、喝名酒更重要的事情，不少人愿意为了治疗疾病倾家荡产，可见医药是绝对刚需。

2. 医药行业壁垒较高。创新药存在专利保护期，如果企业能率先研发出一款对患者切实有效的大单品，会在专利保护期内赚得盆满钵满。

3. 人口老龄化是大势所趋。在老龄化趋势下，全社会对生命健康的投入是连贯的、长期的、稳定的，这为医药形成一个长坡厚雪的赛道奠定了非常重要的基础。

上述原因是以前医药股长期走牛的逻辑，后来医药股虽被投资者暂时抛弃，但上述逻辑并没有改变。

虽然医药行业的大逻辑是创新驱动+人口老龄化，但细分子行业众多，逻辑也有各自的差别。例如创新药的逻辑是高门槛、高风险、高收益，医疗器械的逻辑是国产替代，医美的逻辑是消费升级。

另外，不同医药子行业所处的生命周期也有差别。2010 年前，医药行业以化药为主导，所以化药公司牛股辈出。但是后来人们逐渐发现，化药的治疗方式主要是大面积攻击，这一过程中可能会误伤正常细胞和组织，所以，行业开始进入生物治疗时代，出现大分子药、小分子药、靶向药等精准打击的治疗药物。目前看，这些品种正处在一个比较好的成长期，但如果再往后看 10 年、20 年，还有类似于细胞疗法、基因疗法等，它们处在萌芽阶段。所以，处于不同生命周期的医药股，投资收益不在一个量级。

既然投资医药行业的壁垒如此高，那么投单只医药股可能未必适合普通投资者。好在市场中有很多的医药型基金，也有很多医药ETF，这些可能适合更多的普通投资者。

最后，我们做一个总结。中国的医药行业长期来看还是一个长坡厚雪的赛道，将来仍是牛股的"集中营"。投资是均值回归的，站在当下，医药股处于历史估值的极低位置，可能也到了均值回归的时候，所以才有了这一波医药股的上涨。不管是在医药股的投资，还是在其他行业的投资，在乐观的时候都不要忘记估值；反过来在二级市场最低迷的时候，也别忘了我们当初乐观的原因。医药股还是好赛道，且公司估值合理，甚至便宜，我们就没理由再继续悲观下去了。所以，市场上一些聪明的资金已经开始悄悄买入，重新布局医药股了。

银行股为何走出逆天行情？

问：银行股为何在这几年一枝独秀，走出逆天行情？现在还能投资银行股吗？

答：这和银行股多年来被市场所轻视导致极度低估有关。银行股的估值修复尚未完成，当前板块市净率仅 0.68 倍，显著低于国际水平。"国家队"增持与资产荒推动的高股息逻辑仍然有效，优质大行 5% 的股息提供防御价值，区域银行可博弈经济回暖弹性，不过要警惕中小银行期限错配风险。

这几年的 A 股市场，上演了一出令人瞠目的"冰火两重天"。2023 年至今，沪深 300 指数表现得不温不火，甚至一度下跌超 10%，但银行板块却始终稳稳上涨，成为黯淡市场中难得的"避风港"。更令人瞩目的是，工商银行、建设银行等国有大行竟在弱市中创出历史新高，彻底颠覆了"大象难起舞"的市场认知。那么，银行股为何能走出逆天行情，银行板块还值得投资吗？

银行板块在过去很长时间，一直不受资本市场青睐。就拿工商银行来说，2006 年上市时，其净利润不到 500 亿元，而截至 2024 年末，其净利润已经超过 3600 亿元，年复合增速超过 12%。但反观公司的估值，上市之初尚有 4 倍的市净率，但如今仅 0.7 倍，资本市场的定价逻辑似乎与基本面背道而驰。资本市场还有这么一个关于银行股的段子：某家公司的 ROE 常年维持在 15% 以上，净利润增速在 10% 以上，市盈率却只有 10 倍，有人问投资者会买这样的公司吗？大家纷纷表示如此优秀又被低估的公司当然会买。但当知道这家公司是银行的时候，投资者却纷纷婉拒，扭头就走。

市场对银行股的偏见到底是为何呢？我们可以回顾一下银行股的历史股价波动情况：先是 2013 年"4 万亿计划"所引发的资产质量担忧，将板块市盈率打压至 4 倍冰点；继而 2016 年供给侧改革中，市场误判传统产业债务风险会传导至银行体系；再到 2020 年新冠疫情冲击下，投资者认为经济增速下滑，银行作为顺周期必然会首当其冲。

总之，在大多数人眼中，银行是一个强周期行业，所谓强周期就是和经济关联度非常高，一旦宏观经济下行，那银行股势必跟着下跌。但事实果真如此吗？把工商银行和中国神华的盈利进行对比，你会发现，即便是产业链一体化如此优秀、成本控制能力如此强的煤炭龙头，也逃不开周期对其的扰动。中国神华在 2006—2013 年利润周期向上，但 2013 年后又一路下跌，而后从 2015 年开始触底反弹，但在 2018 年再一次下降，直到这两年重拾增长。过去 20 来年，其净利润在 300 亿~700 亿元剧烈波动，完美诠释了周期股的波动特征。而同期，工商银行的净利润一路稳步增长，展现出堪比消费股的稳定性，即便在经济遇冷的情况下，也不过是增速放缓而已。

这种差异的根源，在于银行业务深度嵌入国民经济循环，会随着经济的转型改变自己的信贷结构。例如 2024 年六大行对新兴产业贷款增量占比已超 60%，而传统领域（房地产+传统制造业）占比降至 30% 以下，在一定程度上实现了"去地产化"。所以我们发现，银行的不良率并未跟随部分行业的爆雷出清而急剧上升，相反六大行不良

第九章　大象能否再次起舞？

贷款率从 2016 年的 1.68% 的峰值降至 2023 年的 1.3% 左右。

所以，市场对银行股的误判是因为将其当作普通的周期股看待，另外 A 股市场向来喜欢炒小炒新，而银行上市公司众多，所以从稀缺性角度来看也不受部分资金青睐。奇怪的是，从 2023 年开始，市场似乎突然幡然醒悟，开始追逐银行板块，银行股从过去的无人问津成为香饽饽，这种突然的转变又是出于什么原因呢？

首先，我们在前文中已提到，银行股在 2023 年估值修复，过去数十年银行稳健的盈利增长，终有一天会倒逼银行股的估值向合理区间靠拢。另外，还有两个催化剂。

一个是资金面。2023 年四季度，作为"国家队"代表的中央汇金公司首次明确宣布增持四大国有银行，并承诺在未来 6 个月内持续买入。这一消息犹如深水炸弹，令沉寂多年的银行股开始进入机构投资者的核心观察池。而且，当时恰逢 A 股市场资金面最微妙的时刻。自 2022 年以来，公募基金持续面临"赎回潮"压力，北向资金更是在美元加息周期中连续净流出，市场资金的话语权移交到以"国家队"为代表的社保、险资手上，它们是为数不多的增量资金，其喜好也决定了那个时期 A 股市场的偏好。

另一个是资产荒导致银行等高股息资产得到重视。受宏观经济下行影响，10 年期国债收益率持续下行，理财产品预期收益率普遍回落至 3% 以下。当全市场都在为"钱该往哪里去"焦虑时，国有大行 5%~6% 的股息率开始显现出独特的配置价值，这些高股息资产突然就成了"沙漠里的绿洲"。

那么，业绩如此稳健的银行股，是否也会存在一些风险呢？

银行体系与生俱来的杠杆基因，可以在经济上行期为银行创造规模快速扩张的便利。但是，当这种杠杆游戏遇上激进的管理层，风险便如影随形。巴菲特对此有过精辟论断："优秀的银行家比优秀的银行更稀缺。"其搭档查理·芒格说得更为直白："每次踏进银行大门，我的神经都会紧绷。"

除此之外，2023年硅谷银行的轰然倒塌，撕开了现代银行体系的另一个伤口。这家以科技创投生态著称的机构，将大量存款配置于长期美债，当美联储"暴力"加息刺破债券价格泡沫时，期限错配吞噬了其流动性。硅谷银行的案例可能正在我们的一些城商行身上重演。某些城商行为弥补存贷差收窄的压力，将资产大量配置于地方债和国债。央行曾不止一次让这些中小银行警惕债券投资占比过高的风险，2024年初，国债价格一度暴跌，就是这种风险的体现。可以预见的是，这些大量配置国债的银行，此后的业绩压力将会更大。

最后，回到投资。如今银行板块经过3年上涨，估值已有所修复，那么往后还有投资价值吗？

答案是肯定的。当前A股银行板块0.68倍市净率的估值水平，仅相当于美国银行业的一半，更与日本银行业存在显著差距。但若用ROA（资产收益率）指标衡量，中国主要商业银行的盈利能力实际上已与海外同业旗鼓相当。这种盈利能力与估值水平的长期背离，终将在价值规律下迎来修复。另外，在利率下行的压力下，"存银行不如买银行股"逐渐演变为机构共识。四大行超过5%的股息率，不仅显著跑赢理财产品收益率，更在波动市场状况中展现出独特的防御价值。这种类固收属性，在老龄化加速、居民资产配置转向的大趋势下将凸显战略价值。

在标的的选择上，对于追求绝对收益的资金，四大行提供的5%的股息回报堪称波动市况中的避风港；而具备区域优势的头部城商行，则可能在经济复苏阶段展现弹性。这种攻守兼备的特性，使得银行板块成为资产配置组合中难得的"压舱石"。但投资者对投资时点的选择仍须尊重周期规律。当经济修复时，零售银行往往率先反映经济回暖；而在逆周期调节阶段，基建贷款占比较高的国有大行则更具防御价值。这种周期轮动特性，要求投资者建立动态评估框架，而非简单进行板块配置。

最后，我们总结一下。银行股从"无人问津"到"资金追捧"的转变，揭示了投资中标签化认知的陷阱。市场曾将银行简单归类为"强周期股"，却忽视了其信贷结构随经济转型的动态调整能力。这一现象启示我们：资本市场没有永恒的"夕阳行业"，只有僵化的认知框架，投资者更应警惕用历史经验简单外推未来的思维惯性。当市场共识形成强烈偏见时，往往酝酿着最大的预期差，而这正是理性投资者掘金的战场。

万科能否涅槃重生？

问：房地产行业进入下行周期，万科还有投资价值吗？

答：当前地产行业不景气，万科也未能幸免，公司出现巨幅亏损，股价连续下跌。房地产行业已然从高增长回归到常态，其间必然有阵痛，行业必然经历大洗牌。万科是房地产行业的"优等生"，有大股东和深圳国资委的大力支持，有可能成为行业淘汰赛中的幸存者。目前公司的估值已回落至历史较低水平，一旦基本面走稳，股价也有望迎来拐点。

在房地产行业的下行周期，曾被誉为"行业标杆"的万科也难逃漩涡。2024年财报显示，这家上市34年的房企亏损接近500亿元，市值从巅峰期的4000亿元缩水至不足850亿元。更令人唏嘘的是，早在2018年郁亮就抛出"活下去"的警世预言，但预言者自己却深陷流动性危机。为何曾经的"好学生"会遭遇如此重创？未来万科能否涅槃重生？

首先我们必须说明，万科股价的暴跌并非个例，而是整个房地产行业都面临的系统性风险。作为高杠杆、高周转模式的典型代表，房地产开发商的经营模式就是"融资—拿地—开发—回款"，在房地产周期上行时，这种模式能够滚雪球式地推高房企规模，而一旦行业进入下行周期，高资产负债率遇到腰斩的商品房销售金额，流动性危机自会随之到来。

但是，大家还是对万科抱有一丝期待，毕竟作为头一个喊出"活下去"的房企，按理说管理层应该早早就预见到了危机，想好了应对之策，为何如今还是落得如此境地呢？

的确，万科在2015年就启动了"八爪鱼计划"，本意是通过布局商业地产、物流仓储、长租公寓等赛道实现转型，降低房地产开发业务的单一风险。但截至2023年，这些业务仅贡献总营收的15%，远未形成第二增长曲线。更关键的是，在2018—2021年，万科累计拿地金额仍居行业前三，甚至接盘暴雷房企的资产包。都说"听其言，还要观其行"，万科口号喊得坚决，但落实到行动上，仍会受到阻碍。原因很简单，当你的竞争对手都在高歌猛进，继续高杠杆、高周转拿地之时，你却踩刹车，这是需要勇气的，因为战略收缩意味着你要将份额拱手让人，意味着你的盈利增速要放缓。

例如以敢说闻名的融创老总孙宏斌就在2017年公开反对万科的"白银时代"论调。持同样观点的房地产大佬肯定不止孙宏斌一个。2017年12月，泰禾集团的老板黄其森夸下海口，2018年泰禾集团的销售额目标是再翻一番到2000亿元。话一落地，泰禾集团股价就开始飙涨，一个月时间从16元涨到了43元。2016年，恒大以3700亿元的销售额超越万科，高兴的许家印还专门搞了一个庆功仪式。

万科虽然预判到了风险，但风险何时到来没人清楚，所以当周遭一片反对声响起之时，万科还是选择了继续走老路。可即便是走老路，市场也没料到万科会陷入债务危机，毕竟在万科陷入流动性困难的舆论之时，其账上还有超过1000亿元的货币资金。而当时万科一年内到期的有息负债不足900亿元，流动比率还是维持在1.1的安全边际，这也是很多人最初坚信万科能化解危机的原因。

可万科的债券还是被疯狂抛售，这意味着资金根本不相信万科能按时还本付息。细究公司的资产负债表，我们发现了问题：中国房地产行业的融资模式是很特殊的，房企普遍采用的"总对总"融资体系，本质上是将集团信用作为担保主体，通过母公司层面获取银行授信、发行债券等渠道融资，再将资金层层注入地方项目公司。在行业上行周期，这种"短债长投"的财务安排堪称完美：母公司凭借AAA信用评级获得低成本资金，项目公司通过预售回款形成资金闭环。而当市场转向时，这种机制立刻显现脆弱性。

保交楼政策的严格执行，成为打破资金循环的关键转折。地方政府为防范项目烂尾，普遍要求监管账户资金封闭运行，这本是保护购房者权益的必要举措，却意外截断了房企内部的资金归集通道。数据显示，万科合同负债（预收房款）的99%沉淀在项目公司，而母公司承担的债务却占集团有息负债的60%以上。这种"钱在项目公司、债在母公司"的财务格局，使得合并报表的流动性指标形同虚设。当项目公司资金被严格监管，纵然合并报表显示有千亿元现金，实际可调度资金却杯水车薪。

对此，万科管理层在2023年4月的投资者交流会上坦承，未能及时从"总对总信用融资为主"转向更适应当前环境的融资结构，是战略失误。

其实放眼全球，并不是所有国家都采用中国这种高杠杆模式，如果把视野投向大洋彼岸的美国，会发现两组耐人寻味的数据：中国头部房企平均负债率长期维持在80%~90%的区间，而美国霍顿房屋等龙头企业却能将杠杆控制在30%~50%。

探究美国房企低杠杆之谜，土地期权合约制度堪称关键创新。不同于中国土地招拍挂的刚性约束，美国开发商通过与分散的土地所有者签订期权协议，仅需支付土地总价 10%~20% 的保证金即可锁定开发权益。这种类金融工具的应用，既规避了大规模土地囤积的资金沉淀风险，又保留了灵活退出的机制，即便项目中止，开发商的损失边界也清晰可控。这种制度设计，实则是 2008 年次贷危机后美国房地产行业痛定思痛的产物。

反观中国土地交易市场，地方政府作为土地资源的垄断供给方，在房地产上行周期中持续推高地价。开发商为争夺稀缺土地资源不得不采取"高周转、高杠杆"策略。这种策略在房价持续上涨时期创造了惊人的资本回报，但当市场转向下行周期，前期积累的巨额债务就转化为吞噬利润的黑洞。

财务数据的对比更凸显出两种模式的本质差异。以 2020 年数据为例，万科与霍顿房屋的 ROE 分别为 20.1% 和 21.7%，看似旗鼓相当。但杜邦分析揭开了完全不同的盈利密码：万科 14.2% 的销售净利率虽高于霍顿的 11.7%，但其 0.23 的资产周转率仅相当于后者的 1/5，8.72 的权益乘数更是霍顿 1.58 杠杆水平的 5 倍有余。这组数据揭示出中国房企商业模式本质就是类金融属性，靠的是高杠杆，而美国房企则是制造业属性，靠高周转。

未来房企转型可能也会复制美国模式，让开发商剥离金融化，重回制造属性。例如代建模式，就是一条轻资产的新赛道，代表公司诸如绿城管理也得到了资本市场的认可。另外，收租模式也是一种选择，但前提是需要持有核心地段的商业物业。国内房企如华润置地、龙湖集团在这一块早有布局。

回到万科身上，这位昔日的龙头能不能活下去呢？截至 2025 年 4 月，万科尚未发生公开市场债券违约。但背后的代价是万科断臂求生，打折甩卖旗下优质资产；放弃利润率考核，全力加速回款。除此之外,深铁集团作为第一大股东,全面接管万科进行兜底,连续输血确保不发生系统性风险。当然,最关键的还是万科成立多年积累的品牌溢价,这是区别于已爆雷房企的最大资本。若能维持销售端不崩盘,那些趴在账上被"冻结的流动性"终将随时间解封。

最后,我们回到投资。房地产行业似乎已经被市场认定为夕阳行业,那房地产及产业链是否还有投资机会呢?

万物皆有周期,房地产也不例外。2008年全球金融危机期间,美国房价中位数从23万美元腰斩至15万美元,当时市场充斥着"房地产黄金时代终结"的末日预言。然而10年后再看,霍顿房屋、莱纳建筑等头部房企不仅重回增长轨道,更在行业出清后实现了市占率翻倍。中国房地产行业当前经历的,也是一轮周期轮回,需求侧扩张的旧叙事已然失效,但"剩者为王"的生存法则将会上演。当行业标杆企业都开始为流动性挣扎,这场供给侧的革命远比想象中更为彻底。就像美国次贷危机后头部房企ROE从5%回升至20%,中国房地产市场完成出清后,幸存者的盈利能力或将迎来系统性重估。

另外,从结构上看,当传统开发业务步入存量时代,300亿平方米的城镇住房存量,催生出房屋更新、旧改、家装等新兴市场领域。当"二手房交易占比超过新房"成为一、二线城市的普遍现象,围绕存量资产的创新商业模式也值得关注。

最后,我们做一个总结。万科危机折射出房地产高杠杆模式的行业通病,中美房企对比则揭示了转型方向,未来房企可能从金融化转向制造业属性(代建/存量运营)。当然,行业出清后,结构性机遇会显现,所以投资者应该关注那些"剩者为王"公司的机会。

大落大起的猪茅,能否再次走上康庄大道?

问:牧原股份被市场称为"猪茅",但 2022—2023 年其股价一度风雨飘摇,公司出现巨额亏损,流动性也显著承压。然而 2024 年牧原股份的业绩又出现了大逆转,公司是否会再次走上康庄大道?

答:2024 年猪周期①反转推动利润及自由现金流显著改善,叠加净资本开支转负,公司债务借新还旧压力缓解。但行业周期波动本质未变,盈利和现金流的长期稳定性仍待观察。

2019—2020 年爆发的猪周期,让人们突然发现,毫不起眼的养殖业也能诞生大牛股。其中,牧原股份更是被资本市场冠以"猪茅"之称。但是,仅仅一年时间,猪周期就出现了逆转,即便强如牧原股份,在 2022 年之后也开始陷入业绩大幅下滑的局面,2023 年全年更是出现了罕见的巨亏,亏损高达 41 亿元。公司账面现金和短期有息负债相比,一度低至 30% 左右,面临巨大的偿债和流动性压力。然而到了 2024 年,牧原股份又实现了业绩大逆转,全年盈利 179 亿元。那么,为什么养猪行业会有如此大的周期?猪周期背后的原因和逻辑是什么?牧原股份独树一帜的原因为何?大落又大起之后的牧原股份是否迈上了发展的康庄大道?

---

① 猪周期是一种经济现象,指"价高伤民,价贱伤农"的周期性猪肉价格变化怪圈。

养猪是非常典型的周期性行业，猪肉的价格会呈现高峰低谷的走势。对于养殖户而言，高峰的时候可以赚大钱，低谷的时候甚至会赔得连裤子都没了。

2019年，超级猪周期启动，生猪售价最高可达40元/千克，而成本为20元/千克，相当于卖一头猪赚一倍，这利润率甚至"秒杀"金融、互联网等高盈利行业，让不少人眼红。人性的贪婪在这一刻被放大，行业内大部分养殖户都想新增产能，享受更大的量价齐升。但偏偏猪肉的供给并不是马上可以释放的。养猪流程有多个步骤：我们要先去买小母猪，等它6个月长大以后，达到可以下崽的程度，被称为"能繁母猪"，母猪一年下了24个小猪，再把小猪养大，才可以成为出栏的商品猪，整个过程要12~18个月。

而等到小母猪一步步变成商品猪后，时间已经过了一年半载了。养殖户这时候会发现，生猪价格可能已经从一年前的40元/千克跌到10元/千克。这就是周期的力量，无数想赚钱的人在40元/千克时入局，整个生猪供应快速增加，但行业下游需求相对稳定，供大于求，就会引发价格下跌。

价格大幅的波动背后，是人性的恐惧与贪婪在作祟。养猪行业生产端非常分散，2018年，前十大养猪企业只占有市场的10%，剩下的90%由散户组成。市场好的时候，一拥而上；市场差的时候，一哄而散。市场低迷的时候，养猪赔钱，越卖越亏，这时只能把母猪宰了，及时止损，过了一段时间市场没有猪肉了，价格又开始上涨，进入下一个周期。

不过，即便猪周期难以预测，波动剧烈，牧原股份的盈利水平也始终高于行业一个台阶。以2021年三季报为例，除了牧原股份外，其他生猪企业都亏钱。为什么这家公司能够比别人做得好，竞争优势来自哪里？

这个问题我们可以从养猪的模式上找到一些答案。养猪有两种模式，一种是自繁自养，一种是"公司+农户"。自繁自养，意思是从育种到小猪长大，全部都是公司自己做。"公司+农户"，则是公司负责提供种猪和小猪，农户出力把小猪养大，公司再收回来卖到市场上。牧原股份就是"自繁自养"的典型代表，其他公司和一些大型的养殖户主要采用"公司+农户"的模式。

自繁自养投入比较大，猪舍和所有的设备都要靠自己出资建设。财务数据也能佐证这一点，近年来，牧原股份光固定资产就投了将近1000亿元，是典型的重资产模式；"公司+农户"这种模式属于轻资产，企业只用管好小猪，为农户提供些饲料就好。从这些年的发展来看，牧原股份（以"自繁自养"为主）的成本控制比温氏股份（以"公司+农户"为主）要好很多，这或许就是"自繁自养"模式的优点。牧原的"自繁自养"模式采用工业化养殖，当工业化养殖规模达到一定程度后，就可以把成本降下来，包括饲料的管理和疫病的管理等。

除了成本优势外，"自繁自养"还能提升猪肉供应的稳定性。在非洲猪瘟期间，牧原的"自繁自养"模式对疫情的管控力比较强，从而保证了生猪的产量，获得了丰厚的利润。而反观温氏的"公司+农户"模式，由于农户防疫能力不强，承受风险的能力非常有限，因此温氏处于"猪价上涨，但无猪可卖"的尴尬境地，在应该挣大钱的时候没有挣到大钱。

还有一个原因，牧原采取的育种方式和其他的几家不同。一般我们吃的商品猪，属于三代猪，也就是"孙子辈"的猪。第一代叫种猪，基本是从海外引进的；第二代的母猪叫"能繁母猪"，下崽比较好但肉质不好；能繁母猪再和一只外来的猪交配，生下的猪叫三代猪，这种猪肉质很好，被称为"外三元猪"。

但牧原股份的育种方式与上述不同，公司坚持用二元轮回育种体系，"二元猪"的优点是既可以当能繁母猪，也可以当肉猪，这种方案叫"伪二元"。通过这种体系，牧原股份极大地缩短了能繁母猪的补充周期。在周期底部，牧原股份可以加大使用轮回二元母猪的比例，以便在周期上行过程中快速扩大出栏量，在周期顶部获取高额利润，然后在周期下行过程中再逐渐将二元轮回母猪替换为标准二元母猪，适当降低生产成本。

在非洲猪瘟期间，小猪极度缺少，价格水涨船高，从每头100多元飞涨至每头2000元。牧原股份通过二元轮回育种体系，将大量做肉猪的"伪二元"母猪转成能繁母猪，缩短生产周期，与同业相比，拥有更多的小猪，从而在小猪价格暴涨之际，可以趁机赚取超额利润。

牧原股份凭借"自繁自养"以及"二元轮回"育种体系，拥有了较强的成本控制能力，提升了扩产的灵活度，但资本市场对牧原股份的质疑却从未消散。

公司的自由现金流净额长期是负数，利润却又很可观，从表面上来看，造成这个反差的主要原因是公司一直在投入扩张，但还是引发了市场对于牧原股份造假的怀疑。一般来说，造假造的是利润，多出来的利润一定要放在某一块资产中。通常企业会选择放在固定资产——在建工程中，因为固定资产——在建工程不好定价。

2021年，牧原股份专门请了审计以证清白。为了打消大家的顾虑，公司向大股东定增了60亿元，这么做就是要向外界表明，大股东对公司股价很有信心。

但不管如何解释，牧原股份呈现的现金流状况的确不太好看，公司不断进行猪场建设，导致固定资产投入巨大。2020—2021年，公司自由现金流累计-400多亿元，负债率一度超过60%，"现金/短期有息负债"一度只剩下30%。所以，流动性压力是牧原股份始终需要面对的问题。

但正当大家对牧原股份的未来充满疑虑的时候，随着2024年猪价的反弹，其2024年的业绩引来大逆转。2024年，牧原股份营业收入为1379.47亿元，较上年增长24.43%；归母净利润为178.81亿元（2023年归母净利润是-42.63亿元），扭亏，大赚179亿元。不过这只是牧原股份历史上第二高的净利润，2020年牧原股份曾经获得274.51亿元的惊人利润。

根据牧原股份年报，2024年生猪均价同比上升，处于行业成本线以上，生猪养殖行业扭亏为盈。数据显示，2024年出栏生猪头均盈利214元，比2023年提高了290元，而2023年出栏一头生猪亏76元。

除了猪价上涨，2024年行业养殖成本也持续下降，饲料成本受原材料价格影响，在生猪养殖成本中的占比为55%~65%。2024年，玉米、小麦、豆粕价格整体呈现下降趋势，带动从业者养殖成本下降。此外，牧原股份的规模和技术优势继续发威、锦上添花，2024年底生猪养殖完全成本已降至13元/千克左右。

2024年牧原股份净资本开支首次出现负数，持续10年的大规模资本开支告一段落。在资本开支减少后，自由现金流转正，2024年牧原股份的自由现金流达到250多亿元，这是非常漂亮的数据！牧原股份似乎又开始进入既赚利润又赚钱的自由现金流时代。

但牧原股份原本风雨飘摇的偿债和流动性压力缓解了吗？

在牧原2024年的资产负债表数据中你会发现，牧原的负债率还是高达59.2%，"现金/短期有息负债"还是只有32%左右。现金流虽显著改善，但流动性危机似乎并没有有效缓解，原因何在？如果再看无息负债，你大致能得出答案，牧原的无息负债率从2021年的28%降到了2024年底的18%，2025年一季度继续下降到了16%。这似乎说明，牧原优先偿还了供应链上的大量负债。这也很好理解，估计这几年这些供应链上的合作伙伴也被牧原的欠款拖得喘不过气来，现在牧原股份总算有钱了，赶紧先让合作伙伴喘口气。反映在资产负债表上，就是牧原股份的应付票据和账款从2021年底的367亿元降到了2024年底的207亿元，2025年一季度进一步降到了189亿元。这一方面说明牧原股份对合作伙伴的负责任态度，另一方面也说明牧原股份有信心继续获得银行贷款等有息债务的支持，也有能力承担相应的利息成本。毕竟公司在2024年产生了250多亿元的自由现金流，资本市场和银行的信心也恢复了，小车不倒只管推，续贷不成问题，流动性风险也就大大降低了。

总之，牧原股份是一家厉害的公司，成本护城河极深。但养殖行业毕竟还是强周期的行业，而牧原股份的短期偿债压力还是客观存在的，其能否就此走上康庄大道，还需要持续观察。

巴菲特狂买石油股，背后是什么逻辑？

问：如何理解巴菲特加仓石油股，减持比亚迪？

答：加仓石油股，是因为长期以来传统能源供给受限，周期属性弱化，盈利稳定性增强，同时企业资本支出下降，分红提升；减持比亚迪，则是因为电动汽车渗透率已达到一定程度，成长性减弱，行业增速开始变缓，同时行业内卷下价格战不可避免，纵然比亚迪目前仍处龙头地位，但供需两端的不确定性以及高估值，使得投资性价比下降。

2022年以来，"股神"巴菲特不断加仓西方石油，持股比例从年初的9%一路增加到2025年4月的28%。与之相对的，却是减持了持有14年之久的比亚迪股票。这番操作，恰好和2007—2008年卖出中国石油，买入比亚迪形成鲜明对比。一进一出，引发了全球投资者的高度关注。

有关巴菲特买入比亚迪股票并获得高额利润的故事，我们在前文已经详细介绍过了，下面重点聊聊减持。

估值"教父"达摩达兰提出，估值是连接数字与故事的桥梁。在企业生命周期的萌芽期，估值主要靠故事驱动。王传福的电动汽车故事打动了芒格，才有了后来巴菲特的投资。如今电动汽车的故事已从当初的"有可能"转为"极有可能"，比亚迪也已成为市占率突破

20%的"迪王",单车盈利扭亏为盈,估值驱动由故事逐步切换到数字。

这意味着我们进入对公司进行准确估值的阶段,其中最重要的就是预测未来的现金流,考虑各种风险溢价,完成对股票的估值。而比亚迪所在的电动汽车赛道,其生意模式注定了较难拥有充沛的现金流和较低的风险溢价,因此被极看重现金流质量的巴菲特减持,也在情理之中。

其实,巴菲特一直对科技股敬而远之,投资比亚迪,已经算是他的"破例"。但对于传统能源,巴菲特可一直"情有独钟"。在他的投资生涯里,操作过不少石油股。其中,最令大家印象深刻的,要数买卖中石油创下的4年8倍的"神话"了。2003年4月,在"非典"疫情最严峻的时期,巴菲特逆势买入他的第一只中国股票——中国石油H股,而且一出手就是来真格的,半个月内连续7次增持,最终成为中石油第二大股东。对于这笔投资,巴菲特在次年的股东大会上给出了原因,我总结为以下几点:

1. 基本面好。从行业层面看,石油作为强周期行业,与宏观经济密切挂钩。2003年的中国,正处于加入WTO(世界贸易组织)后的政策红利期,经济高速发展带动石油需求向上,油价易涨难跌。从公司层面看,中石油拥有垄断的牌照优势,护城河非常深厚,基本面良好。

2. 财务健康。中石油的现金流非常不错,当时的负债水平也不太高,且公司计划将45%的盈利用于现金分红,财务指标健康。

3. 估值便宜。与美国第一大石油公司埃克森美孚相比,中石油的原油产量相当于埃克森美孚的80%,但市盈率只有后者的1/5,估值便宜。

第九章　大象能否再次起舞?

买入逻辑很清晰，卖出逻辑也同样明确。

2007年7月，巴菲特开始减持中国石油H股，同年10月，全部清仓，获利40亿美元。对于这次卖出，巴菲特解释道，他认为中石油的合理价值在2750亿美元到3000亿美元之间，而当时中石油的市值正好在这个范围内。从油价走势来看，2003年国际油价仅30美元，2008年则冲到了147.27美元的历史新高。油价上涨叠加中国石油的估值修复，漂亮地迎来了一次戴维斯双击，这也是巴菲特大赚8倍的原因。

只可惜，周期顶点的诱惑太过强烈，即便"股神"也陷入其中。刚刚清仓中石油的巴菲特，转身就重金加仓了另一家石油公司——康菲石油，没想到几个月后金融危机爆发，国际油价腰斩再腰斩，巴菲特损失了26亿美元。

亲身经历了石油价格从30美元涨到140美元，再从140美元跌回30美元的疯狂，巴菲特对于"周期"二字的理解相信比大多数人更深刻。再回到这次巴菲特疯狂购入西方石油的时间点，是2022年3月，此时的石油价格已经涨到90~100美元，显然，这个价格并非周期低点。为何经历过石油周期的巴菲特，决定在油价相对高点，而且全球经济复苏尚不明朗的时候进场，此后还大幅增持，这似乎不符合周期股的投资逻辑。

2022年4月，巴菲特在接受采访时向我们透露了答案。巴菲特表示，因阅读了西方石油公司第四季度财报电话会议的记录，才决定购买西方石油的股份。

根据相关报道，西方石油首席执行官在2021年第四季度财报电话会中除了强调西方石油强劲的业绩，还强调了持续改善资产负债表的方针和新的股东回报框架。

翻看西方石油最新一期的业绩，我们发现，正如管理层规划的那样，公司的负债规模不断下降，从 2019 年的 581.46 亿美元，一路压缩至 2022 年的 420.88 亿美元（见图 9-5）。其实，不仅是西方石油，不少页岩油企业积累了大量经营性现金流，但用于资本开支的部分却远低于往年。这说明这些传统能源公司开始持续压缩长期债务规模，扩大股利支出和股份回购规模。

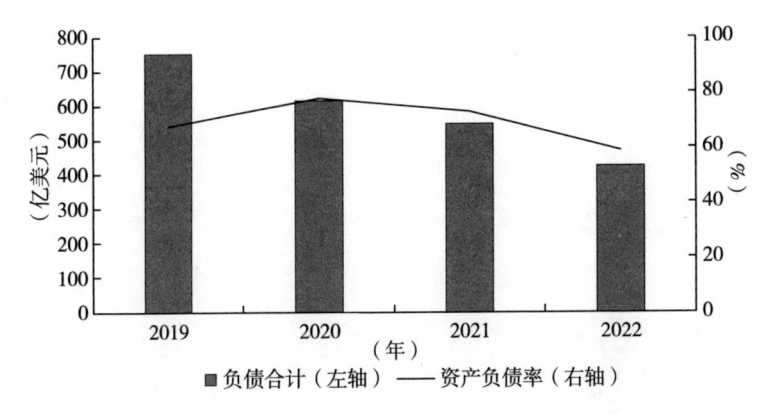

图 9-5 西方石油的负债及资产负债率（2019—2022）
资料来源：同花顺 iFinD。

漂亮的自由现金流、慷慨的分红，这不正好契合巴菲特的价值投资理念吗？

通过巴菲特投资新旧能源股票的几番操作，我们从中似乎可以找到一些规律。买西方石油，是因为在"碳中和"背景下，石油的供给受限，周期属性弱化。卖比亚迪，是因为电动汽车渗透率已达到某一阶段，估值从故事切换至数字，成长赛道属性弱化。这说明，没有哪一个行业是一成不变的，变化始终存在。

犹记得 2021 年，市场对于新旧能源的观点为：在全球"碳中和"背景下，传统能源肯定要一去不复返了，新能源才是未来。那个时候，如果研究员给基金经理推荐煤炭、石油这些传统能源股，那是要被嘲笑的，会被认为是目光短浅，没有见识。

但现实是，在大家都扎堆新能源股票的时候，以煤炭为代表的传统能源股票价格非常强势，也在不知不觉间创了历史新高。如今，大家开始意识到，传统能源的供需紧张可能会持续超预期，而新能源竞争格局的恶化也比大家预想得更快来临，我们不得不考虑供过于求的问题。

没有一个行业是一成不变的，任何一个行业都会出现一些变化来打破市场对其的固有认知，而往往在这些固有认知被打破的时候，中间就蕴含着极大的收益或者风险。

例如传统能源，像煤炭、石油，过去就是典型的周期行业，但由于"碳中和"政策的实施，供给持续受限，就从周期型行业转为供给型行业。周期型行业的特点就是价格高了，产能会增加，价格就会降下来。而供给型行业的特点是纵然价格在高位，但供给因为新旧能源转换等种种原因受限，产能提不上来，价格就一直维持在高位。

其实不仅仅是现在的煤炭、石油股，过去海螺水泥的股价之所以创造辉煌，背后也是这个逻辑。水泥行业天生的"短腿属性"带来的区域壁垒，叠加2017年的供给侧改革，带来了行业从周期型向供给型的切换。水泥价格从曾经的高低循环波动，切换为价格一路上升，维持高位，这个过程就是行业的投资逻辑的变化，与此同时资本市场也给予充分肯定，使最不起眼的水泥块成了当时人人追捧的"泥中茅台"，股价涨幅惊人。

回到新能源汽车，这几年电动汽车能持续超预期，原因是电池的一些关键技术取得突破，缓解了我们的里程焦虑，叠加油价高企、政策补贴，带来销量的逆势提升。归根结底，是新技术带来了购车需求提升,渗透率提升。但是这个渗透率不会一直快速提升下去,到了一定阶段,可能会有技术迭代的放缓或者其他原因,导致电动汽车渗透率的提升速度放缓。此时,电动汽车的成长赛道属性会相应减弱,周期属性会逐步显现。毕竟电动汽车也是车,是典型的可选消费。既是可选消费,那就与宏观经济脱不了关系。经济好,大家有钱,才去买车;经济不好,大家没钱,那就不买。电动汽车的逻辑从成长赛道开始向周期切换,估值也会出现相应变化。

历史上,手机是最典型的从成长赛道切换至周期赛道的行业。曾经各种软硬件创新,带来手机行业固定16~18个月的换机周期,到如今36个月了还未爆发的5G换机潮,背后也是技术迭代的放缓,以及渗透率的瓶颈。

综上所述,没有一个行业是一成不变的,落脚到投资上,就是我们投资的永远是超预期的部分。大家对于某一个行业的固有认识,如果市场是有效的,早就体现到股价里了。然而,那些超额收益或者巨大的风险,往往就来自行业属性发生变化的时候,能不能跟踪或者判断出这些变化,正是我们能否跑赢市场的关键。

第十章　未来的机会在哪里？

在 A 股市场，很多投资者习惯将投资风格一分为二：价值风格与成长风格。自诩价值风格者，喜欢埋头在传统行业里"淘金矿"；自诩成长风格者，则酷爱仰头在新兴行业里"仰望星空"。但事实上，价值投资中的"价值"指的"一家公司的内在价值等于未来现金流的折现"，这是一种投资方法论的底层逻辑和原则，而非圈定行业是"传统"抑或"新兴"的标准。

所以，价值投资与"新产业""新业态""科技股"等名词并不矛盾。芒格从不将股票分为价值和成长，抑或传统和新兴，而是将其分为"好公司""差公司"，以及"看不懂的公司"。巴菲特不投科技股，不代表科技行业没有创造价值的好公司。相反，"股神"钟情消费股，也不代表消费行业遍地黄金。投资切忌刻舟求剑，莫要一叶障目，价值投资排斥的是"难以理解""容易被颠覆""技术壁垒低难以形成护城河"的商业模式，而非所谓的"新兴行业"。

经济在转型，我们要终身学习，持续进化。价值投资绝非古板的投资机器，巴菲特也多次打破自己设定的教条。例如巴菲特曾说不投科技行业，但如今苹果已是其第一大重仓股；巴菲特也曾说不投带四个轮子的公司，但在比亚迪身上却缔造了 14 年 25 倍的投资神话。时代在发展，只有不断扩大我们的能力圈，才能把握住新时代的脉络与机会。

在这一章中，我们将向大家介绍各种新科技、新产业的机会。当面对这些投资机会时，我们除了要学会判断行业空间和行业前景，还要学会有耐心，等待合适的时机、合适的估值，因为这些机会往往伴随着高估值甚至泡沫。

科创板 ETF 来了，投资者该如何面对？

问：普通投资者如何参与科创板的投资机会？

答：科创板的定位是科技创新，国产替代，是未来中国经济转型升级的重要支撑力，具有较高的投资价值。不过，并非所有身披"科创板"标签的股票都值得投资，我们要筛选出真正具有核心竞争力的公司，才能用业绩消化估值，创造复利的价值。普通投资者如果难以把握个股基本面，科创板 50 ETF 基金可能是个不错的选择。

作为中国资本市场改革的重要试验田，科创板自 2019 年开市以来已成为硬科技企业的聚集地。截至 2025 年 3 月，科创板上市公司数量已达 585 家，总市值突破 7.6 万亿元，其中中芯国际市值最大。整个科创板的中位数市盈率目前大概是 60 倍。从行业结构来看，医药、信息技术、电子设备和机械设备这四个行业加在一起占了大概 80%。

国家设立科创板的背景是一些掌握核心技术的企业苦于缺少资金，无法扩大产能或进一步将现有产品性能升级。从这一角度看，科创板强调的是科技创新、打破垄断、进口替代，给具有科技属性的企业提供融资渠道。

那么怎么判断一个具体企业的科创属性，或者说我们如何判断它是不是硬核科技呢？证监会在 2024 年 4 月发布的《关于修改〈科创属性评价指引（试行）〉的决定》，最新修订的"3+5"的科创属性指标要求如下：

3 项常规指标：

1. 最近三年研发投入占营业收入比例 5% 以上，或最近三年研发投入金额累计在 8000 万元以上；

2. 应用于公司主营业务并能够产业化的发明专利 7 项以上；

3. 最近三年营业收入复合增长率达到 25% 或最近一年营业收入金额达到 3 亿元。

5 项例外条款：

1. 发行人拥有的核心技术经国家主管部门认定具有国际领先、引领作用或者对于国家战略具有重大意义；

2. 发行人作为主要参与单位或者发行人的核心技术人员作为主要参与人员，获得国家科技进步奖、国家自然科学奖、国家技术发明奖，并将相关技术运用于公司主营业务；

3. 发行人独立或者牵头承担与主营业务和核心技术相关的"国家重大科技专项"项目；

4. 发行人依靠核心技术形成的主要产品（服务），属于国家鼓励、支持和推动的关键设备、关键产品、关键零部件、关键材料等，并实现了进口替代；

5. 形成核心技术和应用于主营业务，并能够产业化的发明专利（含国防专利）合计 50 项以上。

我们也可以通过竞争格局判断出一家公司是否有硬核科技。如果某家公司的业务或产品市占率非常高，同时确实掌握了某些经过长期持续沉淀才能达到的领先技术，那么该公司就具有较高的科技含量。

举个例子，有一家上市公司叫澜起科技，它所做的产品是内存接口芯片，一头连接 CPU（中央处理器），一头连接内存条，是一种能够帮助和支持 CPU 快速高效访问内存接口数据的产品。曾经，国际上有七八家企业都在生产这种内存接口芯片，包括 IDT、德州仪器、英特尔等，但是后来在不断地竞争过程中，澜起科技脱颖而出。目前，IDT 和澜起科技瓜分了市场，竞争格局背后反映的就是它们的技术含量。

前面我们提到，科创板的中位数市盈率为 60 倍，为什么大家愿意给科创板如此高的估值？我们认为，有以下几个原因：

1. 信号效应，缘于市场整体的高期待和高溢价。一直以来，科技创新都是永恒的主题。科创板相当于给股票贴上了科技创新的标签，随着市场关注度的提升，资本市场的估值自然水涨船高，反身性理论会让其相互作用，关注度越高，溢价也就越高。

2. 企业本身具备竞争力而保持高成长。科创板自带光环，资本市场为其带来估值高溢价，所以投资者更要仔细甄别和选择。只有那些真正具有核心竞争力的公司才能持续增长，消化估值，因为资本市场长期看是一台"称重机"，股票价格最终会遵从价值，反映公司未来的盈利能力。

自科创板设立，科创板 50 ETF 获得市场关注，通过 ETF 渠道，科创板投资的门槛间接降低，给中小投资者以更多的选择。接下来，我们就讨论一下科创 50 ETF。

科创 50 ETF 是跟踪科创 50 指数的指数基金。这个指数，由科创板中市值大、流动性好的 50 只证券组成，反映最具市场代表性的一批科创企业的整体表现，购买科创 50 ETF 就是买中国的科技兴国、科技强国。通过投资科创 50 ETF，我们可以降低研究和购买的成本，较高程度地分散单一个股风险，不过对于系统性风险是难以回避的。

科创 50 ETF 选取成分股采用了一个非常简单、直观的方法，高效地从大样本中把科创板质地比较好的公司筛选出来,但是并不能保证每个公司都对得起七八十倍的高估值。此外,没进入科创 50 ETF 的小市值公司未必就不是优质的投资标的,尤其对于专业投资者来说,简单投资指数基金可能会错失小市值公司的"价值发现窗口期"。

科创 50 ETF 已经发行了 5 年,我们不妨回顾一下其表现:整体来看,自成立以来,科创 50 ETF 经历了从"高光"到"深蹲"的剧烈波动。成立初期,受益于全球科技浪潮和政策红利,指数在 2021 年一度冲高至 1726 点,随后受市场风格切换、半导体周期下行等因素影响,2024 年 9 月创下最大回撤 62% 的阶段性低点,凸显其高波动特征。那么未来科创 50 ETF 的走势如何?下面我们将提供三个重要的论据,以供大家参考。

1. 纳斯达克指数和科创板指数在属性上有相似性。同科创板设立的初衷类似,美国为了鼓励信息产业、生物医药等高科技产业而设立了纳斯达克指数,1971 年 2 月 8 日,其建立之初指数点位是 100 点,10 年之后涨到 200 点,20 年之后涨到 500 点。纳斯达克指数成立的第 30 年,指数突破 5000 点。第 40 年,指数突破 10 000 点。40 年间,纳斯达克指数创下了惊人的 100 倍涨幅。

2. 指数上涨过程中,会涌现出特别优秀的公司,这些公司对指数的贡献很大。有数据统计,对纳斯达克上涨贡献最大的 5 只股票分别是苹果、Meta、亚马逊、微软和谷歌,这 5 家科技巨头公司累计贡献了纳斯达克指数接近 50% 的增量。也就是说,如果我们押注的公司不在最优秀、最翘楚的前 5 家公司之内,那么很有可能会跑输指数。

3. 科创板业绩增速波动较大,短期波动和长期机遇并存。目前科创板的平均市盈率是 60 倍,对很多价值投资者来说,这个估值难免让人望而却步。尤其根据 2024 年三季报的数据,科创板前三季度净利润累计同比为-29%，而同期上证指数净利润累计同比为0.26%，深证主板累计同比为-10.48%。从业绩上看，科创板非但没有展现高增长的利润，反而利润加速下滑，这与大多数人认知中科技行业高估值高增长的属性背离。

我们承认，科创板作为中国科技创新的核心战场，长期来看确实承载着国产替代、人工智能、高端制造等战略领域的巨大想象空间。但短期业绩的剧烈波动暴露出科技行业特有的非线性成长特征，正如前文提到2024年三季度科创板和上证主板之间的业绩分化，印证了科技企业的脆弱性。而市场由于情绪炒作，通常会将对未来数年的预期一次性反映出来，倘若业绩没有兑现，那这些"市梦率"便会瞬间崩塌，引发业绩与估值的戴维斯双杀。这种风险在历史上已有前车之鉴，例如2000年纳斯达克泡沫破裂前夕，科技股152倍的市盈率与当下科创板估值结构惊人地相似。因此，投资者在拥抱硬科技长坡厚雪的同时，更需要警惕情绪催化的估值泡沫。

至于投资科创板到底是选指数还是选个股，投资者可以对自己的能力边界做一个判断：如果认为自己有比较强的研究能力，能够看懂上市公司的业务和未来的长期发展前景，可以去选择科创板中优质的公司做配置；如果投资者觉得单凭自己研究一家公司和其长期的投资价值是有难度的，但又想参与科创板，那科创板50 ETF可能是个不错的选择。

最后，特别提醒一下，投资指数基金，千万不要犯"追涨杀跌"的错误，因为指数会系统性调整，当科创板指数市盈率处在偏高的时候，可以少投一点，等到有比较充分的系统性风险释放的时候，出现更大投资价值的时候，可以多投一点，否则会出现"基金长期赚钱，而基民亏钱"的现象。

碳中和带来的长期投资机会

问：碳中和带来的机会是短期炒作，还是长期投资大主题？

答：当然是后者。气候变化是人类面临的全球性问题，"双碳"政策由此而出。行业在政策红利以及科技创新的驱动下快速发展，目前我国已在电动汽车、光伏、风电领域取得了傲人的成绩，但当前光伏、锂电等领域的产能过剩倒逼结构性调整，唯有通过技术创新构筑技术壁垒或通过全球化布局突破市场边界的企业，才能在行业洗牌中胜出。除了"风光车"外，碳中和带来的机会还存在于很多其他的细分领域，需要我们不断跟踪发现，这些细分领域技术的突破同样值得我们关注。

2020年9月22日，中国国家主席习近平在第七十五届联合国大会一般性辩论上郑重宣布："中国将提高国家自主贡献力度，采取更加有力的政策和措施，二氧化碳排放力争于2030年前达到峰值，努力争取2060年前实现碳中和。""双碳"一词自此列入我国的重大战略部署当中。

2021年全国两会期间，政府工作报告也将"扎实做好碳达峰、碳中和各项工作"列为重点工作之一，一时间"双碳"成为市场高度关注的焦点话题，相关产业链个股也是开启了一轮轰轰烈烈的大行情。

但如今，新能源行业正经历深度调整。光伏产业链价格全线暴跌，以硅料为例，2022 年行业高峰期价格曾触及 30 万元，而当前成交均价仅不到 5 万元，回撤幅度超过 85%。锂电领域同样面临产能过剩，赣锋锂业 2024 年三季度净利润同比下滑 141%，宁德时代海外订单虽支撑业绩，但国内动力电池产能利用率已降至 76%。这场由技术迭代与产能过剩引发的行业洗牌，迫使十部门联合出台《关于推动交通运输与能源融合发展的指导意见》，要求严控新增产能并加速落后产能出清。

那么，如今碳中和还值得投资吗？要搞清楚这个问题，首先让我们回顾一下什么是碳达峰和碳中和。

通俗来讲，碳达峰指二氧化碳排放量在某一年达到了最大值，之后进入下降阶段；碳中和则指一段时间内，特定组织或整个社会活动产生的二氧化碳，通过植树造林、海洋吸收、工程封存等自然、人为手段被吸收和抵消掉，实现人类活动二氧化碳相对"零排放"。

欧盟 27 国作为整体在 1990 年实现了碳排放达峰，美国也在 2007 年实现了碳达峰。而中国作为发展中国家，目前碳排放量还在逐年增长。但正如前文所说，我们国家已承诺，力争在 2030 年前实现碳达峰，在 2060 年前实现碳中和。"双碳"目标，对中国来说既是严峻挑战，又蕴含机遇。

谈到碳的话题，必须推荐大家读一读比尔·盖茨的著作《气候经济与人类未来》，这本书全面客观、通俗易懂地向我们描述了目前人类在气候领域面临的挑战，以及可能有的一些出路，在解决气候问题和选择投资方向上，会给我们一些启发。

在阅读《气候经济与人类未来》这本书之前，我同很多投资者一样，狭义理解了减碳减排这件事，认为减排就是用清洁能源去替代传统的油、煤、气等老能源。但从书中的统计数据来看，实际上，全球510亿吨的温室气体排放量中，水泥、玻璃、钢铁、塑料等生产制造行业是占比最大的，占总碳排放的31%；发电导致的温室气体排放量只占总排放量的27%。此外，可能最令人出乎意料的是，养殖行业也是碳排放最大的几个行业之一，占了总碳排放的19%，而像我们常说的汽车、飞机等交通运输工具，产生的碳排放占总量的16%，其他制冷和取暖设备占7%，可以说，碳排放这件事，与每个人的生活都息息相关（见图10-1）。

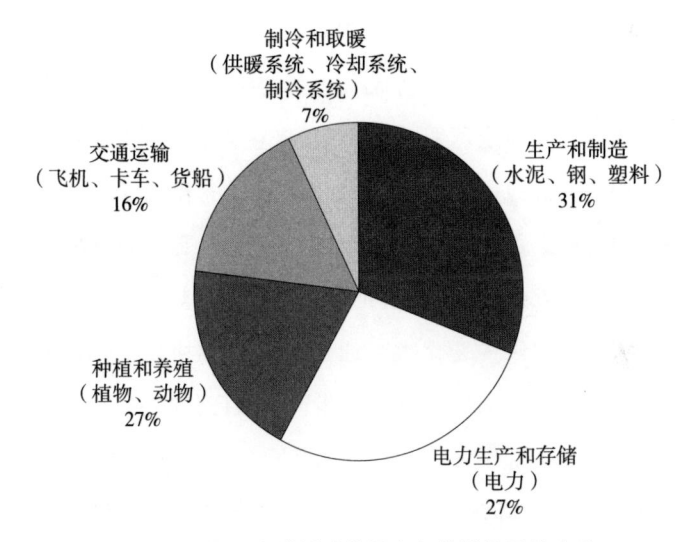

图10-1 源于人类活动的温室气体排放量的占比
资料来源：同花顺 iFinD。

为什么我们要实现二氧化碳零排放的目标？因为气候变化是对我们赖以生存的地球最紧迫的威胁。温室气体会导致地球表面温度上升，即使温度上升一点点也会造成很多问题，而且问题是叠加的，例如气候变化会导致更多自然灾害、农作物歉收、疾病传播等，而且越是贫困的国家受到的影响就越大。正如比尔·盖茨在书中提到的，上

第十章　未来的机会在哪里？　　319

一个冰河时代，全球平均温度只比今天低 6 摄氏度。在恐龙时代（中生代），全球平均温度比今天高大概 4 摄氏度。由此可见，适合人类生存的温度区间如此狭窄，如果不对温室气体加以管控，在未来 100 年的时间里，全球平均温度提升，足以将人类的生存环境打回到 6600 万年之前的中生代：海水淹没了大量陆地，赤道周边的大块区域无法居住，山火、飓风、海啸肆虐，人类生存岌岌可危，不可逆转地走向末路。

气候变化是人类面临的全球性问题。为了应对气候变化，全球众多国家必须联合起来做出行动。2016 年 11 月 4 日，由全世界 178 个缔约方共同签署的气候变化协议《巴黎协定》正式实施，《巴黎协定》的长期目标是将全球平均气温较前工业化时期上升幅度控制在 2 摄氏度以内，并努力将温度上升幅度限制在 1.5 摄氏度以内。

中国作为一个负责任大国，势必做出表率，那么中国在实现碳达峰、碳中和目标方面取得了怎样的成果呢？

为落实联合国气候变化大会通过的《巴黎协定》，我国投入巨大，最终也在很多方面取得巨大进步，例如已经做到全球第一的风电、光伏、新能源车等领域。

任何一个碳中和的技术，刚开始时成本很高，全球都是如此，因为技术不够先进、规模也很小，按照正常的市场化逻辑很难发展起来。这时就需要政府通过一些政策引导，包括财政资金的补贴，让行业能够生存下去、发展起来。在这个过程中，行业技术不断进步，逐渐显现规模经济，然后企业慢慢地内生发展，形成良性循环。

复盘一下，我国政府对这些行业都采取了相应的补贴措施。可以说，实现碳中和、碳达峰的投入是巨大的，不管是光伏、风电，还是新能源车，在行业最早期的时候都经历过补贴阶段。随着行业的发展，补贴逐步退坡，如2018年的光伏5·31新政倒逼光伏行业脱离补贴、2021年开始的陆上风电平价上网、2022年开始的海上风电平价上网，以及2022年底持续13年的新能源汽车购置补贴政策终止。而在补贴结束之后，这些行业中的中国龙头企业都坐稳了全球龙头的宝座，且最终行业降本的效果也是非常可观的：最初光伏风电的成本是1元多一度电，远远比煤炭三四角钱一度电的成本要高，但在政府大额补贴、行业开始发挥规模效应之后，现在的风电光伏都实现了与煤电一样的平价上网，甚至有报道称，在光照充足的情况下，光伏发电成本可能达到1角钱一度，明显低于煤电成本。

但2024年的行业阵痛表明，成本优势正在演变为"内卷陷阱"。光伏硅料价格从30万元跌至4万元，导致40%的企业现金成本倒挂；锂电中游材料毛利率普遍跌破10%。在这种背景下，十部门出台产能预警机制，对年产能低于1吉瓦的光伏企业不再发放绿色信贷，倒逼行业从"量"的扩张转向"质"的突破。

那么展望未来，碳中和酝酿的投资机会在哪里？

前文提到，中国取得巨大进步的清洁能源行业，主要集中在电力和新能源车等领域，其实这也是全球控制碳排放重点着力的领域。但依据《气候经济与人类未来》一书中的统计，可以看到在占比最大的水泥、玻璃、钢铁等传统制造端，在与日常饮食相关的养殖业节能减碳环节，我们做的远远不够。

因此，未来碳中和酝酿的投资机会，一方面存在于我国优势行业的技术升级、渗透率进一步提升，例如新能源车领域。目前我国及欧盟主要国家的新能源车渗透率在30%~50%，美国在10%左右。为达到"双碳"目标，全球主要国家大多都定下了禁售燃油车的时间表，在碳中和目标实现之前，全球新能源车还有很大的渗透率提升空间。

另一方面，在于新技术的突破、进步，这将带来新的投资机会。例如与新能源发电相配套的储能、传统制造业生产端的优化，像绿氢冶金、核聚变、植物基肉制品等。

这些技术在《气候经济与人类未来》一书中均有提及，且书中提到的未来还需要的技术都非常实用，这些技术的进展值得我们密切关注，因为其中很可能蕴藏着可观的投资机会。

我们对书中所提及的减碳技术进行了汇总，给大家罗列出来，以供学习交流：

- "零碳"制氢工艺。
- 可维持整个季度电力供应的电网级电力存储技术。
- 电燃料。
- 先进生物燃料。
- "零碳"水泥。
- "零碳"钢。
- 植物基或细胞基肉制品和奶制品。
- "零碳"肥料。
- 下一代核裂变。
- 核聚变。
- 碳捕获（直接空气捕获和排放点捕获）。
- 地下电力传输。
- "零碳"塑料。
- 地热能。
- 热能蓄能。
- 热能存储。

- 抗旱耐涝粮食作物。
- 棕榈油的"零碳"替代品。
- 不含氟化气体的冷却剂。

我们相信，随着技术的发展进步，在双碳目标下，全球各地势必会比肩互联网浪潮，诞生一批新的伟大公司。但 2024 年的行业洗牌给予我们重要启示，碳中和投资的胜负手已从行业端转向企业端。在这个技术迭代加速、产能出清深化的新时代，唯有兼具技术创新与成本控制力的企业，才能穿越周期笑到最后。

智驾平权带来什么影响？

问：比亚迪推行"智驾平权"背后的核心逻辑是什么？会带来哪些投资机会与风险？

答：比亚迪依托百万辆年销量形成的规模效应，将高阶智驾硬件成本降低，使技术普惠成为可能。投资机会集中在具备技术壁垒的智驾硬件企业和头部整车厂，但须警惕主机厂压价导致的产业链利润压缩，以及缺乏自研能力的车企和第三方智驾供应商的出清风险。

在汽车智能化浪潮中，比亚迪高调推行"智驾平权"战略，将"天神之眼"智驾系统全面下放至全系车型。从7.88万元的海鸥智驾版到百万元级的仰望U8，比亚迪通过三档智驾方案实现技术普惠，首次将高速NOA（导航辅助驾驶）、代客泊车等高阶功能下沉至A00级市场。这种"加配不加价"的策略势必会推进智能驾驶的普及速度，电动汽车加速进入智能化的下半场，行业竞争格局也将出现深远变化。对于普通投资者来说，我们该如何把握智能驾驶带来的机会呢？

我们先来分析一下比亚迪为何要推行"智驾平权"。

智能驾驶，毫无疑问是大势所趋，但并非每家车企都有资格让智驾变得平权，而比亚迪是为数不多有能力将价格打下来的车企。2024年，比亚迪实现了427万辆的销量，当规模突破百万级后，单车研发成本摊薄效应显著增强，这为高阶智驾技术的下放提供了可行性，也是汽车工业的规模效应定律。比亚迪自然深谙这一点，规模效应降低成本，低成本带来低售价，低售价带来大销量，大销量形成规模效应，进一步降低成本，形成商业闭环。当然，要完成这一闭环，你得先拥有庞大的规模，否则就是让利烧钱，不可持续。所以我们说并非所有车企都有能力做到智驾平权。

除了规模给比亚迪带来的底气，智能驾驶技术的成熟度也在飞速提升。其实，比亚迪并非从一开始就押注智能化，曾几何时，比亚迪因"自动驾驶都是忽悠"的言论被打上保守的标签。但 2025 年的技术发布会彻底颠覆了行业认知：天神之眼系统在 100 千米/小时的速度下的 AEB（自动紧急制动系统）刹停能力、1000 千米零接管的高速 NOA 表现，已跻身行业第一梯队，并不输于从一开始就专研智驾的小鹏、华为等车企。这种跨越式发展说明在技术迭代窗口期，后来者完全可能用资本和规模实现"弯道超车"。而且技术的快速迭代的确大幅降低了智能驾驶的进入门槛，比如比亚迪"天神之眼 C"方案硬件成本已降至 2000 元级别，较 2023 年激光雷达方案成本下降 70%。

最后，比亚迪也是有意挑起这次变革。正如王传福所言："智驾未来就是新时代的安全带。"比亚迪通过将高阶智驾全系标配，既打破"智驾=高端专属"的行业定式，又迫使竞争对手陷入两难：跟进则面临巨额投入压力，不跟进则丧失市场话语权。这种战略与当年特斯拉用 Model 3 击穿豪华车价格带可谓异曲同工，但比亚迪的规模优势使其更具杀伤力。

此外，比亚迪的智驾路线并非一味跟随，而是主动求变。早期行业普遍依赖高精地图方案，但比亚迪选择"端到端"的技术路径，通过12V5R（12摄像头+5毫米波雷达）纯视觉方案实现环境感知。这种去地图化策略既规避了高精地图更新维护的高成本，又通过440万辆L2+车辆积累的实时数据训练模型，形成数据驱动进化的独特优势。

那么，比亚迪已投身智驾领域，此举对整车的竞争格局还有产业链上下游有何影响？我们应该如何投资？

显而易见的是，这会加速整车行业洗牌，使份额向龙头集中。比亚迪通过其庞大规模把智驾系统从选配项变为基础配置，这让其他车企不得不跟进。就像"剧院效应"一样，比亚迪已经率先站起来了，那些没站起来的会迅速掉队。此外，比亚迪的价格战可能会使过去依赖第三方，而非自研的智驾车企掉队。比如搭载华为ADS系统后，车型成本会有所提升，性价比会受到影响。

曾经有一家做自动泊车系统的公司就有过类似的经历。这家公司叫纵目科技，曾为数十家车企提供自动泊车系统，但最终走向了破产清算。除了其本身在战略选择上的失误外，公司的商业模式也的确存在问题，作为整车企业的Tier 2供应商，整车企业的Tier 1系统集成方自然会对其压价，而如果售价过于便宜，又无法承担技术创新的投入。所以，如果智驾系统真的变成标配，价格真的拉到入门级别，那第三方智驾供应商要么会被整车厂垂直整合，要么会在价格绞杀中消亡。

对于产业链的上游零部件企业来说，机遇和挑战并存。我们可以从"量"与"价"两个角度分析。比亚迪掀起智驾平权后，智能驾驶的渗透率有望快速提升，这对产业链上游的智驾芯片、激光雷达、摄像头等零部件会有直接的销量拉动。好比智能机时代，触摸屏等厂商也享受了一波销量红利。

但需要注意的是，狂欢背后暗藏杀机。如果主机厂的话语权太高，零部件厂商可能会面临增收不增利的局面，比亚迪就提出部分零部件每年10%的降价要求。在智能手机时代，由于苹果在产业链上拥有绝对话语权，导致那些"果链"公司的毛利率受到影响。所以，我们需要擦亮眼睛，找到那些护城河高、竞争格局大的零部件企业，只有这种企业才能在和主机厂的谈判中掌握主动权，享受"量价齐升"。

对于产业链下游来说，智能驾驶可能会重构人类移动的方式。就像开车代替骑马后，骑马这种出行方式萎缩为一种小众运动。如果未来智驾发展到L5阶段，无人驾驶将改变人类的出行，大多数人可能都无须购买私家车，也无须获取驾照，毕竟车只是代替双脚移动的工具，喜欢享受操纵体验的人还是少数。那么，传统驾校可能转型为驾驶体验中心，提供专业赛道体验服务，成为年轻人休闲娱乐的小众选择。

如此一来，智驾可能会催生新的城市交通：手机预约的无人车随叫随到，交通信号系统根据实时车流自动调整，车辆通过云端协同规划路线，早晚高峰时长缩短，交通事故发生率降低，城市道路获重新规划。我们期待这一天的到来。

最后，我们做一个总结。比亚迪的智驾平权无疑将加速自动驾驶技术的研发和普及，推动行业的整体进步，但与此同时也会加剧整个汽车市场的激烈竞争。但无论如何，比亚迪此举都为汽车行业发展注入了新的活力，也给资本市场带来了新的投资机会。

"人形机器人"到了"iPhone"时刻吗？

问："人形机器人"是下一个"iPhone"吗？

答：从集成性和构建生态两个角度看，人形机器人身上的确具备媲美 iPhone 的潜质。但目前人形机器人尚处萌芽期，成熟度远不及当初的 iPhone，普通投资者可以等更清晰的应用场景出现后，在合理估值下参与。

2022 年 10 月 1 日，备受期待的特斯拉人形机器人擎天柱正式亮相，吸引了众多目光。在演示会现场，擎天柱展示了丰富多样的动作，让人们感受到机器人时代即将到来的氛围。两年后的 2025 年，马斯克首次公布了详细的量产规划，2025 年计划工厂布局 5000～10 000 台；2026 年开始启动外销，规模在 50 000～100 000 台；2027 年销售进一步增长 10 倍，达到 500 000～1 000 000 量级，打开想象空间。除此之外，国产机器人的突破也令人瞩目，宇树 H1 机器人在春晚舞台与真人共舞的惊艳表现迅速出圈，优必选在汽车工厂的实训视频也证实了其场景应用价值。一时间，人形机器人这个话题被推到风口浪尖，有人说人形机器人是堪比 iPhone 的伟大技术创新。

但繁荣背后暗流涌动。金沙江创投大咖朱啸虎在 2025 年初公开表示批量退出机器人项目，质疑当前机器人的需求并不明朗，引发了巨大争议。还有首届人形机器人马拉松大会窘态百出，更是将行业争议推向高潮。那么人形机器人究竟能否媲美 iPhone 呢？

坦率说，两者的确有一定相似性。我们认为，两者的第一个共性是集成化。iPhone 问世之前，很多在 iPhone 身上集成的功能早就已经存在于其他的产品形态上，比如听音乐的 MP3、看视频的 MP4、拍照片的数码相机，还有打游戏的任天堂等。但 iPhone 出现后，这些不同形状、不同功能的消费电子产品被集合在一起，消费者只用一部智能手机，就可以享受上面所有的功能。iPhone 的出现，导致很多细分的电子产品市场急剧萎缩，甚至连单反相机都可能要被取代了，因为现在手机的拍照功能过于强大且便捷，非专业人士几乎用不着单反。

联想一下，人形机器人出现后，也可以将很多工业自动化机器人的功能进行集成，虽说受形状限制，不能完全替代，但可能很大一部分都会被整合在一起。尤其在一些我们常见的工业领域、服务领域、商业服务、家庭服务当中，人形机器人可以帮助我们完成很多事情。例如，用人形机器人扫地，那扫地机器人可能就像 MP3 一样被淘汰了，也可能是用人形机器人来指挥和操控扫地机器人，那扫地机器人的设置需要做相应的变革。

二者的另一个共性是关于生态的构建。早期推出 iPhone 时，人们也不觉得它是什么特殊的工具，好像也就是有打电话、发信息、听音乐等这些功能。在第一代 iPhone 发布时，诺基亚的高管曾这么评价：屏幕这么大，掉落不是很容易碎吗？这就是那个时代对新事物的理解，就像当下的人们对第一代动作还比较迟缓的机器人的理解一样。但是随着日后的迭代，当移动社交、移动办公、在线金融、远程医疗等全部集合在智能手机上的时候，大家会发现已经离不开它了，它的功能越来越强大了。一旦一个标准化的生态被定义、被建设出来

第十章 未来的机会在哪里？ 329

之后，会引发全球数百万乃至数千万的开发者不断去开发迭代，从而创造出我们现在不可想象和不可估量的生态系统。特斯拉，抑或小米的人形机器人，可能也只是提供一个平台，随着技术的迭代，后续或许也会有各种各样的开发者一起来把这个生态建立起来。

所以人形机器人媲美 iPhone 这个结论是成立的，主要有两个理由：第一，两者都具有通用性和整合性；第二，两者都能建立一个生态系统。

那么，人形机器人能应用于哪些领域？将来会有多大发展空间呢？

实际上，人形机器人的市场空间会随着机器人智能化程度的加深而不断扩大。如果站在当下，去估算未来几年的市场空间，人形机器人可以替代一些并不复杂且重复的劳动工种，例如加油站机器人。加油员的工作并不复杂，车开过去之后，加油员会问加多少油，加几号油，然后将加油枪放到你的车里，把油加满就结束了。中国有 130 万~140 万加油员可以被人形机器人替代。人形机器人的第一代、第二代产品，未必能完成复杂的工作，但这种流程标准化的业务，的确存在被机器人替代的空间。再举个例子，餐厅的服务员、传菜员，酒店里的引导员等，以前我们看到的是一些外部构造简单、带轮子、能移动、小个子的机器人，未来这些也可能被人形机器人全部取代。人形机器人的移动速度、道路识别能力、路障识别速度、搬运东西重量达到一定水平，交互方式升级后，可以继续替代更大规模的人群，比如美团、饿了么 800 万左右的送餐大军也有可能被替代。

随着人形机器人的智能化程度加深，能够处理更复杂的操作，后续可能富士康的几百万流水线员工也会被取代。

所以人形机器人的市场空间量级并不是几百亿元、几千亿元，而是几十万亿元的市场规模，往长远来看，可以预见这个事情在不久的将来就会发生。随着智能化水平的不断升级，人形机器人将是一个非常长期的投资主体，甚至可能比电动汽车、新能源的时间跨度更长，原因有二：

第一，中国已经进入人口老龄化阶段，未来不可避免地会遇到劳动力不足的情况，届时机器人就可以替代部分工作。例如老人养老的问题，在居家养老过程中，需要机器人带一点情感，而不只是扫地机器人那样冰冷的机械。

第二，人的形态对机器人来说是具有优势的，因为我们的生活环境就是按照人的形状来设计的，例如我们工作的环境、居家的环境等，人形能解决很多具有通用性的问题。

既然人形机器人未来的前景如此广阔，那么当前人形机器人的发展处于什么阶段？在这个阶段下，我们现在需要突破哪些技术瓶颈？

第一，从整个产业的生命周期上看，人形机器人尚处在萌芽状态，因为这些新的产品才刚刚问世，还没有进行大规模的商用，甚至可能不如第一代的iPhone。毕竟第一代iPhone已经具备通信功能了，有一定的实用价值。而当下不管是特斯拉推出的擎天柱，还是小米推出的铁蛋，更多的是在演示，类似于原型机。大家可以跟踪观察明年这些第一代人形机器人的销量情况，它的销量会决定这个产品处于产业生命周期的什么阶段。

第二，从投资逻辑上看，资本市场对人形机器人的关注度，会经历先追逐硬件，然后追逐软件，最后软硬交互驱动的过程。机器人刚问世时，人们的第一反应是搞清这个产品是由哪些零部件构成的，哪些零部件在整机中的占比更大。例如资本市场现在很关注谐波减速器，原因是谐波减速器在整个机器人中的占比是2万~3万元（整机

20万元)。

而过一段时间后，人形机器人如果在很多商业应用领域落地，资本市场又会追逐软件、追逐生态。例如，智能手机时代，诞生了很多很牛的软件公司。王者荣耀最开始就是很多程序员编了个代码，这不是硬件，而是基于智能手机这个生态开发出来的，但是它能大获成功，能赚很多钱。同样，未来在人形机器人这个生态下，也会有很多开发者去基于这个硬件开发软件。例如未来有一家软件公司，基于人形机器人开发出了可以烧200个菜的App，那对很多单身人群，或者老龄化人群来说，的确非常有实用价值。这款应用程序的下载量，带来的商业利益是不可估量的，相关创业公司的价值也是巨大的。基于这个生态，未来很多软件公司也会有非常大的发展前景。

再往后看，会进入软硬件交互阶段，软件的开发会解决硬件遇到的瓶颈。例如机器人洗碗的时候会发现手指头太僵硬，这时候可能会触动硅胶手指的发展；机器人抱人的时候发现对人体可能有轻微的伤害，那么可能会推动人工皮肤各方面的研发。这些需求倒逼硬件的升级，最终将人形机器人的功能推向非常强大的形态。

那么，对于人形机器人赛道，我们应该如何投资呢？

从产业生命周期角度看，现在人们对人形机器人的投资大多处在观望阶段，等人形机器人有具体的应用场景放量，再开始投资也不迟。彼得·林奇曾说过："不要看沃尔玛前5年涨了5倍，你就感觉到我很可惜，错过了一个大牛股，在后面的10年它依然是大赢家。"如果这个产业的周期足够长，空间足够大，看不到天花板，那么不要在萌芽状态就蠢蠢欲动，可以先等种子发芽破土形成一个小树苗的时候，这时候具体的产业链、具体的供应商、具体的生态结构初现端倪，再去选择某个赛道和企业也为时不晚。对二级市场的普通投资者来说，不妨先等一等、看一看。有句话说得好，不要高估 1 年的变化，也不要低估 5 年的变革。放在人形机器人身上，可能需要稍微改一下：不要高估 5 年的变化，但也不要低估 20 年、50 年的变革，因为这可能是一个很长很长的赛道。

最后，我们做一个总结：人形机器人未来的空间是非常大的，但现在尚处于萌芽阶段。从投资视角看，目前并不适合二级市场的普通投资者。所以我们要有远大的眼光，看得远的同时下手可以慢一点，先观察，待有更清晰的应用场景落地后，再介入不迟。

DeepSeek 给资本市场带来什么深远影响？

问：DeepSeek 技术浪潮下，普通投资者应如何布局？

答：建议采取两手布局：一手进攻，布局能改变世界的技术革命（算力、AI 应用等）；一手防守，布局那些世界改变不了的传统消费、周期（基础能源、衣食住行、精神消费等）。

2025 年的春天，中国 AI 初创公司 DeepSeek 横空出世，惊艳全球。其开源的 R1 模型不仅实现了与 GPT-o1 的性能对标，更以不足对手 1/10 的训练成本，在数学推理、代码生成等关键领域实现了惊人的突破。这场突破被海外媒体称为"人工智能的斯普特尼克时刻"，极大提升了我们的民族自信心，也带来了资本市场的狂欢。那么，作为普通投资者，应该如何把握 DeepSeek 带来的投资机会呢？

首先，我们来谈谈 DeepSeek 和现有大模型相比，有何过人之处。《价值三人行》的主要嘉宾之一饶钢教授分享他使用 DeepSeek 的感受时说："当我用 DeepSeek R1 预测比亚迪未来 3 年的业绩时，它的思维链展示完全颠覆了我对 AI 的认知。"

没错，在此之前，DeepSeek 也发布过多个大模型，但都没有像 R1 模型这般引发关注，核心原因是，R1 模型是一个深度推理模型。推理模型相较传统的问答式模型，最大的不同在于展示了思维链，能够模拟人的思考推理过程。正如饶钢教授所说，R1 模型如同专业分析师般展开"假设—论证—修正"的思考轨迹。例如在财务预测场景中，模型不仅给出比亚迪的业绩预测数值，还会展示"高端化渗透率假设""成本变动敏感性分析""政策环境影响评估"等完整推理链条，并通过不断的交互对话补充新的推理过程。当然，在R1模型问世之前，OpenAI旗下的o1模型已经做到了这一点，只是OpenAI采用闭源的模式，我们只能看到答案，看不到模型思考的过程。

而DeepSeek则是选择把思维链公开展示，完全开源。除此之外，更令人惊叹的是，R1模型通过一系列算法的优化，仅需560万美元训练成本即能达到GPT-o1级别性能，成本效率较OpenAI提升近百倍。其混合专家模型（MoE）架构每次推理仅激活370亿参数，这意味着其在普通显卡上也能使用。

过去大家一直认为一流模型必须配备一流算力，而一流算力基本由英伟达及其CUDA（统一计算设备架构）生态垄断，所以对于国内很多企业来说，人工智能只是少数头部企业才能涉猎的范围。但DeepSeek的出现打破了这个局面，利用算法的优化，普通显卡也能运行一流模型，这使得大模型的使用门槛大幅降低。一时间，模型平权的声音不绝于耳，DeepSeek通过开源策略将原本被国际巨头垄断的先进技术普惠化，使得中小企业甚至个人开发者都能基于其框架进行二次开发。

如今，各行各业都在积极拥抱DeepSeek。那么，DeepSeek对我们的生活和各行各业有何影响呢？是否只要接入DeepSeek，就能获得强大的领先优势呢？

我们认为，答案并不是肯定的。因为当大家都拥有了某项技术，也就是技术普及后，会出现"剧院效应"。即当所有观众（企业）都踮起脚尖（部署AI），视线高度（竞争水平）又重新拉平。这意味着很多企业在 DeepSeek 上的投资，最终并不会改变其地位，当然如果不去投资，大概率会迅速掉队，但即便投了，可能也还是与其他同样布局新技术的企业拉不开差距。

但值得注意的是，技术革命又不仅仅是"剧院效应"，其中也会诞生一些新物种。例如在移动互联网时代孕育出的东方财富与同花顺，它们通过股吧社区引流、基金代销变现，完成了从财经门户到互联网券商的蜕变，抢夺了不少来自传统券商的份额。而传统券商，即便在当时也积极进行数字化转型，但仍逃不开"剧院效应"的困境，反而加速了同质化的竞争。

回到 DeepSeek，单纯的接入，部署本地模型和优化业务流程，已不足以构建护城河。我们需要找到的是那些生态重构的新物种企业，这种"新物种"既可能源于传统行业的自我革命，也可能诞生于跨界力量的闯入。

例如大家现在构想中的 AI Agent 的诞生。

在 PC 互联网时代，我们需要类似百度这样的搜索引擎，用户通过输入关键词，依赖搜索引擎索引全网信息并返回结果。这种模式的本质是网址的聚合与分发，用户无须记住具体网站，只需通过搜索框即可触达目标内容。

但到了移动互联网时代，用户需求转向场景化服务，搜索引擎的中心地位被垂直应用瓦解。用户不再通过搜索框进入服务，而是直接打开垂直 App。例如，订餐用美团、购物用淘宝、出行用携程，每个 App 都形成了独立入口。

这一阶段的入口逻辑是"以场景为中心"。然而，用户被迫在不同 App 间切换，效率低下。例如，规划一次旅行需要分别打开携程（订票）、美团（订酒店）、小红书（查攻略），三者之间缺乏整合性。

如今进入人工智能时代，有可能诞生新入口，例如只需向 AI A-gent 提出需求（如"帮我规划五一北京三日游"），Agent 会自动调用机票预订、酒店比价、景点推荐等工具，生成完整方案并执行。

目前已有一些公司开始落地 Agent，例如微软 Copilot Studio 支持企业构建自主 Agent，调用 API 完成跨平台操作；智谱 AI 的 AutoGLM 可模拟人类操作手机，执行订票、点餐等任务。但在整体商业化进程中，个人用户端尚处萌芽阶段，我们期待看到应用的加速落地。

回到资本市场，DeepSeek 既然代表星辰大海，那普通投资者应该如何参与其中呢？

我们认为有两类机会值得长期关注：

1. 直接受益于 DeepSeek 或类似大模型，改变世界的技术。DeepSeek 发酵后带来了中国互联网企业的"军备竞赛"，腾讯、阿里巴巴等纷纷提升未来的资本开支。这些资本开支大部分用于算力的购买，那么与算力相关的产业链自然是受益的，例如国产算力、存储、光模块、服务器、液冷、电源等，这是偏上游的机会。还有一类是偏下游应用端的，比如 AI+药品研发，有望将新药研发周期传统的"双十定律"（10 年周期、10 亿美元投入）大幅压缩，提升效率。还有 AI+诊断，在杭州某三甲医院试点中，AI 辅助诊断使 CT（计算机体层摄影）误诊率下降超过 20%，门诊效率大幅提升。我们前面提到的 A-gent，极有可能是由腾讯等互联网公司主导，因为它们拥有流量、平台优势。另外，AI+其他行业也正在变革中。只是，这些叠加 AI 的产业链估值已经较高，普通投资者站在技术变革的开端，很难提前预判未来的格局变化，建议以 ETF 投资为主。

2. 无论何种技术都改变不了的刚性需求。例如与人类衣食住行相关的刚性需求，又如一些不可代替的精神消费，像盲盒、宠物经济等。这些行业大多集中在消费领域，没有那么多技术迭代，在市场集中追逐 DeepSeek 等科技类板块时，这些传统行业可能会因为风格因素遭到压制，也正是我们布局的时机。

总之，要么投资能改变世界的，要么投资世界改变不了的。DeepSeek 的出现，不仅极大推动了中国人工智能的发展，更是给整个社会注入了强心针，大家看到中国完全有能力后来者居上，站在世界科技的前沿。不过，落实到投资上，我们需要紧密跟踪 AI 对各行业的趋势影响，更重要的是要在自己的能力圈内做投资，并不一定要追逐热点。巴菲特并不热衷于投资科技股，他本人也并未在 2025 年布局诸如英伟达、特斯拉之类的颠覆世界的高成长公司，但手握那些传统的消费、金融周期，一样会为伯克希尔-哈撒韦带来可观的收益。

英伟达何以成为 AI 热潮的最大受益者？

问：英伟达何以成为 AI 热潮的最大受益者？两万亿美元的英伟达，是否值得购买？

答：英伟达是当下和未来人工智能大潮最确定的受益者，是当之无愧的 AI 龙头。考虑到公司未来两年的业绩增长，目前的估值已经较为合理。

ChatGPT 的横空出世，引爆了一场全球人工智能热潮。在这股热潮中，英伟达无疑是最耀眼的那颗星，股价在 2023—2024 年最高涨幅超 800%，成为历史上第一家市值超万亿美元的芯片公司（见图 10-2）。

为何这家老牌芯片巨头能创造两年 8 倍的上涨，实现业绩和估值的戴维斯双击？英伟达在人工智能领域的地位究竟如何？带着这些问题，我们对英伟达的发展历程展开了讨论。

英伟达成立于 20 世纪 90 年代，成立初期，公司主要做独立显卡，相较于传统的集成显卡，独立显卡的图像处理能力更强，能减少游戏中出现的画面不流畅、卡顿等现象。

1999 年 1 月，英伟达在纳斯达克挂牌上市。同年 8 月，英伟达首次提出 GPU（图形处理单元）概念。通过深度绑定微软，英伟达在显卡市场站稳了脚跟，并在 2000 年底收购竞争对手 3DFX，确立了显

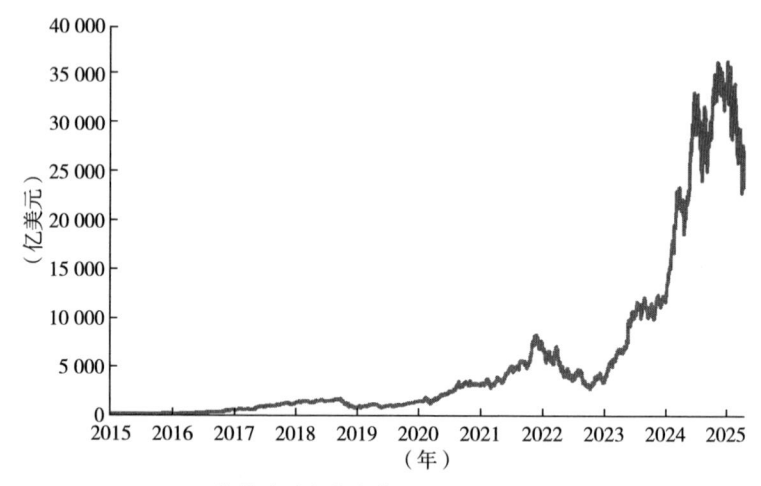

图 10-2　英伟达总市值走势（2015 年—2025 年 4 月）
资料来源：同花顺 iFinD。

卡"一哥"的位置。不过，彼时独立显卡的市场空间较小，竞争也非常激烈，为守住并扩大自己的基本盘，英伟达开始思考如何让 GPU 更有作为，而不仅仅是处理图形。

要完成这种产品创新，需要在 GPU 的产品设计中增加相关的 CUDA 逻辑电路，通过 CUDA 逻辑电路可以支持通用的开发软件，让所有人能通过 C 语言编程去利用其并行的计算功能。

不过，这一举动需要耗费的成本也是巨大的。由于必须在硬件产品设计中增加逻辑电路，不仅芯片面积增加、散热增加、成本上升、故障率增高，还要保证每款产品的软件驱动都支持 CUDA，这对英伟达提出了巨大的挑战。在研发 CUDA 的过程中，英伟达也曾因为技术不成熟出现过故障，股价因此暴跌，好在公司最终坚持下来，终于在 2012 年迎来了胜利的曙光。

2012 年神经网络在 ImageNet 比赛上胜出，全球的计算机公司开始意识到深度学习的潜力，神经网络成为人工智能的主流。神经网络需要用 GPU 来计算，这极大地推动了对英伟达产品的需求。CUDA 的易用性和通用性，将 GPU 芯片从当时唯一的应用领域游戏中彻底释放出来，使其可以用于各种类型的计算。

回顾最近 10 多年，有 3 波浪潮，让英伟达的产品和其股价一起被推上风口浪尖：

其一是比特币带火的虚拟货币市场。由于虚拟货币需要强大的算力支持，英伟达的显卡被赋予"挖矿"标签，从而使股价大涨。

其二是元宇宙。2021 年是"元宇宙"爆发年，英伟达在该年的 GPU 技术会议（GTC 2021）上宣布了要将产品路线升级为"GPU+CPU+DPU"的"三芯"战略，同时，将其新发布的"全宇宙"（Omniverse）平台定位为"工程师的元宇宙"。借助元宇宙的东风，英伟达股价盘中冲破 323 美元，市值一度达到 7800 亿美元。

其三是 ChatGPT。2022 年，受游戏市场疲软，以及元宇宙概念发展低于预期影响，英伟达的股价出现较大回撤。不过，此后 ChatGPT 的横空出世，引发全世界各大公司都纷纷投入算力开发大模型，这直接拉动了对英伟达大模型专用 GPU 的需求。由于市场需求远大于产能供应，英伟达 H100 芯片被疯狂加价，甚至一"芯"难求。由于性能卓越，H100 芯片在 AI 训练市场的市占率超 90%，处于绝对垄断地位。2024 年，随着新一代 Blackwell 芯片量产和生成式 AI 应用的爆发，英伟达的业绩继续猛增。这波人工智能大模型的爆发，让英伟达赚得盆满钵满，股价也随之水涨船高，市值突破两万亿美元。

综上所述，英伟达的发展历程可以总结为三个驱动逻辑。一是游戏驱动逻辑，为了处理更加复杂和高清的视频、画面，独立显卡迎来快速发展阶段；二是 2009 年以比特币为代表的虚拟货币登上世界舞台，在全球范围内，很多玩家需要通过高性能的 GPU 来解决挖矿的算力问题，这让英伟达步入"第二春"；三是人工智能阶段，随着ChatGPT等大模型对算力的需求激增，英伟达持续迭代的GPU提供了关键支持。这种双向赋能的机制既推动了人工智能的边界扩展，也巩固了英伟达在AI芯片领域的领先地位。可以这么说，人工智能成就了英伟达，英伟达也反过来加速了人工智能的发展。

游戏、"挖矿"、人工智能，分别在历史上的不同阶段为英伟达的不断壮大提供动力。直到目前，三种力量也是并存的。其中，游戏业务趋向高端化、3D化、复杂化，需要处理的信息数据越来越大，对高端显卡的需求量越来越大，而人工智能的突破，则是直接让英伟达的GPU进入了爆发式的增长。在过去10年，这三种逻辑驱动，使得英伟达营业收入和利润获得10倍的增长（见图10-3）。

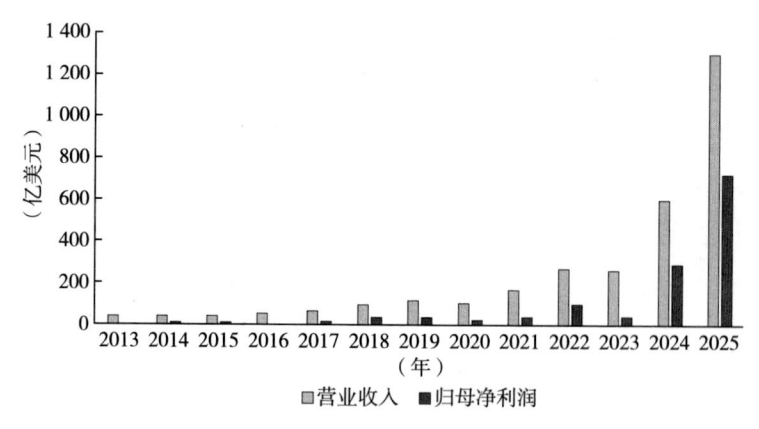

图10-3 英伟达营收及净利润（2013—2025）
资料来源：同花顺 iFinD。

除了10年10倍的盈利增长外，公司的自由现金流、经营现金流、毛利率等都相当不错，这也与公司的商业模式有关。公司主要做芯片设计，且定位高端，产品在部分领域几乎垄断市场，毛利率始终保持在50%~69%（见图10-4）。此外，公司采取轻资产模式，芯片制造均委托台积电代工，因此资本开支较小，经营现金流和自由现金流都非常好。

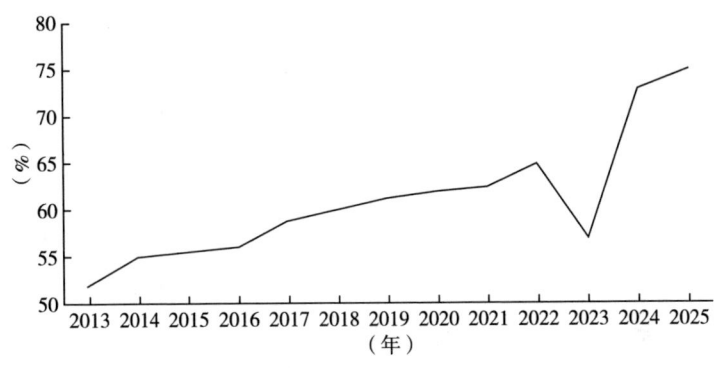

图 10-4　英伟达毛利率（2013—2025）
资料来源：同花顺 iFinD。

ChatGPT 的一炮走红，给英伟达带来了估值与股价的戴维斯双击。但是，未来公司能否持续保持如今的竞争地位和盈利能力，还需要认真考量公司的护城河。

帕特·多尔西在《巴菲特的护城河》一书中提出公司护城河主要包括 4 个关键要素：无形资产、客户转换成本、网络效应、成本优势。与英伟达相关的主要是无形资产和客户转换成本，下面将基于这两个维度对英伟达的护城河展开分析。

在无形资产方面，英伟达拥有领先的品牌优势和技术优势。在品牌力上，英伟达的 GeForce 系列 GPU 在游戏行业占有主导地位，Tesla 系列 GPU 用于数据中心加速，CUDA 平台则成为开发 AI 应用的重要工具。这些产品较高的知名度和声誉背后，是强大的技术实力在支撑。

英伟达的技术优势体现在其 GPU 架构、性能、深度学习和 AI 加速、光线追踪、高性能计算、自动驾驶技术等多个领域。10 余年间，

第十章　未来的机会在哪里？

英伟达在独立显卡领域垄断了 70%~80% 的市场份额，足以体现其在研发水平上的领先性，以及产品受到下游市场的高度认可。

不过，需要警惕的是，一时的技术优势不见得可以长期持续领先。帕特·多尔西曾在《巴菲特的护城河》一书中提出，技术领先并不是很宽的护城河，核心原因有二：一是技术很容易扩散，二是技术团队很可能被竞争对手挖走。

例如，ATL 是第一家做独立显卡的公司，比英伟达成立时间早 8 年，也曾一度在独立显卡市场上如日中天，但最后被 AMD 并购了；英伟达在成长过程中，也经历过数次研发出的相关产品被英特尔或 AMD 冲击的情况。

即便是当下，英伟达已经占据人工智能芯片大部分份额，未来仍可能存在变数。我们认为变数有三：

1. 中美税战正在重塑全球半导体格局。虽然英伟达通过台积电代工规避了直接关税冲击，但中国市场的替代压力与日俱增。华为昇腾 910B 芯片在国产大模型训练场景的实测性能已达 H100 的 80%；寒武纪思元 590 通过 Chiplet（芯粒）技术突破算力瓶颈，在推理场景的能效也非常可观。此外，美国政府针对 H20 芯片的出口限制也将大幅影响公司对东南亚市场的出口份额。

2. DeepSeek 搅动产业格局。DeepSeek 爆发前，英伟达凭借 CUDA 生态构建的软硬件壁垒占据绝对统治地位。这种技术垄断使得全球开发者不得不接受"每提升 1% 的性能须增加 30% 的算力投入"的"军备竞赛"逻辑。DeepSeek-R1 模型的横空出世彻底打破这种技术霸权。通过混合专家架构（MoE）与结构化稀疏注意力（SSA）的协同创新，该模型在华为昇腾 910B 平台上，仅用 560 万美元训练成本便实现 GPT-4 级别的性能，单位算力效率较传统架构提升 10 倍。这意味着英伟达"算力霸权"时代的终结。

3. 云巨头开始"去英伟达"化。台积电 3nm 工艺良率波动导致英伟达 Blackwell 芯片量产延迟，使得微软、Meta 等客户转向自研芯片。亚马逊 Trainium2 芯片在 Llama3 训练中的实测表现已达 H100 的 85%，而功耗降低 40%。微软 Azure Boost DPU 通过存算一体设计，在特定 AI 场景效率提升 4 倍。这些云巨头的"去英伟达化"战略，可能会瓦解其数据中心业务的垄断地位。

很多人看好英伟达，是基于其较高的客户转换成本，的确，英伟达在通用计算平台上铸造了极深的壁垒。这得益于前文中我们提到的英伟达 CUDA 平台。早期使用通用计算的技术人员均采用 CUDA 平台和 C 语言，这让英伟达有了较强的用户黏性。不过，除了 GPU，谷歌的 TPU（专门用于进行机器学习和深度学习任务的加速）及 UF 逻辑电路（旨在将不同类型的逻辑门转化为同一种逻辑门的组合，以简化电路的设计和分析）也拥有计算能力。当人工智能尚处产业早期阶段，客户转换成本的确较高，但当人工智能开始大规模应用后，客户转换成本将取决于客户本身的战略结构，例如腾讯用某平台芯片将决定其技术人员采用某平台。因此，未来英伟达基于 CUDA 平台的客户转换成本优势可能会被削弱。

综上所述，虽然目前英伟达在行业中仍处于领先地位，也具有较深的护城河，但其技术领先优势能持续多久很难预测，需要持续跟踪。

不过，当下的英伟达的确是当之无愧的人工智能第一股，基本面足够优秀。目前公司的 PE 有 36 倍，PS 有 20 多倍（按照 2025 财年数据），那么，站在胜率和赔率的角度，如何看待当下英伟达的估值呢？

事实上，对于科技行业来说，采用市盈率、市净率来评估一家公司的价值，可能并不合适。因为市盈率的使用前提是，资产在未来有比较好的可预见性、持续性。但是科技行业的特点正好相反，由于产品创新周期，还有库存周期的存在，科技股的业绩波动会比较大。例如，受技术变革影响，某家公司可能在短期内就被竞争对手颠覆，过往的优势全部付诸东流。回顾英伟达的发展，我们发现公司同样会受到周期的影响。例如英伟达过去的主要业务是游戏显卡，如果下游消费电子行业不景气，公司净利率就会大幅下降，而当消费电子景气度提升时，公司的盈利能力又会大幅好转。正因为如此，资本市场经常根据景气度来给类似公司估值，景气度高涨时资本市场会热捧，将估值不断推高，而发现景气度不能维持时，将面临惨烈的杀估值。

因此，从胜率和赔率的角度来理解英伟达更合适。2025 财年（2024 年 2 月—2025 年 1 月）英伟达的归母净利润为 728.9 亿美元，市场预测 2026 财年、2027 财年公司归母净利润大概为 1100 亿~1400 亿美元，基于公司目前的市值水平，公司的估值水平会进一步下探到 20~25 倍，已经比较合理。当然，后续我们要进一步跟踪 AI 在应用端的落地以及 GPU 芯片的竞争格局变化。

第十一章　条条大路通罗马

　　价值投资的开山鼻祖是格雷厄姆，但这位华尔街"教父"带出来的学生中，既有严守"安全边际"，热衷于廉价资产和"捡烟蒂投资法"的施洛斯，也有融合芒格、费雪思想，用合理价格购买伟大公司的巴菲特。两位都在各自的年代，创下了非凡的战绩。所以，价值投资并没有一个统一的公式，条条大路都可以通罗马。

　　诚然，这些投资大师都遵循了价值投资的核心理念，但由这些简单原则衍生出的投资策略却是多样的，并没有谁对谁错。格雷厄姆经历过美国大萧条时期的暴跌，所以他对风险深有体会，更看重安全边际。而巴菲特所在的时期美国经济已走出泥潭，步入稳定发展，深度低估的机会已被抹平，所以他开始追求企业未来成长带来的价值创造。时代在变迁，投资方法也需要不断精进，坚守原则不代表墨守成规。

　　当然，这些不同流派的划分并没有那么泾渭分明，巴菲特认为自己的投资策略是85%格雷厄姆+15%费雪的结合体。所以，价值投资完全可以博采众长，融会贯通。价值与成长，传统与成熟，这些非但不是对立面，相反，把它们有效融合，可以实现组合的均衡配置，兼顾稳健性和进攻性。

在"木头姐和巴菲特,你投谁?"这一小节中,我们提出,构建组合可以攻守兼备、守正出奇,这样既能够兼顾风险,也能为净值创造弹性。

在"价值投资的变与不变"这一小节中,我们认为,投资应该与时俱进,物竞天择,适者生存,既要拥抱时代变化,又要不忘原则初心,方能从容应对各种变化和挑战。

木头姐和巴菲特，你投谁？

问：木头姐和巴菲特，你会选择投谁？

答：重仓巴菲特，但也适度参与木头姐，组合投资需要守正出奇。

前几年，华尔街有位基金经理声名鹊起，她就是方舟投资的凯茜·伍德（Cathie Wood），人称"木头姐"。2020年新冠疫情期间，木头姐凭借全仓科技股，取得了近150%的回报，收益率远超巴菲特，一战成名。但2021年后，形势完全调转，巴菲特的伯克希尔-哈撒韦净值一路上涨，木头姐的基金却因为美联储态度转"鹰"等因素而出现了腰斩式的回撤。这件事情引发了资本市场的热议，接下来我们就来聊一聊木头姐与巴菲特之间投资风格的差异，以及谁更值得我们学习借鉴。

首先，先介绍一下这位新晋"女股神"。1981年，木头姐以荣誉学位从美国南加州大学经济学系毕业，并在纽约的一家投顾公司担任股票分析师。在拥有了一些金融工作经验后，1998年，木头姐与华尔街华裔投资人王露露创立了对冲基金。当时恰逢互联网泡沫时期，市场热衷于追捧具有革命性、颠覆性的板块，这种风格正好与木头姐的风格相符。美国证券委员会可查阅到的公开资料显示，木头姐的对冲基金在起步阶段大概是7亿~8亿美元的规模，在那次互联网泡沫中基金规模增长至13亿美元，但我们很难严格区分其规模增长到底是因为份额增加还是净值增加。2000年，美国互联网泡沫破灭，这只基金的规模开始迅速缩水，一度跌至只剩2亿美元左右。当然，同样我们也无法判断究竟是因为净值下跌，还是大量客户赎回所致。不过，在那之后不久，木头姐就"跳槽"了。

2001年，她加入联博集团（Alliance Bernstein），担任全球主题策略首席投资官，管理超过50亿美元的资产。在这家公司工作的12年间，她继续坚定地投资于高增长、高风险、低市值的科技型股票，业绩有输有赢，还略微跑输业绩基准，一直没有太大的名声。

2014年，58岁的木头姐离开了联博，不甘心继续"默默无闻"，在临近退休的年纪成立了ARK，也就是方舟基金。开始的两年方舟基金大幅跑输基准；2017年，木头姐凭借投资比特币让基金净值增长了70%；2018—2019年，方舟基金大举买入特斯拉，仓位一度占到总仓位的10%以上，2020年新能源行情大爆发，特斯拉的股价一骑绝尘，这一年她取得了152%的回报。于是，木头姐一战封神，"女股神"的名号由此诞生。

从投资策略上看，木头姐非常倾向于投资颠覆式创新、引发人类文明重大变革的科技项目。她的持仓结构中，有诸如区块链、基因编辑、机器人与自动化、3D打印、新能源、太空探索、人工智能，还有新型移动支付等。很明显，木头姐选择的都是听上去能改变世界的领域。

据统计，方舟基金的收益基本集中在2020年，若剔除这一年，其前6年的复合收益率只有4%，再扣掉管理费，其实并没有给客户创造明显的价值。这种激进的成长股投资策略很快就暴露了弊端——来得快，去得也快。受美联储收紧货币政策影响，美国科技股股价大幅下挫。方舟基金所管辖的9只ETF，市值从2021年2月峰值时期的603亿美元跌至2022年底的不足115亿美元，跌幅达80.93%，缩水近500亿美元。其中，木头姐的旗舰产品ARKK也是亏损惊人，单只基金跌幅高达67%，远远跑输指数。

那么，我们能从木头姐收益的大起大落中获得什么经验呢？

分析木头姐的投资案例，她的风格可以被称为远景类投资。这类投资的方向都是未来一些非常有故事、有梦想的行业，但需要注意的是，在实际选股上，远景类投资却面临着几大困难。

1. 投资者只能大概看到一个方向与趋势，对于行业增长的速度和程度却难以量化。举个例子，2016年，就有新闻报道飞行汽车将量产，有人认为这种立体交通形式将改善当前交通拥堵的情况，颠覆人类的出行方式。但时至今日，我们也未能看到这种汽车在我们头顶上飞驰。因此，对于远景类投资，我们很难把握它的产业化程度。

2. 竞争格局的发展趋势难以估计。未来的确很美好，但行业高度竞争，赛道格局高度不确定，最终走出来的公司不见得一定是你选择的标的。2015年，中国互联网消费市场爆发了一场轰轰烈烈的"百团大战"，但最终的结果却极为惨烈，只剩下美团一家存活。有人戏谑称：百团大战中，99%的"团"都没有了，只有1%存活下来。

3. 技术替代层面也面临着难题。例如2013年，移动支付的最初技术方向是向手机中植入芯片。不过随着微信、支付宝的兴起，支付方式开辟了新的发展方向——软件支付，于是A股中那些涉及移动支付芯片的概念股也快速走向没落。

通过以上的分析，我们能看到远景类投资的可预测性和竞争格局的稳定性是偏弱的。但人性的弱点导致远景类投资容易形成泡沫，因为新概念容易让人热血沸腾。而当行业发展不及预期或者增速下滑的时候，人们的信心一下子就没了，泡沫很容易破灭。这就形成了净值和业绩的大起大落。

从数据上讲，特别是高成长性的基金，规模的变化也不能忽视。早间基金规模很小，创造业绩神话后，规模就会极速膨胀。尽管基金号称自己是长期盈利的，但是在顶部放量时入场的投资者，在净值回撤过程中就会损失惨重。这是一个针对基金经理和基民双方的陷阱，虽然业绩很好，但没用资金规模加权，倘若以规模加权的话，可能基金就从盈利变成亏钱了。

回顾木头姐的职业生涯，其投资策略始终聚焦"颠覆性创新"。2020年她重仓的特斯拉和比特币确实经历了爆发性增长，但过度集中的科技股持仓在美联储加息周期中遭遇"滑铁卢"。数据显示，截至2023年底，ARK基金规模从峰值603亿美元缩水80%至115亿美元，旗舰产品ARKK跌幅达67%。这与伯克希尔-哈撒韦2023年净利润创纪录的962亿美元形成鲜明对比。

回顾A股市场，类似木头姐这种投资风格的潮流也时有发生，各种远景类投资、赛道投资层出不穷。但是，需要警惕的是，如果我们要去追逐赛道型的基金，必须非常慎重。代客理财毕竟不是投自己的钱，个别基金经理的目标和个人投资理财的目标可能并不一致，中间有可能包含了道德风险。个别基金经理会重仓一个方向，若成，则创造业绩神话；若不成，损失的是基民的钱。

相比木头姐的大起大落，巴菲特掌舵的伯克希尔-哈撒韦则非常稳健，2020年以来，收益上涨了100%，已悄然超越木头姐。尤其是巴菲特在2024年展现出老辣的市场嗅觉，面对苹果股价屡创新高，他连续4个季度减持苹果股票超2/3，套现逾千亿美元，将现金储备增至2769亿美元的历史高位。这一操作规避了后续科技股估值回调风险，也印证了他"别人贪婪我恐惧"的投资哲学。"慢就是快,快就是慢"的古老投资谚语再度翻红,这场"龟兔赛跑",引起众说纷纭。

与木头姐相反,巴菲特崇尚的价值投资策略是:只买世界改变不了的公司。不过,对此也有人反驳:巴菲特这两年的收益提升靠的是对科技股的投资,而非价值股。的确,巴菲特近几年在二级市场的收益主要靠投资苹果公司,苹果占巴菲特二级市场头寸的近40%。2010年,iPhone 4发布,树立了智能手机行业的新标杆,作为划时代的产品,它的出现稳固了苹果在手机市场上的霸主地位。巴菲特在观察苹果多年后,2016年终于下定决心开始了对苹果的第一笔投资。不可否认,苹果一直是优秀的科技公司,但从2016年开始,巴菲特对苹果有了更多维度的认知,包括用户黏性、消费者心理。用巴菲特自己的话说就是:我投苹果,并非投科技股,而是去观察公司的生态系统是否能够创造长期价值。从这个角度上看,巴菲特更愿意将苹果看作一家消费品公司,这与他理解可口可乐、喜诗糖果等其他的消费品公司的维度是一样的。

那么,回到本节开头的问题,如何在巴菲特和木头姐这两种投资风格中做选择呢?

中国有一个成语叫"守正出奇"。对应到股票类型当中,正,其实就是那些已经被市场证明过的优质公司,类似苹果这样的竞争力非常明确且可持续的白马公司;奇,则像是木头姐追捧的这些热门赛道股,一些有远大前景但确定性不强的公司。

一方面,重仓那些已经被市场证明过的估值合理的优质资产,它们能够给你提供稳健的回报;另一方面,适度参与新兴行业的赛道投资,当这些股票爆发的时候,能为你提供净值弹性,与此同时,也有助于投资人保持好奇心,保持与时代的同频。

价值投资的变与不变

问：2021 年以来，核心资产大幅回撤，价值投资失效了吗？

答：当然没有，价值投资从不是某一类公司、行业或者风格的标签，而是一种理念。2021 年的核心资产估值已产生泡沫，而这种投资也已经脱离价值投资的框架。所以大跌并不能归结为价值投资失效，相反，还恰恰证明了价值投资的有效性。

问：做价值投资，到底应该坚守"不变"的原则，还是应该拥抱"变化"的时代？

答：二者并不矛盾，价值投资不等于故步自封，也不等于随波逐流，我们要在坚守原则的同时与时俱进，物竞天择，适者生存。

2021 年以来，很多耳熟能详的大白马可谓流年不利，诸如海天味业、恒瑞医药、中国中免等，股价均出现超 50% 的暴跌。与此同时，那些被贴上"价值投资派"标签的基金经理的净值也不理想，甚至可以说遭遇了业绩滑铁卢。于是，市场上出现了很多质疑、嘲讽价值投资的声音，这和 2017—2020 年"言必称价值投资"形成鲜明对比。是价值投资不适合中国资本市场，还是我们对价值投资有误解？到底什么是真正的价值投资，价值投资应该如何坚守，如何进化？在这一小节，我们将讨论价值投资中那些"变"与"不变"的事儿。

价值投资的概念，最早诞生于一本名为《证券分析》的华尔街经典著作中，该书的作者本杰明·格雷厄姆被称为价值投资的鼻祖。此后随着时代的发展，价值投资理念不断进化，形成了不同派别和风格。

在格雷厄姆的《证券分析》出版之前，美国股票市场也是投机盛行，当时的核心理论是通过股票价格的历史轨迹来分析和预测其未来的走向和趋势，也就是如今我们俗称的技术分析。但格雷厄姆不同意这一观点，他认为股票价格长期看由公司的内在价值决定，与市场的短期波动无关。投资者应该根据公司未来盈利估算出合理价值，然后以一个低于合理价值的股票价格买入，买入价格和公司合理价值之间的价差就是安全边际。格雷厄姆主张以低于净营运资产2/3或者更低的价格买入。例如某家公司账面上有1亿美元现金，却以5000万美元在市场上交易，这显然不合理，如果我们将这家公司买下，再转手卖出，马上就能大赚一笔。这种思想震撼了那个时期的投资界，价值投资的萌芽也从那个时期开始破土而出。

在格雷厄姆时代，具备高安全边际的投资机会有很多，因为当时的资本市场正处于美国大萧条之后的低迷阶段。但随着经济的修复、股价的上涨，符合"捡烟蒂"标准的股票越来越少。为了适应市场变化，价值投资思想开始了第一次变迁，对格雷厄姆的投资体系做出了修正。其中又衍生出了两种方向：一种是以巴菲特为代表，把价值投资的核心倚重从安全边际拓展到护城河；另一种则是以沃尔特·施洛斯为代表，严格遵循格雷厄姆投资体系，只是逐渐降低了安全边际的标准。早期，安全边际的设定是股票价格低于净营运资产的2/3，随着投资机会的减少，施洛斯将股价高于净营运资产的公司也列入备选。但到后期，施洛斯发现，即便股价高于净营运资产两倍的公司也很难找到了，索性关闭了自己的合伙公司，这标志着最纯粹的格雷厄姆式投资已成历史。

当然，这并不意味着安全边际的思想被抛弃，无论在何时，安全边际都是价值投资体系中不可或缺的重要组成部分。只是，随着人们对价值投资的深入理解，安全边际的计算不再是基于过去静态的财务数据，以清算价格作为公司的合理价值，而是动态考虑公司未来的成长性、护城河等因素综合计算出的结果。用芒格的话说就是：用合理价格买入伟大的公司，好过以低廉价格买入平庸的公司。

巴菲特曾自嘲，遇到芒格他才实现了从大猩猩到人的转变。芒格的思想极大地影响了巴菲特，他开始关注企业的未来，这才有了投资可口可乐、喜诗糖果、苹果等传奇案例。

回顾从格雷厄姆到巴菲特时期的价值投资变迁，我们发现，价值投资并非刻舟求剑，而是在不同时代背景下不断进化的投资理念和实践。这种变化，放在 A 股的资本市场亦如此。

我国的股票市场诞生于 1991 年，那个时期投资者普遍看图表，根据技术分析做投资。直到 2000 年后，公募基金开始入市，我国的价值投资才开始步入正轨。不过，在不同时期，随着中国产业的变迁，价值投资的表现特征不尽相同。

2000 年初中国加入 WTO，国内制造业开始腾飞，在城镇化和工业化的需求推动之下，大宗商品迎来了 2000 年初之后的第一轮大涨，带来了"五朵金花"行情。2008 年金融危机之后，"4 万亿计划"带来了房地产和基建行情的腾飞，"招保万金"四大房地产巨头崛起。但 2009 年随着信贷增长见顶，投资增速回落，周期股进入下跌期。

在 2010—2012 年的盈利下行周期中，消费品行业的盈利能力超越周期品，投资主线逐渐切换为消费。消费崛起的背后是人均收入的快速增长，以及产业政策的推动。例如医保体制改革使医保支出渗透率提升，带来医药股的超额收益；汽车下乡使家庭汽车保有量迅速提升，引领了汽车股的行情；居民收入增长和财富提升促进消费品牌化和消费升级，推动白酒及食品饮料股票的持续上涨。

之后，2019年中美爆发贸易冲突，半导体等自主可控板块又持续受到市场追捧。2020年国家首次提出"双碳"目标，叠加我国在风、光、锂电等技术创新上的重大进步和成本优势，资本市场又开启了对新能源投资赛道的追捧。

除了会跟随产业结构的不断变迁，呈现不同的板块表现特征外，中国的价值投资在不同的周期中，投资风格也会出现变化。

当经济有一定的下行压力时，市场更会关注"安全边际""高分红""护城河"等偏防御的投资策略。而当经济重新稳定向好时，投资者会将注意力转到"寻找伟大的公司"身上，会更重视行业空间、业绩增长速度、优秀管理层等偏创新和成长的投资策略。例如2013年的移动互联网行情、2020年的新能源汽车行情，都是典型的代表。

中国的价值投资，从2000年的初期萌芽，一路走到2020年以"茅指数""宁指数"为代表抱团，中间诞生了许多坚守价值投资理念、业绩穿越牛熊的基金经理。但是如今，这些号称价值投资最虔诚的拥护者，所投业绩却纷纷"变脸"，净值大幅回撤，这是不是表明价值投资失效了呢？

答案当然是否定的。2021年至今，很多"好公司"跌了很多，但这并非证明价值投资失效，而是因为这些股票在2021年初已经严重泡沫化。就如前文我们列举的几家公司——海天味业、恒瑞医药、中国中免，在股价高点时对应的市盈率都达到100倍。

不可否认，这些公司都属于A股中最优秀的公司，但这些公司的成长性很难支撑这么高的估值。很多人对价值投资的理解还停留在"买好公司"的阶段，这显然是误解了价值投资的内涵。

很多传统价值投资者都期望以 5 年以上的业绩增长来填充泡沫，以时间换取空间，坚守在看上去还不算贵得离谱的公司上。但事实上，泡沫很少是用长时间的业绩增长来填实的，更多的是阶段性的股价大跌。举个例子，某家消费品公司未来 5 年每年利润在 15% 左右，这是不错的成长性，但目前市盈率已经 40 倍了，估值确实不便宜了。可如果考虑到未来 5 年每年高达 15% 的利润增长，那这估值也不算贵得离谱，因为如果股价不变化，5 年后市盈率就降到了 20 倍。

在宏观经济转弱的背景下，即便那些贵的还不算离谱的公司，也会杀估值，甚至杀过头。比如这家消费品公司股价下跌了 40%，市盈率直接跌到了 20 倍左右。这些血的经验告诉我们，在任何时候，安全边际都是价值投资构成原则中不可或缺的重要组成部分。忽略估值的后果是惨重的，这正是这批自诩价值投资者，却在高点选择抱团核心资产的基金经理所犯的错误。

除了忽略估值外，一些固有观念和对价值投资的错误理解，也导致这批基金经理错过了本轮市场中的一些机会。

错失一：由于偏见和歧视，错过很多低估值股票的机会。例如银行、煤炭、电信等，因为这些行业长期不受青睐，甚至被贴上"价值陷阱"的标签，基金经理如果大比例配置这些行业，很可能被市场和同行所小瞧，认为其一点技术含量都没有。

错失二：因为能力圈的限制，错失了以新能源为代表的巨大新产业趋势。毋庸置疑，以宁德时代为代表的这批公司，从长期来看，最终可能会被技术迭代、供求关系、价格战所拖累，但近些年这些公司的业绩暴增带动股价的大幅度上涨。而传统的价值投资者，对这样的新趋势、新产业，往往持有怀疑的态度，也鲜有参与。

错失三：因为覆盖面问题，错失了很多被主流资金忽略的优秀中小市值公司。A 股市场现在有 5000 多家公司，但其中有一半以上被主流机构忽略。可这不代表里面没有优秀公司，而且这些优秀公司因为不是市场关注的焦点，估值会很便宜。

对此，我们的反思如下：

1. 即便是优秀公司，我们在买入的时候也要注重安全边际。芒格说过以合理价格买入伟大公司，但他从没说过以高估的价格买入伟大公司。
2. 不要轻易贴"价值陷阱"的标签，估值便宜是王道。
3. 与时俱进，拓展自己的能力圈，特别是要突破自己的舒适圈，对新产业趋势保持足够的敏感和兴趣。
4. 勤翻石头，在无人问津的地方寻找被忽略的投资机会。

回到价值投资"变"与"不变"这个话题。诚然，我们需要不断地总结、反思，跟随时代变迁调整我们的投资策略，但是价值投资中，有些东西是永远不变的，是需要坚守的。这就是本书第一篇中提到的价值投资的基本原则，包括选择好公司、等待好价格、保持好心态、构建能力圈等。

不过，这些"不变"的原则并不意味着一劳永逸、墨守成规，时代在发展，投资也需要进化，如何做到与时俱进，需要我们擦亮双眼，找到那些经过优胜劣汰、物竞天择后留下的伟大公司。

物竞，即公司的核心竞争力；天择，则是未来的时代背景。一家在过去被证明护城河很优秀的公司，不一定能在未来依旧保持强大的竞争力。世界上唯一不变的就是变化，能够适应变化的公司无非两种：能改变世界的，和世界改变不了的。

如果说你天生对时代变迁、技术进步带来的变化非常敏感，那么你可以去拥抱那些能改变世界的产业革命，在这些风险偏好较高的领域实现价值创造。如果不善于演绎变化，那么你可以去坚守那些世界改变不了的领域，例如即将到来的老龄化趋势等，它们一样能为你带来很好的回报。当然，无论是哪一种，布局的前提都是等待一个好价格，留足安全边际，让自己有一定的容错空间；坚守自己的能力圈，不被外界的嘈杂所左右，既能拥抱时代变化，又能不忘原则初心。

总之，价值投资中的基本理念和方法论是不变的，比如买股票就是买公司、市场先生、安全边际、护城河、组合投资等。但是，在不同的历史阶段、不同的市场风格、不同风险偏好的投资者面前，价值投资的具体表现形式是不一样的。做好价值投资，不等于故步自封，也不等于随波逐流，我们要在坚守原则的同时与时俱进，物竞天择，适者生存。